Découvrez l'histoire par les archives de presse

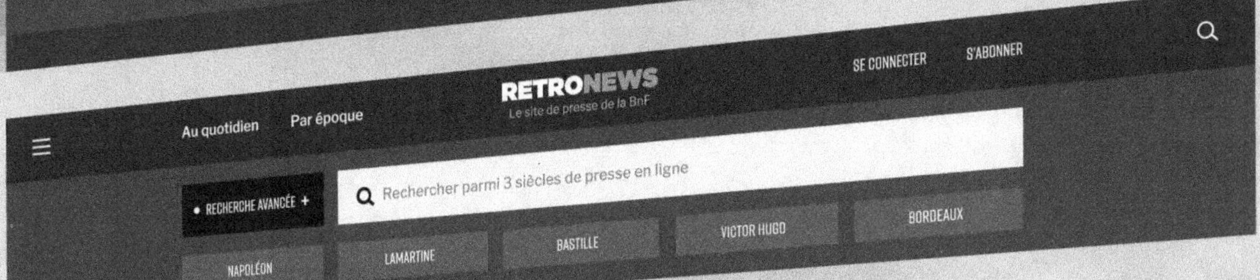

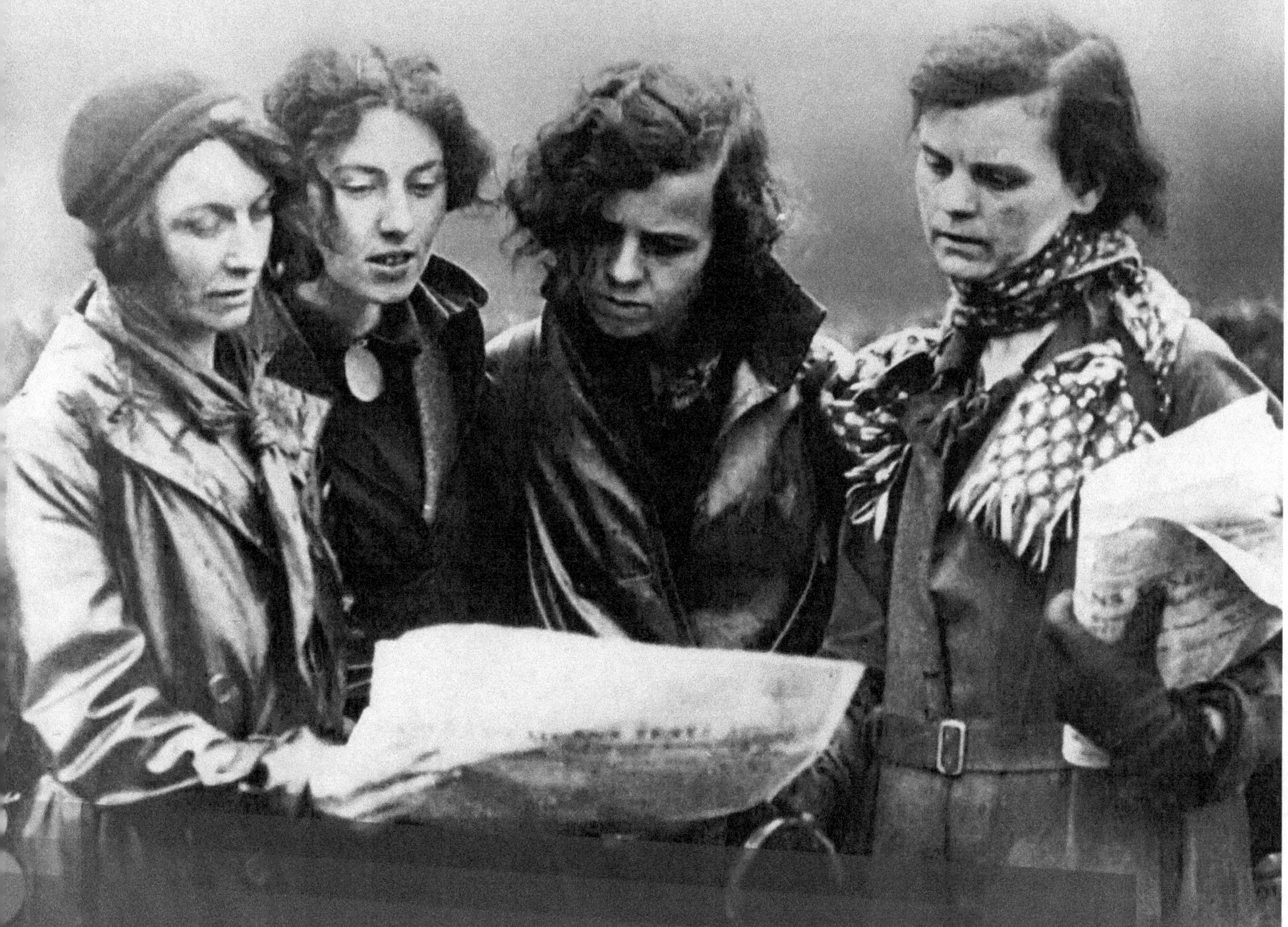

RETRONEWS

Le site de presse de la BnF

www.retronews.fr

2me ANNÉE. — No 8 JANVIER 1901

Le Sagittaire

Revue mensuelle d'Art et de Littérature

SOMMAIRE

PORTRAIT DE F.-A. CAZALS
(Dessin de Fernand Fau)

Le numéro : 0 fr. 40

Bureaux de la Revue :

13, boulevard Montparnasse, 13
PARIS

ABONNEMENTS

Un an (France)... **6 fr.**
— (Etranger). **8 fr.**

LE NUMÉRO : 0,40

Les annonces sont reçues aux bureaux de la Revue.

LE SAGITTAIRE

Revue mensuelle
d'Art et de Littérature

ADMINISTRATION ET RÉDACTION
13, boulevard Montparnasse, 13, PARIS

Le *SAGITTAIRE* ne publie que de l'inédit. — Les manuscrits ne sont pas rendus. — Les auteurs sont seuls responsables de leurs écrits. — La copie devra être envoyée avant le 15 de chaque mois.

La Revue rendra compte de tout ouvrage dont deux exemplaires lui seront adressés. — Adresser toutes les communications au Directeur du *Sagittaire,* 13, boulevard Montparnasse, PARIS.

TRIBUNE DU COLLECTIONNEUR
(aux bureaux du *Sagittaire*)

On vendrait :

Dédicaces, de Paul Verlaine. Ed. originale (1890), exempl. numéroté, très rare...................... 25 francs.
Laurent Tailhade, iconographies par F.-A. Cazals, exempl. sur Watmann, rare...................... 6 francs.
Les Tourmentes, poésies de F. Clerget (1891), exempl. sur japon, rare...................... 15 francs.
Les Cornes du Faune, Ed. originale (1890), exempl. sur Japon, très rare...................... 25 francs.
La Tour d'Ivoire, poésies de E. Raynaud, unique exemplaire sur Hollande, avec portrait de l'auteur, par Jules Valadon...................... 30 francs.
L'Epreuve, album de 120 épreuves originales, tirées par Maurice Dumont (1896)...................... 120 francs.
La Semaine des Enfants, dessin de H. G. Ibels.. 30 francs.
Exposition Grasset, affiche de E. Grasset....... 7 francs.
Banquet Desboutin, lithographie de G. de Feure. 5 francs.
La Plume, année 1894, un volume broché....... 15 francs.

Les abonnés du *Sagittaire* ont droit à une insertion à la tribune du *Collectionneur.*

PRÉFACE

AU

« Jardin des Ronces »

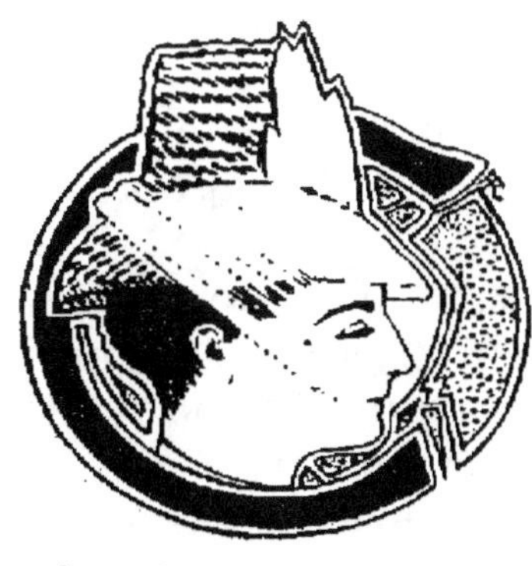

OMME je ne peux pas souf-
frir les chansonniers et que
je n'aime guère les dessinateurs, ce « bon enfant » de
Cazals, l'auteur du *Jardin
des Ronces,* est venu me
trouver, gants paille aux
doigts, monocle à l'œil,
pour une petite préface.
Je répéterais volontiers, après Verlaine :

Ce roi des bons enfants est la pire des gales !

Mais, impossible de rien lui refuser, puisque je
l'ai vu naître.

N'y mettons point de coquetterie. Oui, avec
Verlaine, je l'ai tenu sur les fonts baptismaux de
Notre-Dame-de-la-Bohême, vieille et unique église
du Pays Latin.

Il est né au jardin même des ronces littéraires
dont il parle, en connaisseur subtil, de leurs griffes
de chat et de leurs dents de scie.

Il est né un certain soir d'avril 1885, peut-être
1883, dans une réunion politique.

15

... Car l'existence de F.-A. Cazals fut toujours
extraordinaire ! Je ne me rappelle plus pourquoi
cette réunion politique, au fond d'une salle
fumeuse de la rue de Jussieu, et les orateurs,
chargés de nous révéler son but, demeurent, dans
mon souvenir, à l'état de silhouettes extrêmement
vagues.

Des silhouettes de pochards, très ivres d'éloquence.

Les poètes étaient là pour parler de la chose
publique, et les gens préposés à la garde de la
chose publique arrivaient pour placer, du haut de
la tribune, leur quelques vers inédits, poncifs, préli-
minaires à leur future députation... ou notariat.

Beaucoup doivent être sortis de là plus *notaires*
que jamais.

Donc, chacun, honnêtement, s'occupait de ce
qui ne le concernait pas, ainsi qu'il est d'usage au
Quartier Latin.

Il y avait Moréas et son monocle, le père de tous
les monocles esthétiques (en ce temps-là, on
disait : *décadents*). Il y avait Laurent Tailhade,
cherchant déjà la beauté du geste. Il y avait Louise
Michel, qui nous appelait : « Citoyens des classes
dirigeantes », parce que plusieurs d'entre nous
s'étaient offerts des premiers rangs à six sous la
chaise !

Il y avait aussi des femmes en cheveux et des
garçons en blouse blanche, petites servantes des
maisons voisines et commis d'épicier, qui espé-
raient, selon la promesse d'une affiche, que cela
finirait par un bal :

... « DANSER SUR UN VOLCAN. »

... « LES DESTINÉES DE LA FRANCE. »

Sur les chaises à six sous se pavanait le
gratin : Le chevalier Maurice Du Plessis de Ly-
nan, alors un charmant jeune homme au teint

pâle, sanglé dans un irréprochable costume gris-fer
qui lui donnait l'air d'être vêtu d'une peau de
serpent ; Maurice du Plessis, dont l'éducation
vraiment chevaleresque, les sonnets exquis, ravis-
saient tout un jeune monde de lettres et que
l'école Romane n'avait point encore envoûté. Puis
l'hiératique, le solennel bonhomme Poussin, dont
le cerveau, à la fois naïf et grand, reste

Couché sur des sommets comme un Dieu qui s'ennuie.

Je ne suis pas sûr de la présence de Barrès, bien
que, déjà, les « Taches d'encre » eussent noirci la
naïveté de l'époque, mais je me remémore la face
ahurie et glorieuse de Baju...

« ... *ja, je, ji, jo, ju.* »

Enfin, moi-même, m'endormant doucement aux
coups d'aile vampiriens de la phraséologie politique.

Je m'éveille... une main hardie vient de me
fourrer sous le nez un petit papier... j'éclate, je
me tords... (J'ai commencé de bonne heure à
perdre le respect des choses sérieuses.) Le petit
papier, une feuille de calepin, représentait l'orateur, poète ou notaire, pincé à la minute psychologique du mouvement oratoire, la bouche ouverte
en O, le bras arrondi en queue de cruche, et les
basques de l'habit fébriles. J'ignore si cela était de
l'art, mais c'était irrésistible et, surtout, lancé à
point.

Je me retourne pour voir l'impertinent et je
découvre un gamin de quinze ou seize ans, assis
en quatre, ce chiffre *4* si cher aux attitudes de
Méphisto : Cazals, griffonnant sur son genou.

Je passe le papier à mon voisin, qui le repasse
à sa voisine, et le fou rire se communique en
traînée de poudre...

... « Les destinées de la France ».

... « Danser sur un volcan ! »

Nous avions très envie de danser, oui !

Pas content, l'orateur.

Cazals lançait toujours des petits papiers. Il y a, je crois, sacrifié, ce soir-là, tout son calepin aux appétits de la foule. Les petits papiers volaient, d'un bout de la salle à l'autre, telles des ailes de mouettes rasant la mer pour annoncer la tempête.

La phraséologie politique plia les siennes !

A cette époque, F.-A. Cazals ne portait ni monocle avertisseur d'incendie, ni jabot de dentelles, ni pantalon à la houzarde. Il riait, simplement, des farces qu'il faisait. Cela le vêtait d'une belle lumière de jeunesse :

> ... Et ça n'a rien qui nous épate,
> Attendu que le rire en ses yeux bruns a lui.

Il avait l'aspect d'un gentil *Arlequin,* narines retroussées, lèvres goulues et rouges, cheveux furieux, pas de moustaches, toute sa finesse dans sa main, une main longue et fluette, une petite *batte.*

Plus tard, hélas, il a tenté la pose 1830,

> ... un peu Lauzun, presque Brummel,

comme a dit, sans doute pour l'embêter, un autre de ses amis, Gustave Lerouge ; puis *fatal,* très *Delacroix.*

D'ailleurs, ces habits-là ne durent pas. Ce sont les poètes, ces tailleurs pour dames, qui les fabriquent et... autant en emporte le vent !

Tout petit garçon, Cazals, par ses caricatures hurleuses, était un étourdissant chansonnier. En peinture, il fredonnait, puisque le rapide fusain est un air sans parole à côté du grand opéra de la

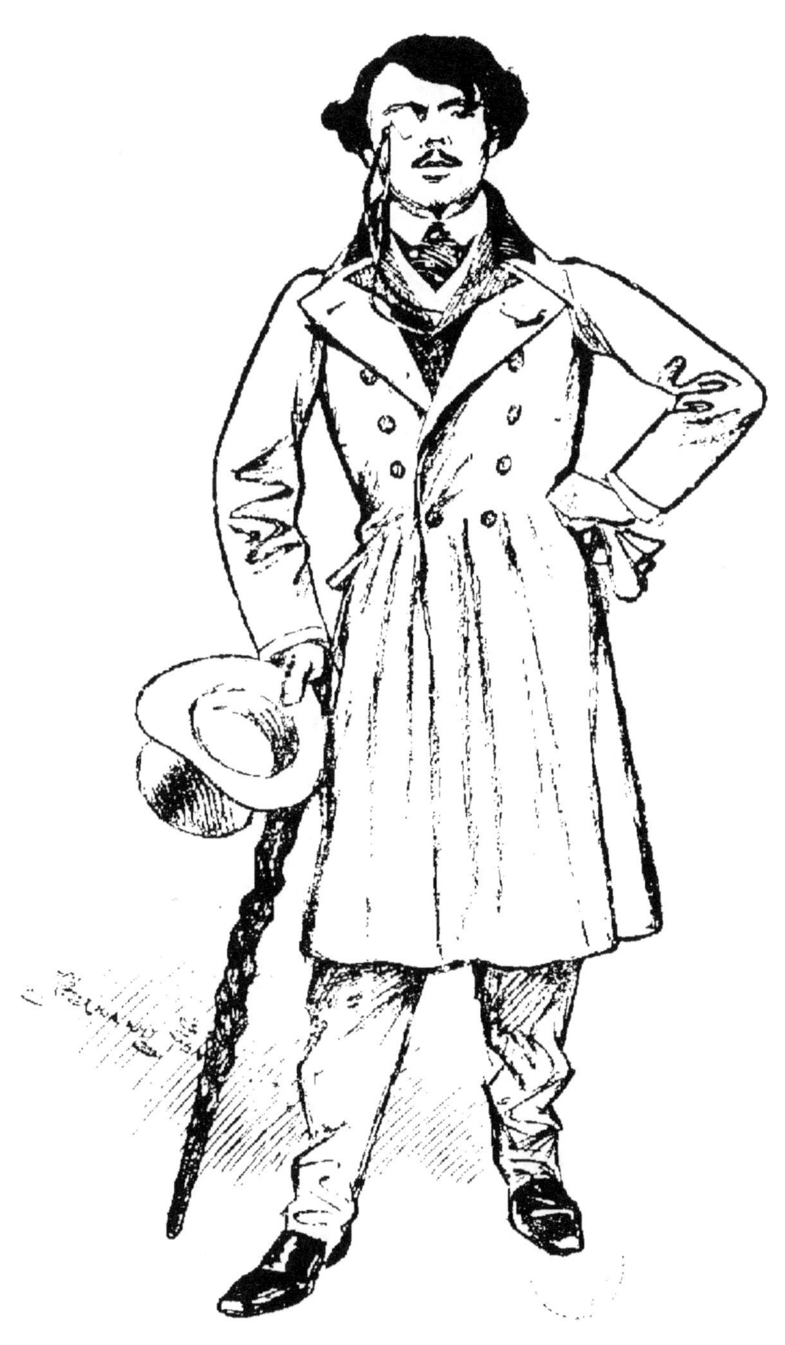

F.-A. CAZALS

Dessin de Fernand Fau.

couleur ! Il n'avait ni prétention, ni fausse modestie... Aujourd'hui... c'est un artiste. Il sait trop ce qu'il fait. Sur la lueur féroce de son rire d'enfant, le joli sabre au clair de ses charges, est tombée la vie ; la vie, ce manteau vulgaire qui s'épaissit au fur et à mesure qu'on le porte et se fait si lourd qu'un beau matin il nous étouffe.

Cazals, « le pauvre *F.-A. C.* », est devenu sérieux. Il a appris ce que coûtent les amitiés dont on a le droit, pourtant, d'être fier ; il a compris que nous devons tous endosser le froc du bourgeois, histoire de ne pas être dévorés par *le Bourgeois* (les loups, et les moines, ne se mangent pas entre eux !) Il a arboré les moustaches en crocs, une voix presque fausse. Il est chansonnier littérateur et dessinateur pour de bon,

Car, que de vices, bas aux noirceurs sans égales,

que

Jeunesse, esprit, gaîté, bonté, simplicité !

Il fallait bien cesser d'être un monstre !

Et je sais de récentes œuvres de lui, le portrait de l'auteur d'Ubu, par exemple, qui portent assez haut sa compréhension, naïve et forte, de l'effroyable mélancolie des monstres obligés au déguisement.

Ce fut Cazals qui me présenta Paul Verlaine pour la première fois. Un Verlaine douloureux, boîtant en archange foudroyé, et fait comme un voleur.

Lui et moi nous gardons, dans l'ombre de nos âmes, la vision de ce Verlaine. Ni lui, ni moi, nous ne pouvons l'oublier.

Nous le préférons au Verlaine officiel, créé, depuis, par les braves gens scrupuleux.

Nous le préférons, avec sérénité, sans nous occuper des médisances.

Et c'est à la tombe de celui-ci que nous portons des fleurs...

Je vois encore le jeune Cazals de jadis arrivant chez moi, rue des Écoles : « M. Verlaine est en bas, dans un fiacre, son propriétaire l'a mis à la porte et il a mal à une jambe. »

Qu'on s'imagine un lecteur des *Fêtes galantes* et de *Sagesse* glissant, de l'apothéose des rimes, à un fait divers du *Petit Journal !*

On a rêvé, en le silence vertigineux de la lecture, de quelque roi d'Orient... et l'on voit s'avancer un homme, ayant la tournure d'un ouvrier triste !

... Et, cependant, de tout bousculer pour le mieux recevoir, de ranger les meubles, de tirer les tapis, de sortir de l'armoire les draps brodés, de répandre des parfums, d'enfermer vivement l'effronterie du chien et du chat qui veulent sauter autour de l'illustre visiteur, enfin, tout l'émoi, tout l'effroi... et toute la piété.

Verlaine lève les yeux :

« Vous permettez ma pipe, Rachilde ? »

Mais ce regard aigu, terrible, noir, est bien celui d'un roi.

Celui-là est chez lui partout.

Cazals *se tord*, bon gamin, serviable, étourdi, moqueur, un peu fou, ne voyant pas plus loin que le bout de son nez en l'air !

— « Foin des convenances ! Où est les Décadents ! »

Comme il eut raison de me choisir, moi, inconnue femmes de lettres, parmi tant d'autres vrais artistes qui se fussent, je pense, disputé l'honneur de recevoir le grand homme !

« Seigneur, je ne suis pas digne de vous voir entrer dans ma maison, mais, dites seulement une parole et mon âme sera guérie. »

La noble étourderie de Cazals, courant au plus proche de ses camarades (lequel se trouvait, par hasard, être une demoiselle), pour lui confier Verlaine, a déterminé un peu de lumière en moi.

Verlaine m'a raconté son histoire, durant ces journées de repos, et ce n'est pas tout à fait *celle* que l'on raconte.

Il m'a enlevé de ridicules préjugés bourgeois.

Mon âme fut guérie de désirer de vaines gloires terrestres, toute vraie gloire ne pouvant se signifier qu'à être soi-même, sans hypocrisie.

Voilà pourquoi, petit *F.-A. C.* de jadis, aux yeux malicieux, au nez en l'air, grave Cazals d'aujourd'hui, au crayon soucieux et au monocle important, j'ai consenti, moi qui n'aime guère les dessinateurs et qui déteste les chansonniers, à... bêcher un peu d'avance votre *Jardin des Ronces*.

Il est planté sur une tombe, votre jardin, mais les herbes folles et la mauvaise mine des timides roses pâles de sa mélancolie n'empêchent pas son rameau de laurier.

Conserver pieusement, courageusement, le souvenir des grands poètes, savoir qui sont les justes, malgré les injustices de leur sort, qui sont les bons, malgré les apparentes méchancetés de leurs gestes, vaut mieux que beaucoup de gloire personnelle.

Et je souhaite que, vous et moi, nous ne passions à la postérité que pour avoir fidèlement gravé le portrait d'un homme de génie, vous sur le papier, moi dans mon cœur.

Paris, 5 mars 1898.   *RACHILDE.*

STANCES

I

Le trésor du verger et le jardin en fête,
    Les fleurs des champs, des bois,
Eclatent de plaisir, hélas ! et sur leur tête
    Le vent enfle sa voix.

Mais toi, noble océan, que l'assaut des tourmentes
    Ne saurait ravager,
Certes, plus dignement, lorsque tu te lamentes
    Tu te prends à songer.

II

Dans le ciel est dressé le chêne séculaire.
    Que vous me plaisez mieux,
Marronniers de Paris, qu'un bec de gaz éclaire
    Dans ce soir pluvieux !

En vain il chante, enflant ses branches insensées,
    La sève et le matin ;
Mais votre triste front, où je lis vos pensées,
    Surmonte le destin.

JEAN MORÉAS.

EMMANUEL SIGNORET

Il faut regretter la mort prématurée du poète Emmanuel Signoret. Il avait donné de magnifiques promesses. Il ne s'était pas encore suffisamment dégagé de la période du bouillonnement préparatoire. Une force tumultueuse d'images assiégeait sa plume. Il n'avait pas acquis l'expérience nécessaire pour s'opposer au flot grondant et envahisseur des mots; il laissait passer à la fois l'or et les scories; mais, déjà dans la *Souffrance des Eaux*, s'esquissait un contrôle, un souci de direction. La phrase s'épurait. Les derniers vers publiés par la *Revue Blanche* témoignent, par les noms choisis de leurs dédicataires, *Jean Moréas* et *Ernest Raynaud*, un effort vers la règle et la discipline assagie. Nul doute qu'il ne dût recueillir bientôt les fruits de sa persévérance et de son labeur. *Les Vers dorés*, *Daphné*, la *Souffrance des Eaux*, marquaient un progrès continu accentué encore dans les *sonnets* où je cueille cette *Averse de Mai* annonciatrice d'un épanouissement prochain :

Les demeures du jour s'écroulent: leurs décombres
Fument sur la montagne. Ah! quel affreux tison
Transforme en blocs cendreux de nuages et d'ombres
Les temples d'or léger où riait la saison.

Bientôt sous les ormeaux, les rochers, les mers sombres
Sur la prairie en fête et la blanche maison
Pluie! on entend sonner ta lyre aux riches nombres
Dont les cordes sans fin traînent sur l'horizon.

Mais soudain sur ton char aux rayonnantes roues
Tu t'élances, soleil, tu bondis, tu secoues.
De tes flambeaux mortels la frayeur et l'amour.

Tes coursiers de la pluie ont gonflé leurs poitrines:
Toi, le laurier au front, de tes mains purpurines,
Riant, tu rebâtis les demeures du jour.

N'est-ce pas que de tels accents étaient bien pour nourrir l'orgueil du poète, encore qu'il se manifestât

sous une forme démesurée, avec quelque peu d'emphase
encombrante et fatigante à la longue. D'autres diront,
qui ont connu plus intimement le poète, sa vie désinté-
ressée, sa belle audace aventureuse, ses courses à travers les musées et les régions étrangères, son enthousiasme devant les chefs-d'œuvre de l'art et de la pensée,
enthousiasme que ne pouvaient abattre ni l'épouvante
de la misère ni le souci du pain quotidien ; d'autres diront de quel feu implacable consumé, soutenu seulement par l'affection impuissante des siens, il lutta déses-
pérément contre la maladie et les angoisses de la faim ;
d'autres diront combien dédaigneux de tout besoin vulgaire, il ne tendit son effort que pour réaliser un rêve
de beauté : pour moi, je n'ai voulu, dans cette brève
notice que saluer, au passage, une noble dépouille et
enregistrer, sensible aux lettres françaises, un désastre
nouveau.

EDMOND JACQUES.

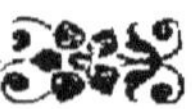

AU SAGITTAIRE

Pour l'année 1901

Sagittaire, mon ami,
Tu parais t'être endormi
A l'ombre d'un laurier rose.
Dans sa constellation,
Que doit penser le lion,
D'un chasseur qui se repose ?

Et la gloire de ton nom !
Es-tu Sagittaire ou non ?
Bon archer, où sont tes flèches ?
Prends-en dans ton carquois d'or,
Leur bois a sa sève encor,
Leur pointes sont toutes fraiches.

Tes flèches seront des mots ;
Grâce au ciel, il est des sots
En scène, dans la coulisse,
Et des sottises aussi,
Qui t'invitent, dieu merci,
A ce petit exercice.

Regarde ! tu peux choisir...
Pour occuper ton loisir,
Cherche une canaillerie
Du genre qu'il te plaira :
Cette plante germera ;
Elle germe, elle est fleurie.

Les vices ou les travers,
Les faiseurs de mauvais vers,
Qui confinent presque au crime...
La lutte est art d'agrément,
Pique-les légèrement
D'un trait juste ou d'une rime.

2 décembre 1900.

A THÉODORE MAURER

pour ses sonnets sur

LES FEMMES DE SHAKESPEARE

La source est pure et bien choisie
Qui découle de ce géant.
Bois encore. Ta poésie
Grandit, Shakespeare l'agréant.

Ce prodigieux faiseur d'âmes,
Plus harmonieux qu'un amant,
Trouva des noms divins de femmes,
Qui charment éternellement.

Tu les connais et tu les chantes
Ces fleurs d'esprit, ces fleurs d'amour
Que le heurt des choses méchantes
Incline ou blesse sans retour.

Et ces héroïnes farouches,
Exhalant, en disant la leur,
La plainte humaine par leurs bouches
De passion et de douleur ;

Les jeunes, les blanches, les mortes,
Celles d'hier et d'autrefois,
A qui le rêve ouvre ses portes
Pour la musique de leur voix...

Dis-nous combien elles sont belles,
Puisque ton vers en est plus beau
Touchant la poudre de leurs ailes
Ou la cendre de leur tombeau !

ALBERT MÉRAT.

LES FEMMES DE SHAKESPEARE

ROSALINDE

> *O Rosalinde ! ces arbres seront mes*
> *r'gistres ; et dans leur écorce je graverai*
> *mes pensées.*
> (COMME IL VOUS PLAIRA.)

Orlando ne va plus, au fond de la forêt,
Suspendre ses vers fous au bout des branches torses ;
Il ne va plus graver ton nom sur les écorces,
Par les chemins perdus où l'amour l'égarait.

Mais leur ombre pour toi garde l'ancien attrait ;
Et ta coquetterie y trouve des amorces ;
Car, des sèves d'avril multipliant les forces,
Dès que l'archer Phébus darde son premier trait,

Tout t'accueille avec des sourires sous les branches :
La perle du muguet, pareille à tes dents blanches,
Te fait un madrigal ; l'églantine en est un ;

Et la brise en soupire, et la source en murmure.
Et pour dire tes yeux — compliment opportun —
Le ciel se laisse voir à travers la ramure.

CORDÉLIA

> *Prêtez-moi un miroir ; si son haleine*
> *en obscurcit ou en ternit la glace, eh bien,*
> *c'est qu'elle vit... Cette plume remue !...*
> *Elle vit !*
>
> (Le Roi Lear.)

Morte ! Cordélia morte !... Mon cœur se fend !
M'abandonner ainsi, toi, la consolatrice !..,
Morte ? non ! Elle avait l'innocente malice,
Jadis, de simuler le sommeil. On défend

Ces jeux-là ; mais qu'éclate un rire triomphant,
On pardonne et l'on rit. Encore ce fou caprice ?
Pour jouer avec elle et bercer mon enfant,
Je voudrais bien savoir des chansons de nourrice.

Elle semble vraiment reposer. Point de bruit
Alors ! Sur ses yeux clos pose et sois douce, ô Nuit !
Et vous tous, si votre âme encore m'est amie,

Ne parlez pas, ne bougez pas, ne troublez pas,
D'un mot, ou d'un murmure, ou d'un geste, ou d'un pas,
Le père qui s'endort, ni la fille endormie.

CLÉOPATRE

Notre fortune sur mer a perdu le souffle, et sombre lamentablement. Si notre général s'était montré ce qu'il était jadis, tout aurait bien été. Oh ! il nous a donné l'exemple de la fuite bien lâchement.

(ANTOINE ET CLÉOPATRE.)

Comme des épis mûrs au tranchant de la faux,
Quand je donnais l'essor à ma fougue guerrière,
Les barbares tombaient sous ma main meurtrière ;
Et mon renom grandit dans les sanglants travaux.

Ma gloire devint telle enfin, que mes chevaux,
Piaffant, et secouant leur flottante crinière,
Ne voulaient plus sentir, cabrés dans la lumière,
D'autres dais sur leur front que des arcs triomphaux.

Et j'ai fui !... Les rocs noirs me barraient le passage !
Les vagues me crachaient leur écume au visage !
Fui, dans un flamboiement de vaisseaux embrasés !

Mais tes yeux ténébreux où palpitent des astres,
Tes yeux me verseront l'oubli de mes désastres.
Qu'est l'empire du Monde au prix de tes baisers !

VOLUMNIE

Si ma requête est injuste, dis-le et chasse-moi ; si elle ne l'est pas, tu manques à l'honneur, et les Dieux te châtieront de m'avoir refusé l'obéissance qui est due à une mère. Il se détourne ! A genoux, femmes !

(CORIOLAN.)

Ton oreille, endurcie au fracas des armures,
Est sourde à la prière et fermée aux sanglots.
Rome t'implore en vain : les jours d'honneur sont clos.
Nos cris et nos clameurs t'arrivent en murmures

Et n'amolliront point l'orgueil où tu te mures.
— Nos ennemis, naguère, expiant leurs complots,
Sous ton glaive vengeur versaient leur sang à flots :
Telles sous le pressoir saignent les grappes mûres.

Quelle atroce fureur, dis, te ligue avec eux ?
Ah ! vaillant entre tous, entre tous belliqueux,
Lorsque tu te ruais dans la rouge tuerie,

Combien tu semblais grand, mon fils à Mars pareil !
— Nul ne l'est plus encor que toi sous le soleil,
Hors ta mère à tes pieds pleurant sur sa patrie.

THÉODORE MAURER.

LA MER FLEURIE

Le Prisonnier 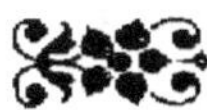

Au temps où les Anglais se vengeaient des corsaires
En traitant sans pitié ces rudes adversaires,
Il était à Plymouth un matelot breton,
Qui perça la muraille épaisse d'un ponton ;

(1) Dans cette pièce, M. Sébillot a mis en vers certains souvenirs des guerres maritimes du siècle dernier. Dans ses
Légendes locales de la Haute-Bretagne, deuxième partie,
p. 147, il raconte que les matelots prisonniers à terre n'é-
taient pas mieux traités que les prisonniers des pontons.
Un pêcheur de Plévenon avait été attaché comme un chien,
avec une chaîne, à l'entrée d'un fort, et les enfants en passant lui criaient d'aboyer ; il dit un jour à l'un d'eux :
« Non, je n'aboierai pas ; mais, si vous voulez, je vous con-
terai des contes de mon pays. » L'enfant rapporta ces paroles à ses parents qui firent détacher le matelot et lui don-
nèrent à manger les restes de leur table. Le soir il racontait
des contes aux enfants, et quand vint sa libération avec la
paix, il le regrettèrent beaucoup. — *C. H.*

Il se glissa sans bruit dans l'eau ; puis à la nage,
Il put, mourant de froid, atteindre le rivage ;
Il erra jusqu'au soir, tout nu, sous un manteau,
Et s'étant à la nuit emparé d'un bateau,
Il partit à la voile ; il avait l'espérance
De pouvoir le conduire à la côte de France,
Et ne voyait plus rien que le ciel et la mer,
Lorsque, forçant de voile, un rapide cutter
Le rejoignit après une assez courte chasse.
Et depuis ce temps-là, pour punir son audace,
A la porte d'un fort, on l'avait enchaîné ;
Les enfants qui passaient devant l'infortuné,
Libres, se bousculant et le cœur tout en joie,
Lui criaient : « Kiss ! kiss ! kiss ! chien de Français,
L'homme les écoutait sans paraître surpris, [aboie ! »
Et semblait, d'ordinaire, insensible à leurs cris.
Mais un jour qu'il rêvait, et qu'il était morose,
Le fils du gouverneur, un bel enfant tout rose,
Lui lança de nouveau cet appel insultant.
Le matelot, peiné, répondit à l'instant ;
« Je ne suis pas un chien ; je suis un pauvre père
Qui, loin de son pays, est triste, et désespère
De voir jamais le fils vers qui va son souhait.
Il a votre âge, et c'est presque votre portrait :
Comme vous il est blond, il a votre voix douce,
Et c'est pourquoi vers vous quelque chose me pousse.
Quand assis au foyer, le soir, nous étions tous,
Il venait, en riant, s'asseoir sur mes genoux,
Et me prenant la main, il se mettait à dire :
Père, raconte-nous l'histoire du navire
Qui, dans sept ans entiers, vire une fois de bord,
Dis les exploits des vents et de leur chef, le Nord,
La danse des lutins ou les présents des fées,
Comment le roi Jeannot recueillit des trophées ;
Parle-nous, des bateaux enchantés sur les mers,
Et des récits du bord aux actes si divers.
L'enfant, ravi d'ouïr la fable désirée,
Voyait trop promptement la fin de la soirée,
Et s'en allait coucher avec la joie au cœur. »
L'Anglais, en l'écoutant, cessait d'être moqueur :
Il songeait qu'un captif, après tout, est un homme,
Et qu'un père est toujours, de quel nom qu'on le nomme
Très doux pour les petits, fût-il un boucanier,
Il s'assit, et prenant la main du prisonnier :

« Je fus méchant. dit-il, pardonnez à mon âge :
A dix ans, l'on se plaît encore au badinage ;
Pardonnez-moi, Français, je vous aimerai bien,
Et ne vous dirai plus d'aboyer comme un chien ;
Pour vous je parlerai, dès ce soir, à mon père.
Votre sort deviendra bien plus doux, je l'espère.
Contez-moi ces récits qui charmaient votre fils,
Quand il les écoutait dans le lointain pays. »
Les yeux du matelot se remplirent de larmes,
A la voix de l'enfant, le plus puissant des charmes ;
Il se remit pourtant, et lui fit un récit :
Il raconta comment un marin, tout petit,
Sut mettre à la raison des géants formidables,
Et dans le noir château sut contraindre les diables
A laisser pour jamais leur énorme trésor ;
Après ce grand exploit, le mousse vint encor
Disputer au dragon la dolente princesse,
Et dans plusieurs combats déployant son adresse,
Réussit à monter sur le trône du roi.
Et l'enfant si ravi qu'il en oubliait l'heure,
Ne revint qu'à regret, le soir, dans sa demeure ;
Lorsqu'il rentra, bien tard, il était si content
Que pour montrer sa joie il s'en allait chantant.
Il ne fit que parler du matelot de France,
Et sut intéresser son père à sa souffrance.
Désormais il fut libre, et l'enfant, chaque soir,
Auprès de ses parents le forçait à s'asseoir
Pour raconter sans fin les récits de Bretagne.
Le marin, délivré de l'effroyable bagne,
Se rendait volontiers à son charmant désir :
Presque autant que l'Anglais il y prenait plaisir,
Et c'était le plus doux moment de sa journée.
Quels beaux contes il dit pendant toute une année !
L'enfant s'intéressait si fort à ses discours
Que les longs soirs d'hiver lui paraissaient trop courts.

Cependant le Français pensait avec tristesse
A ceux qui tout là-bas, possédaient sa tendresse ;
Aussi, bien que fâché de perdre son conteur,
L'enfant voulut encore être son bienfaiteur :
Le marin s'en alla, compris dans un échange.
Son bonheur toutefois ne fut pas sans mélange,
Car il aimait vraiment cet Anglais généreux :
Avant de se quitter, ils pleurèrent tous deux.

PAUL SÉBILLOT.

PULCINELLE

VAUDEVILLE-PARADE

(Musique de Claude Terrasse.)

I

Entrez, entrez, Messieurs, Mesdames,
Suivez la foule, c'est l'instant,
Car aujourd'hui, Messieurs, Mesdames,
Pulcinella n'est pas méchant !

II

Pulcinella, rusé marchand
Connait le jeu de la pratique,
Sa boutique est sur le devant,
Suivez Mesdames la pratique !

III

Vous aimez les gens graves, graves,
Le commissaire et l'avocat ?
Polichinelle lui les brave ;
Pulcinella ne parle pas.

IV

Polichinelle en vrai chameau
De ci, de là, roule ses bosses...
Mais, entre nous, s'il est chameau,
Il ne l'est qu'avecque les rosses.

V

Poulet que nul renard n'a pris,
Il prit son vol en Italie.
S'il n'est bon coq que de Paris
Il n'est co... quin que d'Italie !

VI

Polichinelle ? avant de naître
Nous le fûmes, sans le savoir ;
Nous le fûmes, avant de naître,
Huit ou neuf mois, dans le tiroir. . .

VII

Polichinelle, je l'accorde,
Cent fois pour une fut pendu.
Mais jamais, le cou dans la corde,
Il n'a, son âme à Dieu, rendu.

VIII

Chacun à son tour ici-bas
Fut quelque peu Polichinelle :
Moi-même je... mais n'est-ce pas
Le secret de Polichinelle ?

IX

Doncques, entrez, Messieurs, Mesdames.
Suivez la foule, c'est l'instant,
Car aujourd'hui Messieurs, Mesdames,
Pulcinella n'est pas méchant !

F.-A. CAZALS.

NOCTURNE

Là-bas, vers les marais, s'esclaffe la grenouille

EUGÈNE BEAUCHOT.

I

La Nuit s'assied au seuil des plaines
Où grelottent les marjolaines,
    L'iris, l'ajonc...
Sous la molle clarté lunaire
Une grenouille octogénaire
    Fait un plongeon.
Son glas, au creux des lacs funèbres,
Va se perdre dans les ténèbres
    Du vieux donjon.

II

Le marteau gît, près des enclumes.
Le coq dort, la tête en ses plumes,
    Sur le fumier.
Le frelon gagne sa cellule.
Paix! voyageuse libellule.
    Au nid! ramier...
La lavandière au large buste
S'accouple derrière un arbuste
    Au beau fermier.

G. DELAW.

L'HEURE DOUCE

Ainsi qu'un fier guerrier, las de sa course altière,
Drapé d'or le soleil s'est couché radieux.
En long ruban moiré, la petite rivière
Se déroule là-bas sous le calme des cieux.

Tout se tait, tout s'endort et tout se fait mystère ;
Le flot baise la rive et meurt silencieux,
Tandis qu'au firmament, pour regarder la terre,
Les étoiles de feu s'ouvrent comme des yeux.

C'est l'heure du repos, l'heure chère et bénie ;
Dans ce silence plein de douceur infinie,
Deux enfants : elle et lui, s'adorant sans détour,

Au fil de l'eau s'en vont, oublieux de nos peines,
Pendant que leurs baisers chantent à lèvres pleines
L'éternelle chanson de l'éternel amour !

ERNEST CHEBROUX.

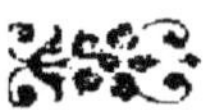

UNE LITTÉRATURE NOUVELLE

Les conférences organisées pour les gardiens de la
paix commencent à porter leurs fruits. On ne rencontre
plus au coin des rues que des agents plongés dans la
méditation la plus profonde, absorbés par la recherche
d'une rime ou discutant entre eux de la future élection
académique. Nous avons pu nous procurer un échan-
tillon de la littérature policière. Nous l'insérons avec
d'autant plus de plaisir qu'elle ne pourra que réjouir
M. Lépine en lui montrant combien les progrès sont
rapides dans son personnel. Il s'était piqué jusqu'ici de
n'avoir, dans son régiment, que l'élite des plus beaux
hommes. Il aura désormais la fleur des beaux esprits.

BALLADE

EN L'HONNEUR DES GARDIENS DE LA PAIX

Que Labusquière, édile impétueux
Aime en séance à leur jeter la pierre,
Que Rochefort épuise encor sur eux
Les traits de sa malice coutumière,
Qu'à les noircir, un tas de propre-à-rien
Usent leur encre aux grands quotidiens.
. Rions ! D'avance ils ont perdu leur cause.
Moi je m'écrie, en invoquant Loubet,
L'heure a sonné de leur apothéose :
Honneur et gloire aux gardiens de la paix !

Ce ne sont point les mouchards tortueux
Dans l'ombre, œuvrant leur trame meurtrière ;
Leur qualité s'annonce à tous les yeux
Et leur travail éclate à la lumière.
C'est l'ornement des quais parisiens,
Sous l'uniforme, ils ont un fier maintien
Qui fait que Gyp du coup, tombe en hypnose.
Ils font glisser la roue avec succès
Et leur bâton jamais ne se repose :
Honneur et gloire aux gardiens de la paix !

Pour la tranquillité des vieux messieurs,
Ils ont à l'œil les bouges de barrière.
Plus d'un pacha « costaud », plus d'un joyeux
Porte leur botte imprimée au derrière.
Leur poing solide et redouté maintient
Respectueux du Code le vaurien,
Le blond cinède en chemisette rose ;
Et tous les soirs, ils tendent leurs filets
A la marée, autour des maisons closes :
Honneur et gloire aux gardiens de la paix !

Bourgeois ! tandis que vous fermez les yeux
Ils font la garde à vos portes cochères.
Parfois, on en rencontre à l'Hôtel-Dieu
D'ensanglantés qu'on apporte en civière.
Dans l'incendie, ils vont sans craindre rien.
Aux fous errants, aux voitures, aux chiens
Aux coups de feu, le métier les expose.
Quand on les tue à l'ombre des cyprès,
A Montparnasse on les enterre en prose ;
Honneur et gloire aux gardiens de la paix !

Envoi

O vous ! soutiens de notre aimé Préfet,
Touny, Mouquin, au crâne orné de roses,
Témoignez comme, au monde satisfait,
Leur héroïsme éclate en mille choses.
Honneur et gloire aux gardiens de la paix.

L'agent qui a composé ces vers, retenu par trop de modestie, n'a pas voulu que nous livrions son nom au public. Félicitons-le d'avoir inauguré un genre nouveau. Il n'y a pas de raison pour qu'il s'arrête en si bon chemin. Il nous livrera, d'ici peu, tout un recueil spécial à messieurs les Agents, avec marches et refrains de route. Qu'il est loin le temps des « brutes policières », et que Talleyrand avait donc raison de dire « Tout arrive ! »

AIMÉ PASSEREAU.

COMPLAINTE GAIE

Les foins coupés sentent bon,
La forêt frissonne,
Minuit sonne.
Les foins coupés sentent bon.

Les crapauds vont deux par deux,
Suivant les ornières
Printanières.
Les crapauds vont deux par deux.

Les arbres sont fous de joie,
Les cieux pleins d'étoiles,
Cieux sans voiles.
Les arbres sont fous de joie.

Les charcutiers sont au lit,
Auprès de leurs femmes.
Feux et flammes !
Les charcutiers sont au lit.

Les pouliches sont dans l'herbe
Jusques au poitrail.
Quel régal !
Les pouliches sont dans l'herbe.

L'eau du ruisseau va chantant,
Chantant son antienne
A la tienne !
L'eau du ruisseau va chantant.

Va chercher dedans la cave,
Cave et froide en vain,
Du bon vin,
Va chercher dedans la cave.

Saôulons-nous jusqu'à plus soif,
  Noyons le déboire
    Dans le boire.
Saôulons-nous jusqu'à plus soif.

Et puis ronflons en cadence.
  Parmi les tessons,
    Jouissons,
Et puis ronflons en cadence.

Le sommeil du juste est doux.
  Gloire à la vinasse,
    Quoiqu'on fasse !
Le sommeil du juste est doux.

JULES DÉPAQUIT.

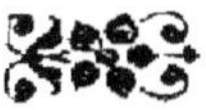

BIBLIOGRAPHIE

Au gré du Rêve, poésies par ALEXANDRE GUIGUES,
    (édition de la *Revue Phocéenne,* 2 francs).

Une préface de Mme la comtesse Olga Jos. d'Alvirof nous avertit que le vrai mérite de ce livre est d'être sincère et qu'elle l'aime à cause de ses imperfections mêmes. M. Alexandre Guigues n'a pas en effet d'autre prétention que de se raconter d'une façon toute simple, sans orner sa phrase, comme il dit lui-même « de rubis, d'or ou de chrysoprases ». Ce livre est d'une lecture facile et agréable et ce qui ne gâte rien, il est édité avec beaucoup de soin, enrichi de culs-de-lampe et de dessins hors-texte dus au crayon de Gaussin, d'Ouvière et d'autres artistes marseillais. Je citerai au hasard le sonnet du *Chemineau :*

Être le chemineau, libre, sur le chemin
Qui chante sa chanson ou qui cueille une rose,
Et jouit de l'effet sans songer à la cause
Et qui s'en va joyeux, son bâton à la main.

Être le chemineau dédaigneux et hautain
Méprisant les soucis de son destin morose,
Heureux si le matin a brodé le ciel rose
Et si les fleurs ont pris des teintes de satin.

Comme religion n'avoir que la nature,
Pour Dieu le grand soleil, pour autel la verdure
Dans le murmure sourd des grands bois assoupis ;

Semer à tout hasard l'amour et sous la voûte
D'un ciel qu'irradieraient les astres alanguis
Mourir par un beau soir sur le bord d'une route

Est-ce que cela ne pourrait pas être signé Richepin ?

Imbéciles et Gredins, par Laurent Tailhade. — (Edition de la maison d'Art, 23, rue de Vaugirard.— 1 vol. 3 fr. 50.)

La société que la bourgeoisie nous a faite est tellement pétrie d'hypocrisie et de mensonges qu'il suffit qu'un diseur de vérités ouvre la bouche pour déchaîner la tempête et le scandale. Et ce qui prouve bien que les plus avancés de nos politiciens sont incapables de nous donner la liberté promise, c'est qu'il n'est point de feuille publique, pour si indépendante qu'elle se donne, qui ne recule, après quelques essais timides, épouvantée devant la prose de Laurent Tailhade. Il y a encore chez eux trop de liens, trop de servitude, trop d'attaches paralysantes. Ils tiennent encore trop, par leur éducation et leurs racines, à la société qu'ils veulent détruire, pour être les artisans nécessaires d'une révolution qui s'impose. Tailhade a su se libérer complètement. Sa parole est comme le charbon ardent qui met le feu aux conventions hypocrites, qui fait fondre et ruisseler, en fuite soudaine, la cire des préjugés, l'étain des raisons spécieuses. Il soulève, avec le geste d'Hercule et le flot purificateur de ses phrases, le fumier puant entassé depuis des siècles dans l'écurie des cerveaux et des consciences. Il traîne les Basiles, de force, au miroir, et plante violemment le groin public dans son ordure. Dans le feu de l'action, sa rude cognée s'abat parfois, par mégarde, sur des innocents. On souhaiterait, par exemple, que Moréas eût été épargné. Le pur génie de ce poète, son fier désintéressement, au milieu d'un monde de basses intrigues, l'impérieuse noblesse de son âme eussent dû lui être un suffisant bouclier. Nous ne voulons croire, d'ailleurs, qu'à un malentendu passager, la conquérante beauté des Stances qui viennent de paraître ne pouvant que hâter une réconciliation nécessaire. Laurent Tailhade vaut, malgré tout, par la belle leçon d'énergie qu'il nous donne. Il résiste aux éléments, il renaît, plus fougueux, des décombres ; il se redresse avec plus de vigueur à chacune de ses catastrophes, en obstacle à l'erreur envahissante. Il nous donne l'exemple de la révolte contre une société ennemie, et il faut le remercier surtout de nous offrir, dans une époque de servitude, d'ignorance et de lâcheté, l'exemple réconfortant d'un écrivain qui pense librement et qui ose dire ce qu'il pense. — *H. L.*

Les Coquillages de mer. par Paul Sébillot. Paris, J. Maisonneuve. 1900 ; 1 volume in-16 de V-109 p. (Tome 1er des *Mélanges traditionnistes.*)

MM. Paul Sébillot et Julien Vinson viennent d'entreprendre, sous le titre de *Mélanges traditionnistes,* la publication d'une série d'études qui, dans le domaine du folklore, doivent tenir une place plus modeste mais aussi intéressante que le grand recueil des *Littératures populaires de toutes les nations.*

M. Sébillot a inauguré cette série nouvelle par une curieuse monographie sur les coquillages de mer. Nul mieux que le savant folk-loriste ne connaissait ce sujet et ne pouvait le traiter plus à fond : il suffit de rappeler qu'il est l'auteur des *Contes des paysans et des pêcheurs,* des *Contes des marins,* des *Légendes, Croyances et superstitions de la mer.*

Dans cet attrayant petit livre, la vaste érudition de l'écrivain a classé et condensé avec méthode toutes les connaissances des particularités relatives aux coquillages marins. Son travail est divisé en trois parties.

Dans la première, où il s'occupe des *coquillages vivants,* il énumère les noms, proverbes, devinettes, croyances et superstitions qui se rattachent à ces coquillages, leur usage en cuisine et en médecine. — Dans la seconde, il s'étend sur les *coquilles de mer* proprement dites (vides de l'animal vivant) et montre leurs rapports avec les divinités et la religion, leur emploi comme amulettes et ornements, comme monnaies, ustensiles et jouets. — Enfin, la troisième partie énumère les contes et légendes relatifs aux coquillages.

Ce curieux travail constitue certainement le plus savant et le plus pittoresque traité de conchyologie populaire.

Chansons populaires du Vivarais, recueillies et transcrites avec accompagnement de piano, par Vincent d'Indy. (Op. 52). Paris, A. Durand et fils, 1900 ; 1 volume in-4°, VIII-461 pages. (Prix net : 8 francs.)

M. Vincent d'Indy est un passionné du folklore musical et c'est avec un soin pieux que ce musicien consommé recueille les mélodies populaires. Il avait précédemment publié, en collaboration avec M. Tiersot, un intéressant volume de chansons du Vivarais et du Vercors. Le nouveau recueil qu'il nous donne est une œuvre remarquable à tous les points de vue ; c'est, dans son genre, un véritable monument ethnographique et artistique qu'il a élevé à la gloire de son pays natal. Son but a été, nous dit-il lui-même, « de mettre en lumière, de dévoiler l'âme vivaroise, sous l'un de ses aspects les plus attachants, celui de l'expression traditionnelle de ses sentiments, de ses peines, de ses joies ». Et le compositeur y a pleinement réussi.

Ce recueil est à la fois une œuvre d'art, exquise et sobre, et une œuvre de science irréprochable dans sa méthode. M. d'Indy a su reproduire et coordonner les textes poétiques et musicaux les plus répandus en Ardèche, en en contrôlant soigneusement les diverses versions, en n'acceptant que les chansons parfaitement authentiques. Il a eu surtout le mérite, rare chez les compositeurs, de respecter la musique originale et de se contenter d'un accompagnement sans vaines fioritures. Ce fait seul suffirait à nous prouver la valeur de l'ouvrage, et l'amour, l'adoration plutôt, que le musicien ressent pour les mélodies populaires.

Le recueil est divisé en sept parties : les *Chansons de mai, Chansons anecdotiques et satiriques, Pastourelles, Chansons d'amour et de mariage, Chansons militaires, Chansons de danse, Bourrées et Mélodies sans paroles.* D'excellentes considérations esthétiques et historiques précèdent chacune de ces divisions. En outre, beaucoup de chansons sont accompagnées de commentaires critiques et musicaux qui constituent pour chacune d'elles une savante monographie. Nous signalerons particulièrement l'étude sur la mélodie de *La Pernette* qui est une merveille de sagacité, en même temps que le texte vivarois de la complainte est une des perles du recueil. — *CHARLES HOUIN.*

Les Ouailles du curé Fargeas, par FERNAND LAFARGUE, ouvrage couronné par l'Académie française (Paris, Flammarion.)

Voici ce qu'en a dit fort justement M. Gaston Boissier, secrétaire perpétuel de la docte Compagnie (vieux style) dans la séance publique annuelle du 23 novembre :

« Quelques-uns d'entre eux (les romans) nous ont paru mériter des récompenses particulières. C'est, par exemple, le livre de M. Fernand Lafargue, les *Ouailles du curé Fargeas,* qui contient des scènes de la vie ecclésiastique fort agréablement racontées, avec des finesses de touche, des délicatesses du sentiment, qui sauvent des situations difficiles. »

Et c'est bien cela en quelques mots; c'est en ne soulignant pas trop certain passage que l'auteur a su faire d'un sujet, légèrement risqué de prime abord, un très beau et très honnête livre. Car tout peut se dire, mais la forme doit sauver le fond, ainsi qu'il est démontré par *Mademoiselle de Maupin* et par quelques autres chefs-d'œuvre de la langue française. — *E. M.*

Macette, publiée et commentée par FERDINAND BRUNOT, maître de conférences à l'école Normale supérieure. — Société nouvelle de libraire et d'édition. G. Bellais, 17, rue Cujac. — Petit in-8 de XLIII — 52 pages.

Il s'agit de la treizième des Satires de Mathurin Régnier, réimprimées en 1612 chez « Toussaincts du Bray, rue Saint-Jacques, « revenu et augmentées de nouveau », ainsi qu'il est mentionné sur la première page et qu'en fait foi la *Macette,* cette sœur de la *Célestine* espagnole, dont M. Germond de Lavigne nous a donné une si fidèle traduction. Mais la *Macette* du poète chartrain a d'autres origines que nous fait connaître M. Brunot dans cette inestimable édition du chef-d'œuvre de la satire française, et il serait à souhaiter que l'œuvre entière de notre Régnier fut ainsi annotée. Nous aurions ainsi un loyal dictionnaire de la langue du seizième siècle, trop peu ou si mal connue.

M. Brunot a été aidé dans son beau travail par MM. P.

Bloume, L. Fourniols, G. Peyré et Armand Weil, élèves
à l'école Normale supérieure, les siens par conséquent, et
cette intéressante collaboration nous vaut ce précieux ouvrage, spécialement destiné aux candidats à l'agrégation,
mais dont nous avons le droit de faire notre profit : car
« chacun prend son bien où il le trouve », comme on dit
en pays chartrain. On y saisit très nettement les caractéristiques du vocabulaire, de la syntaxe, du style, de la
versification de Régnier, et cela vaut d'être retenu, même-
ment les si curieuses origines de *Macette*. Sœur de la
Célestine espagnole, oui, sans doute, mais plus encore de
la *Dipsus* d'Ovide, de l'*Ichantis* de Properce, etc., etc., sans
oublier la *Catin*, de Ronsard.

Belle et solide étude, au total, dont nous ne saurions
trop féliciter M. Brunot et ses collaborateurs, avec l'espoir
qu'ils ne resteront pas en si bon chemin, puisque tout feu
Régnier leur tend le bras. — *E. M.*

Amour d'automne, par ANDRÉ THEURIET, illustration de
    S. Macchiati (nouvelle édition, un volume in-16. - Paris,
    Lemerre.)

Parler ici d'un roman que tout le monde a lu serait besogne oiseuse ; il nous plaît mieux de constater que l'auteur d'*Amour d'automne* continue à jouir de la faveur publique, pourtant si fugace. Le cas est d'autant plus sur-
prenant que M. André Theuriet, sans être un moraliste
professionnel, n'appartient pas à l'école adultérine, encore
qu'il ait écrit l'*Amoureux de la Préfète* et tant d'autres d'œuvres bien vivantes, telle que *Deux Sœurs*.

Elle est vraiment exquise, cette réimpression du délicieux roman de Talloires, sur les bords du lac d'Annecy,
et nous y avons pris un plaisir extrême. Combien joliment
encadrées surtout la vieille abbaye, et aussi la villa des
Cyclamens où M. André Theuriet voit refleurir la neige
d'antan ! Ce sera désormais le guide en Savoie à l'usage
des amoureux, qui retrouveront d'ailleurs, en cet aimable
pays, d'autres souvenirs romantiques.

Mais pourquoi Philippe n'épouse-t-il pas la tendre et dé-
sirable Marianette ? s'est-on demandé plus d'une fois et se
demandera-t-on encore sans doute. Et pourquoi Werther
n'a-t-il pas épousé Charlotte ? Et pourquoi Lamartine a-t-il
fui Graziella ?... Sachons plutôt gré à M. André Theuriet
— quoique ancien officier de l'état-civil de Bourg-la-Reine,
— de n'être pas un agent matrimonial en littérature. — *E. M.*

Monsieur Bonnet, drame en 4 actes, en vers, de Mau-
    rice de Faramond. (Éditions de la *Revue d'art dramatique*,
    Librairie Paul Ollendorf, 50, chaussée d'Antin, Paris.)

Ce drame d'une observation aiguë et d'un sentimentalisme émouvant dans une forme intéressante et neuve,
nous l'avons applaudi, voici juste un an, au théâtre du
Gymnase où « l'Œuvre », Lugné-Poë en tête, donnait ses représentations.

Encore qu'ils nous soient contemporains et que leurs
passions ne diffèrent point des nôtres, les personnages que
Maurice de Faramond a dressés devant, ont la grandeur

épique des héros de la tragédie. L'ouvrier de ce drame moderne est un jeune que *Quintessence* et le *Livre des Odes* ont placé au premier rang des poètes de ce temps. Mais, c'est comme dramaturge, un débutant, Sa première pièce, la *Noblesse de l'Argent* fut jouée à « l'OEuvre » en 1899. Un nouveau drame en trois actes et trois tableaux nous est promis : *l'Argent national.* On peut attendre beaucoup de Maurice de Faramond. Il convient, pour ce qu'il nous a donné déjà, de le louer sans réserves. — *ÉMILE MAISON.*

Livres reçus : **Contes et Nouvelles,** suivis du Théâtre, par Rachilde. Société du *Mercure de France*, Paris. — **Aux Tournants de la Route,** par Paul Hubert.

ÉCHOS

Notre excellent confrère Papyrus nous écrit, en réponse à l'une de nos dernières notes relatives au sonnet *Mémoration :*
« *Ledit sonnet boulangique fut déterré dans une revue de l'époque. Est-il ou n'est-il pas du brave général? Bien malin qui l'affirmerait. Même sous l'uniforme peut battre le cœur d'un poète. Et l'amour le peut faire jaillir, en outre !* » Soit! mais nous avions raison de rester sceptiques. Si Papyrus veut bien se donner la peine d'ouvrir les *Cornes du Faune,* à la page 15, il aura la surprise d'y trouver le sonnet en question. Ce sonnet fit jadis quelque bruit dans le monde. Nous nous souvenons d'un article d'Henry Fouquier dénonçant aux foules, à son sujet, la haute valeur intellectuelle de Boulanger. Le général lui-même interviewé, mit une certaine coquetterie à laisser croire qu'il en était l'auteur, et reçut, sans broncher, les compliments de ces dames. Edmond de Goncourt qui était séduit par l'odeur dix-huitième siècle de ces vers, en écrivit pour les restituer à son véritable auteur : Ernest Raynaud. A vrai dire nous nous en étions toujours un peu douté.

Et puisque nous venons de parler d'Ernest Raynaud, n'oublions pas de signaler, dans la dernière *Revue Forézienne,* un article de M. Poinsot touchant le peintre Zuber, qui, dans des images de Versailles, *sait exprimer ce que parmi tant de convenu, de fausse grandeur, d'étiquette glacée, le siècle de Louis XIV eut cependant de charmeur et d'exquis.* Et l'auteur ajoute : « Cette impression, Ernest Raynaud l'a su rendre

en d'admirables poèmes dont on devrait souligner les toiles
de Zuber. » Nous souscrivons pleinement à la justesse de
cette observation.

* *

Il faut plaindre M. René Doumic, qui sue sang et eau à
vouloir occuper l'attention publique et qui ne peut y parvenir. Ce pauvre diable passe son temps à allumer des
pétards mouillés. Dans sa dernière chronique, il s'en prend
à Verlaine, auquel il n'a jamais rien compris. Il est, d'ailleurs, incapable de comprendre quoi que ce soit. Il espérait,
sans doute, en projetant son ombre sur une gloire, qu'il
s'attirerait une riposte, source d'un bruit profitable ; mais
qui peut prendre au sérieux M. Doumic, et accorder
quelque importance à ses écrits ? Qu'il se contente d'apprendre à ses élèves à traduire le *de viris* et qu'il laisse
tranquilles les Poètes ! Ça ne le connaît pas !

* *

Un autre universitaire, venu du fond de la Bretagne pour
civiliser Paris, M. Legouic, se paye, à propos d'Albert
Mérat, la tête des lecteurs de la REVUE UNIVERSELLE avec
une désinvolture extraordinaire. Ce qu'il a dit du grand poète
de *Vers le Soir* est tellement inexact qu'il donne à penser
qu'il ne l'a jamais lu ou que, dans les choses de la Pensée,
son incompétence est au moins égale à celle du Doumic.

* *

La *Semaine littéraire* de Genève, dans son numéro du
19 janvier, découvre un brave Pandore, poète, et l'auteur de
l'article, après avoir opposé à Déroulède le susdit Pandore,
ajoute :

« *Mais j'y songe : cet aède botté eut un précurseur.*
« M. *Ernest Raynaud, qui a écrit les* CORNES DE FAUNE, *fut un
littérateur fort estimé; il était, si je ne fais erreur, sergent
de ville ou quelque chose d'approchant.....* »

O brave critique ! Raynaud a trop d'esprit pour se défendre d'avoir été sergent de ville, mais il pourrait se
plaindre de tous ces imparfaits qui ont l'air de viser un
défunt. Or, notre ami est resté non seulement fort estimé,
mais encore bien vivant, et n'est-ce pas ici le cas de dire :
qu'il s'en réjouit dans son cœur d'homme d'armes? car un
sergent de ville vivant vaut mieux qu'un académicien mort.

* *

VISITE AUX ATELIERS. — L'ouverture imminente du
Salon force nos artistes à redoubler d'activité.

M. ROUSAUD termine le buste de notre ami Lerouge.

M. CAPELLARO nous ménage la surprise d'un véritable
chef-d'œuvre : il a fait dire au marbre la grâce voluptueuse
de l'*Emilie* chantée par le poète :

*Non pas lorsqu' occupée à plaire uniquement
Elle dicte sa loi, tranquille, au sentiment
Mais vive et par les feux du champagne embellie.*

Le sculpteur s'est souvenu des conseils de l'amant :

Anime son visage et que cet enjouement
Espiègle qui sied bien à la cour d'Idalie
Multiplie à plaisir ce qu'elle a d'agrément.
Qu'une gaze, à l'épaule à peine retenue,
Irritant les désirs, laisse aux yeux, demi-nue
Cette autre Hébé, riante image du printemps !...

(LA TOUR D'IVOIRE).

C'est comme une fleur délicieusement épanouie. Impossible de rêver une forme plus accomplie, un modelé plus savant, une fraîcheur plus délicate. Nul doute que ce soit là l'un des clous du Salon prochain.

M. MADRASSI a vigoureusement pétri dans le bronze un gladiateur vaincu où éclate une prodigieuse habileté. L'homme roulé à terre se redresse dans un dernier effort, agitant le tronçon d'un glaive ; une révolte suprême crispe la chair et contracte les muscles, tandis que la sueur de la lutte ruisselle au long des flancs vaincus.

Le peintre Koss a pénétré le secret des ciels agonisants et sait évoquer l'âme des solitudes. Son art, tout de rêve et de recueillement, prolonge les tranquilles harmonies de son maître Puvis de Chavannes ; il excelle à traduire la mélancolie des choses abolies où tombe le crépuscule, et sait dresser, au milieu des ruines pensives, le fantôme muet du souvenir. — Encore un méconnu dont il faudra bien qu'un jour ou l'autre la foule conquise apprenne le nom.

M. COUTHEILAS, loin de se reposer sur ses lauriers, n'en abat que plus de besogne. Il a su rendre la physionomie finie et expressive de M. de Freycinet. On admirera également de lui, un « débardeur » ployé sous son fardeau, saisissant de réalisme avec le jeu de ses muscles roidis sous l'effort.

LA SAGETTE.

Errata du numéro de novembre

Page 196, ligne 30, lire : *fortune*, au lieu de : forture.
Page 200, vers 15, lire : *peu* au lieu de : pas.
Page 223, ligne 13, lire : « *carrée* », au lieu de « cauée »,
et *Bénédile*, au lieu de : Bénéditte.

Le *Gérant* : F.-A. CAZALS.

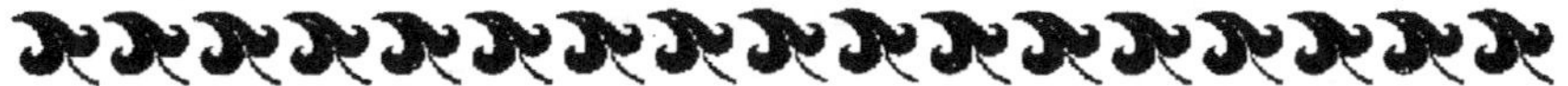

LOUIS MÉNARD

Un matin de l'Ascension 1879, je me promenais, avec M. Leconte de Lisle, sous les galeries de l'Odéon, quand je vis s'avancer vers nous un petit homme sec, légèrement courbé, qui nous aborda d'une voix un peu aigrelette. C'était Louis Ménard. Son tailleur ne devait pas lui coûter cher, non plus que son bottier et son chemisier. Quelle corde il portait autour du cou en guise de cravate ! Son âge, il était difficile de le déterminer. Cependant, je savais pertinemment que Ménard avait quelque peu dépassé, depuis quelques années, la maturité. Compromis dans les journées de Juin, il avait dû s'exiler pendant quelque temps, pour n'être pas enveloppé dans les répressions du général Cavaignac. Il avait assisté à l'âge héroïque. C'était un contemporain de Leconte de Lisle. Ami de MM. Renan et Berthelot, il les avait amusés, autrefois, par la finesse de son esprit et par ses paradoxes

Après une longue causerie, nous quittâmes l'auteur des *Poèmes barbares*, et nous descendîmes, Ménard et moi, vers la Seine. Il se rendait au Salon des Champs-Élysées, et moi à mon déjeuner, passage Vivienne.

Combien de fois je l'ai revu, depuis cette première rencontre ! En sortant de mon cours du Louvre, vers six heures, j'ai souvent croisé Ménard ; il était toujours en quête d'un restaurant à bon marché, et me demandait, sur ce point, ce que le parti des ducs appelle des *tuyaux*.

Cependant, que l'on ne s'imagine pas, d'après cela, Ménard très indigent, et que l'on ne s'afflige pas trop sur sa destinée. Rien de commun entre lui et le pauvre Mürger ; ce n'était pas précisément au grabat d'hôpital qu'était voué le païen mystique. Le philosophe Ménard, possédait, place de la Sorbonne, un immeuble qui devait bien lui rapporter un peu plus de vingt mille francs chaque année. Avec cela, on ne meurt pas de misère. Et, si l'on s'habille au Temple, ce ne peut être que par coquetterie et non par nécessité. Les vêtements de Ménard étaient simplement sur son corps, à titre de paradoxe, je n'ai jamais cru à son avarice, mais au souci qu'il avait de ne pas se rapprocher de tout le monde et de présenter à ses congénères un type tout à fait particulier.

Un jour, pourtant, il fit un bout de toilette et se rendit chez Leconte de Lisle, à qui il tendit la main d'une façon tout à fait solennelle. Il avait mis une cravate à peu près neuve, quelque chose qui ressemblait à une chemise ; un claque légèrement blanchi tournait dans ses doigts. A son ami stupéfait, il annonça qu'il faisait ses visites de candidature à l'Académie française, et qu'il sollicitait sa voix. On dérange toujours très fort, même le meilleur de ses amis, quand on lui demande ainsi son suffrage. A la tête de Leconte de Lisle, Ménard comprit qu'il ne devait pas pousser plus loin son entreprise, et qu'il lui était interdit de pénétrer, lui artiste, dans le sanctuaire où sont entrés, depuis, tant d'illustres cacographes. Il avait trop peu fréquenté chez les bons faiseurs pour jamais être introduit là où trônent beaucoup de gens à qui l'on a ouvert la porte uniquement sur leur mine et pour leur tailleur.

Ce n'était pas seulement dans sa mise que Ménard étalait sa nature paradoxale. Catholique épousant une femme catholique, il gagna, pour faire bénir son union, le temple protestant. Que n'allait-il tout bonnement à la mairie, sans passer par la bénédiction d'aucun pasteur ? Plus tard, je fus fort étonné d'être invité à l'enterrement de sa charmante fille, dans l'église Notre-Dame-des-Victoires. Se détournant du calvinisme, Ménard avait repassé au catholicisme, et même conduit la pauvre enfant,

minée par la phtisie, à la grotte de Lourdes. Son
grand rêve pour l'Italie n'était-ce pas une confédé-
ration de petites villes et de petits États, avec le
pape comme président ?

Païen, catholique, protestant, libre-penseur, catholique à nouveau : tel nous apparaît Ménard,
très successif, fort préoccupé de ne se point gou-
verner par les lois ordinaires, et de peu ressembler à ses contemporains qui n'étaient guère, à ses
yeux, un objet d'admiration.

Son esprit était fort actif, et cependant son œuvre est mince par la taille, sinon par la valeur. Il
a, guidé par Leconte de Lisle, écrit des vers. A la
suite de M. Renan, il s'est occupé d'Israël, mais
sans être muni, pour ce travail, d'une science spéciale qui lui eut été fort nécessaire. Epris de l'antiquité grecque, et principalement de l'antiquité
gréco-alexandrine, il s'est attaché à Hermès Tris-
mégiste. Son chef-d'œuvre, c'est un petit volume
dont il donna, il y a quelques années, une édition
définitive : *Rêveries d'un païen mystique*. Combien
ont nommé avec enthousiasme ces pages, sans les
avoir jamais lues ! C'était l'enfant chéri de Ménard,
et c'est aussi, dans son œuvre, par la subtile métaphysique, et par l'art exquis l'objet de nos pré-
dilections. Heureux qui a pu condenser ainsi,
avant de disparaître, comme en une essence précieuse, le plus pur de sa pensée et de son goût
pour la beauté !

Mais, on le voit, c'est un éparpillement; il était
allé à tous les sujets, sans s'attacher à aucun. Si
je ne me rappelais ses cravates et son chapeau, je
comparerais volontiers Ménard à un papillon. S'il
ne s'en rapproche pas physiquement, est-ce qu'il
ne le fut pas un peu par l'esprit ? Aussi lui donna-
t-on, à l'Hôtel-de-Ville, pour lui permettre de toucher à tout, et de satisfaire sa singulière nature, un
cours d'*Histoire universelle* ?

Je ne parlerai pas de sa tentative de réformer
l'orthographe, ce fut son dernier et pire paradoxe.

Il me laisse, à moi, le souvenir d'un homme
bienveillant, instruit, de jolie conversation. Où
donc son égal parmi ses successeurs ? L'ignorance

sévit sur notre pauvre planète et la couvre indignement. Ménard savait beaucoup, jugeait bien des choses littéraires et philosophiques, enchâssait admirablement ses étrangetés. Il avait de la race — cela se perd — comme lettré et comme penseur.

EUGÈNE LEDRAIN.

L'AMOUR DÉROBÉ

Amour, sans arc ni carquois,
Allait par le trac d'un bois.
Mercure le voleur,
Ou Mars le belliqueur
L'ivrogne Silénus,
Ou le cornu Faunus,
Dérobé t'ont? lui dis-je, et lui : « Que mie !
De RAYNAUD c'est la chalemie. »

* * *

Gentil Raynaud, nymphes, naïades et satyres
(Qui, pour le rustre seul, ne hantent plus
Le cours de notre Seine et nos bois chevelus),
De tes roseaux dorés, lorsque tes lèvres tirent
Un chant harmonieux
Disent, s'éjouissant entre eux :
« Salut, dieu Pan, à la flûte pastorale ! »

1892   *JEAN MORÉAS.*

BIBELOTS

A l'ami Delbet.

Clair argent ciselé de Bangkok ou d'Angkor,
Petit bronze indécent où l'Inde va revivre,
Brûle parfums du vieil empire où flotte encor
L'âme de l'Orient sous le griffon de cuivre ;

Carapace géante, éclose au sable ardent,
Grigris, poignards sculptés par delà l'Atlantique,
Lame fine, ouvragée aux forges du Soudan,
Dieux cruels grimaçant d'un rire énigmatique ;

Chaude soierie où par un somptueux accord
L'oiseau rare et la fleur concourent au décor
Où chante à mon esprit le rêve de l'Asie,

C'est grâce à vous qu'en un lointain que j'eusse aimé,
Du fleuve rouge aux bords verts de la Falémé
Mon cœur vogue et si peu, hélas, se rassasie !

Janvier 1901   *LUCIEN HUBERT.*

IMPRESSIONS DE CARNAVAL

Il pleut ; il neige. Le vent souffle en tempêtes et chasse des nuages gris qui, après une course folle, s'amassent en s'épaississant vers les horizons mornes. A travers mes carreaux obscurcis de buée, je regarde s'écouler la foule hâtive sous le dôme des parapluies ouverts et je ne saurais dire l'impression de tristesse que me suggère ce spectacle.

Il y a des carnavals gais ; il y a des carnavals tristes : celui-ci est triste. Pour égayer les oripeaux des masques, il faut du soleil : le rare soleil de ce carnaval est comme barbouillé de suie et les oripeaux des masques sont ternes.

D'année en année on dit : « Le carnaval se meurt ». Est-ce vrai ? N'est-ce pas plutôt nous qui voyons mal. Je me souviens des carnavals joyeux d'autrefois. Il y avait des chicards, des arlequins, des colombines, des Agnès, des marquis ; il y en avait plein les rues où circulait une folie burlesque. Il y avait aussi des chars, des chars superbes, enrubannés, dorés, enguirlandés, où jouaient des fanfares de cors de chasse. C'était beau, et les gamins, en liesse aussi, s'évadaient des maisons comme une volée d'oiseaux qui sentent le printemps venir. En est-il encore ainsi aujourd'hui ? Les chienlits passent solitaires, comme pris en faute. Aucun cri ne les suit. Il pleut ; il neige... Il y a des carnavals gais ; il y en a de tristes : celui-ci est triste.

Ah ! les chienlits de jadis ! Il en est un dont j'ai gardé le souvenir. C'était dans un village. Dans les

villages aussi on fêtait alors le carnaval ; car, en ce
temps, la terre qu'on abandonne, retenait ceux qui
l'aimaient. Celui-là était quelque chose comme un
monstre fantastique. Je le revois haut de plusieurs
mètres, vêtu d'un drap traînant à terre, qui le
faisait paraître plus haut encore et que surmontait
une tête de colosse, horriblement bourgeonnée où
manœuvraient constamment des yeux louches. Il
entrait de maison en maison et, par quel prodige ?
pour passer les portes, il se rapetissait jusqu'à la
taille humaine. On lui offait des crêpes, des beignets :
avec un appétit d'ogre, il dévorait tout et, sous le
drap, son ventre à mesure s'arrondissait, prenait
des proportions de tonne. Oh ! que l'on riait ! Moi
j'avais peur, j'avais peur de ces yeux louches qui
manœuvraient dans le masque, de cette bouche
insatiable où s'engouffraient crêpes et beignets ;
j'avais peur de tout ce mystère et mon rire, à moi,
se mouillait de larmes.

Il y a des carnavals tristes ; il y en a de gais. Celui-
là était gai. Et je songe à ce passé. Ce n'est pas, en
vérité les carnavals qui manquent de gaité. Le
carnaval ne rit qu'à la jeunesse : nous avons vieilli.
Les clairs soleils d'autrefois ont disparu. Il pleut ;
il neige : nous ne savons plus rire. Le temps ressemble au monstre fantastique de mon enfance ;
mais ce qu'il dévore, ce ne sont plus ni des beignets,
ni des crêpes, c'est de la gaité humaine.

Ed. MARTIN-VIDEAU.

DEUX POÈMES INÉDITS DES « VILLES DE MARBRE »

LES PRÊTRES

Les prêtres aujourd'hui ne sont pas bien terribles :
Ils vannent doucement nos péchés à leurs cribles ;
Tous passent, le mortel avec le véniel,
De sorte que la foule est grande pour le ciel.
Ils nous tiennent de tout quittes au prix d'un cierge ;
Ils ont des intérêts d'affaires chez la Vierge,
Des grâces près du Père et près du Saint-Esprit.
Leur cerveau n'admet rien hors ce qui fut écrit,
Ni leur cœur rien, hormis l'entretien de l'église ;
Le livre fait penser : ils n'aiment pas qu'on lise.
Ils savent les langueurs des offices du soir ;
Parmi les flambeaux d'or ils placent l'ostensoir.
Leur art est de toucher par l'image sensible :
Ce sont les nerfs surtout que leurs traits ont pour cible.
Le prêtre reconnaît un principe immortel
Et sacré : l'union du trône et de l'autel.
Le ciel est un palais dont ils sont dignitaires ;
En attendant, le prix des choses salutaires,
Comme l'or, le crédit des princes, le pouvoir,
Leur semble une évidence aisée à concevoir.
Leur bonheur à venir se fait garant du nôtre ;
Ils achètent ce monde en promesses de l'autre.

Rome

LES MOINES

Ces hommes vivent mal afin de bien mourir.
Ils ne sont point pervers et n'ont pas à couvrir
De faiblesses : ce sont d'austères égoïstes.
Pour avoir déplacé le bonheur, ils sont tristes.
Ni le pain, ni le vin céleste des élus
Ne leur seront la vie humaine qu'ils n'ont plus.

Un mirage mystique à leurs regards flamboie ;
Ils tiennent la douleur plus sainte que la joie.
Le cerveau, façonnant le crâne à ses desseins,
Leur a fait le front haut mais crédule des saints,
Luisant presque et jauni comme le vieil ivoire,
Qui ne veut ou ne sait raisonner, mais peut croire.
L'œil fuyant et baissé se lève pour le ciel ;
Sentir est un péché ; rêver un bien réel,
Un péché ; discerner ou vouloir est impie.
La pensée est un crime, et le zèle l'expie.
Leur bouche ose prier pour l'homme qui sourit.
La raison qui conseille et qui règle l'esprit,
Certes, les eût induits à vivre : ils l'ont tuée.
Ils ont offert leur vie et l'ont prostituée
Au ciel ; comptant le prix de chaque austérité,
Du long jeûne accompli, du cilice porté,
Ils ont vendu leur âme à ce ciel qu'elle invente.
C'est encor pour régner que l'Eglise est servante.

Mais ils ne mourront pas plus tranquilles que nous.
Ils ont eu beau veiller et languir à genoux,
Sous la flamme et la peur de l'hostie et du cierge,
Dire tout bas beaucoup de choses à la Vierge,
Implorer et flatter le Christ ainsi qu'un roi,
Ils mourront dans l'angoisse et mourront dans l'effroi.
Ils auront la sueur froide de l'agonie.
L'horreur effarera la paupière ternie,
Ils crisperont leur pouce et leur masque hagard,
Le doux souffle suivra les spasmes du regard :
Ils n'échapperont pas, ciel, néant ou passage,
Aux épouvantements de l'enfant et du sage.

ALBERT MÉRAT.

PAUVRE LÉLIAN (1)

(Pour faire suite aux « CONFESSIONS » de Paul Verlaine)

Un beau soir de juillet 1872, après une scène qui mit au comble un état d'exaspération pour ainsi dire latent chez Verlaine, celui-ci se résolut à fuir le foyer conjugal, laissant là beaux-parents, femme et enfant. Rimbaud tout naturellement le suivit. Pour lui aussi la ville lumière était devenue banale. L'envie et la calomnie y montraient leurs crocs de chiennes affamées. L'occasion s'offrait d'une sortie amusante et libératrice. Toujours en quête de sensations neuves, il n'eut garde de laisser fuir celle-ci. Le coup de tête de Verlaine n'était, au vrai, que l'acte impulsif d'un enfant qui s'arrache à l'endroit où il souffre pour gagner un *ailleurs* où il se souvient d'avoir été, quelques instants, heureux. C'est en effet sur la « vieille ville » d'Arras, pays maternel, que Verlaine filait, suivi de Rimbaud. Ils y arrivaient au petit jour, enivrés de grand air et de liberté, ravis d'échapper un instant à la trivialité des rues de Paris. « Le tour « de la ville fut vite fait, ces places fortes sont resser- « rées, et en attendant que fussent levées les person- « nes susceptibles de nous accueillir amicalement sans « trop de dérangement pour elles, nous résolûmes d'aller « déjeûner au buffet de la gare où nous prîmes préala- « blement chacun un ou plusieurs apéritifs... en causant « de choses et d'autres (2). »

Là ils tinrent les propos les plus « cambrionnesques »,

---

(1) Voir les n°s 5, 6 et 7.
(2) Mes prisons, 1893.

parlèrent d'assassinat en baissant la voix, passèrent
pour des malfaiteurs dangereux, et furent signalés à la
police atrébate qui leur ménagea immédiatement une
entrevue avec le procureur de la République. Celui-ci,
qui s'attendait, sur le rapport des agents, à interroger
deux vulgaires chemineaux plus ou moins récidivistes, fut
surpris et décontenancé en voyant à qui il avait affaire.
Rimbaud « entama une partie de sanglots »; mais Verlaine s'expliquant sur le ton de la meilleure compagnie
et justifiant de sérieuses références dans ce bon pays
d'Artois, le magistrat finit par comprendre, fit observer à nos deux fumistes qu'ils jouaient à un jeu fertile
en inconvénients, et il allait les relâcher, quand se ravi-
sant tout à coup, repris de mauvaise humeur, il se dit
qu'après tout les Parisiens n'avaient qu'à faire leurs
farces chez eux; alors il les fit remettre *manu militari*
dans le premier train express dont ils ne sortirent qu'à
la gare du Nord.

Rimbaud, d'ailleurs, avait donné des conseils de raison. Lui-même traversait une période critique. Il était
arrivé aux extrêmes confins de son art; la satiété venait,
l'ambition littéraire s'évanouissait peu à peu : seules
les voluptés de la vision tenaient encore sa cervelle. Son
extrême délicatesse morale lui commandait de partir,
puisqu'il devenait un obstacle au bonheur d'autrui. Il
revint à Charleville. Là, des lettres de son ami lui ap-
prirent ce qu'il soupçonnait déjà : qu'il était accusé
par tout le monde, rendu responsable des querelles, des
extravagances, maudit comme *une peste,* en prenant ce
mot dans son sens le plus amplement latin.

Puis la discorde reprit chez Verlaine. Il s'affola, ap-
pela Rimbaud. Celui-ci, dont l'âme était désorbitée
tout autant, que l'ennui noir rongeait, se laissa entraî-
ner, *fatalistement.* Ils se retrouvèrent peu après, séjour-
nèrent en Belgique, puis à Londres.

Cet exode n'avait pas seulement pour motif les dissi-
dences conjugales aboutissant pour le coup à une rupture absolue. Verlaine se croyait, en outre, obligé de

quitter la France pour éviter son arrestation comme « communard ».

On sait que bien longtemps après la Commune, la haine des réactionnaires continua de réclamer des victimes. Paris était encore sous l'état de siège. Presque chaque jour, un journal *bien pensant* signalait à l'indignation des « honnêtes gens » — encore un mot très à la mode en 1872 — la présence sur le boulevard de tel et tel qui, depuis six mois, auraient dû être sur les pontons. Verlaine, paraît-il, avait été dénoncé de cette manière. Les *Romances sans paroles* (3) sont les impressions récoltées dans le voyage. On verra, dans telle partie du volume intitulée « Birds in the night » (4), combien il souffrait d'aimer encore, et comme son cœur, son pauvre cœur était resté là-bas !

*
* *

A Londres ils fréquentèrent plusieurs réfugiés de la commune : Andrieu, Matusséwitch, Vermersch (5) qui

---

(3) Qu'il voulait appeler « La mauvaise chanson », pour faire pendant à la bonne, à celle de 70 ; mais Rimbaud l'en dissuada, trouvant d'un mauvais genre littéraire ces personnalités.

(4) Oiseaux dans la nuit.

(5) Seize ans plus tard, Verlaine eut le projet d'une étude sur l'auteur du *Père Duchesne*. Il était, à ce sujet, en correspondance avec le beau-père de Vermersch, dont il recevait la curieuse notice que nous transcrivons ci-après.

« 17, Great James Street, Bedford Row, London, W. C.

« 29 octobre 88.

« Monsieur,

« Je m'empresse à vous envoyer les renseignements demandés.

« Eugène est mort le 9 octobre 1878 à l'âge de 33 ans et 2 mois, à « l'asile de Colney Hatch.

« Né à Lille, il a fait de bonnes études, il vint à Paris, à l'âge de « 18 ans, pour y prendre son inscription d'étudiant en médecine. Comme « journaliste, il avait déjà collaboré dans l'*Echo du Nord*, journal de « Lille. A l'âge de 17 ans, il obtint le premier prix de poésie dans le « concours d'Arras. Il a obtenu ses brevets comme docteur ès sciences « et lettres, ainsi que son diplôme de docteur. Il a publié des ouvrages « très nombreux et très divers, dont le plus remarquable est le *Testa-* « *ment du sieur Vermersch*, pour lequel il emprunta la forme créée au « seizième siècle par François Villon. Le talent de versificateur se « montrait à un degré rare chez lui ; il était doué d'une vive intelli- « gence et d'une étonnante facilité. Il était l'inspirateur du *Père Du-* « *chesne* pendant la Commune, qui lui a valu la condamnation à mort.

rédigeait le « *Qui-vive* » et dont le poëme « *Les incen-
diaires* » était reproduit en France, par les journaux
conservateurs, comme un épouvantail.

Nous citons de mémoire :

. . . .

> Sur un front de bataille épouvantable et large
>   L'émeute se relèvera,
> Et sortant des pavés pour nous sonner la charge,
>   Le spectre de mai parlera.
> Il ne s'agira plus alors. gueux hypocrites,
>   De fusiller obscurément
> Quelques mouchards abjects. quelques obscurs jésuites
>   Canonisés subitement.
> Il ne s'agira plus de brûler trois bicoques
>   Pour défendre tout un quartier . . .
> Plus d'hésitations louches, plus d'équivoques !
>   Bourgeois, tu mourras tout entier !
> Nous t'apportions la paix et tu voulus la guerre,
>   Eh ! bien, nous l'aimons mieux ainsi :
> Cette insurrection ce sera la dernière ;
>   Nous fonderons notre ordre aussi.

. . . .

> Et toi, dont l'œil nous suit à travers nos ténèbres,
>   Nous t'évoquerons, ô Marat !

« Successivement expulsé de Belgique et de Hollande, il demeurait
« quelque temps en Suisse, et puis retournait à Londres, où il a con-
« tracté sa maladie par surcroît de travail, qui lui fit perdre la raison.

« Il laisse plusieurs ouvrages inédits, parmi lesquels un volume de
« vers : La *Galerie des tableaux*, une *Traduction en français de Perse*
« avec des notes et des commentaires, qui met Perse sous un point de
« vue tout nouveau.

« Voici comment il avait l'idée de finir son ouvrage : un jour, en se
« promenant avec ma fille, sa femme, à Genève, passant à côté d'un
« asile, il dit : j'ai trouvé la fin d'Alex Berneville, il doit mourir fou.
« Loin de penser que ce malheureux sort serait aussi le sien. »

L'éditeur Alphonse Lemerre lui avait écrit, à la date du 18 août 1888

« Mon cher Verlaine,

« Je fais chercher les feuilles tirées du roman de Vermersch, et
« aussitôt reçues je vous les enverrai pour vous prier de faire sur lui une
« notice, ou plutôt sur son livre inachevé par sa mort.

« Il y a six ou sept ans que ce livre est imprimé à la demande de
« Vitu qui devait faire une étude ; cette étude que j'attends toujours,
« non plus de Vitu, mais de vous qui avez connu l'homme, qui savez
« qu'il est mort fou à Londres, et que le héros de son livre, au dire de
« sa femme, devait mourir ainsi !

« Mais elle ou son beau-père ont dû vous dire tout cela.

. . . .

« Bien à vous,
                                        « A. LEMERRE. »

> Toi seul avais raison : pour que le peuple touche
>   A ce port qui s'enfuit toujours,
> Il nous faut, au grand jour, la justice farouche,
>   Sans haines comme sans amours,
> Dont l'implacable voix, plus haut que la tempête,
>   Parle dans sa sérénité,
> Et dont la main tranquille au ciel lève la tête
>   De Prudhomme décapité !

. . . .

Le *Qui-Vive* inséra des vers républicains de Verlaine.

M. Félix Régamey a publié, dans un album luxueux (6), un de ces poèmes intitulé : *Des morts, 2 juin 1832 et avril 1834.*

Nous en détachons ces strophes :

. . . .

> C'étaient des jeunes gens francs qui riaient au nez
> De tout intrigant comme au nez de tout despote,
> Et de tout compromis désillusionnés.
>
> Ils ne redoutaient pas pour la France la botte
> Et l'éperon d'un czar absolu beaucoup plus
> Que la molette d'un monarque en redingote.
>
> Ils voulaient le devoir et le droit absolus ;
> Ils voulaient « la cavale indomptée et rebelle »,
> Le soleil sans couchant, l'océan sans reflux.
>
> La République ! Ils la voulaient terrible et belle,
> Rouge et non tricolore, et demeuraient très froids
> Quant à la liberté constitutionnelle.

. . . .

Le charmant artiste nous permettra, d'ailleurs, d'emprunter à son ouvrage le passage suivant bien précieux pour l'histoire de nos deux « poètes maudits » :

« ... Le 10 septembre 1872 — en cet atelier de Lan-
« gham Street, où j'ai pu si bien travailler, et dont le
« souvenir suffirait à me faire aimer l'Angleterre et son
« brouillard,— c'est Verlaine, arrivant de Bruxelles, qui

---

(6) Verlaine dessinateur, chez Floury, Paris, 1896.

« frappe à ma porte. Il est beau à sa manière, et quoi-
« que fort peu pourvu de linge, il n'a nullement l'air
« d'être terrassé par le sort.

« Nous passons des heures charmantes.

« Mais il n'est pas seul. Un camarade muet l'accom-
« pagne, qui ne brille pas non plus par l'élégance.

« C'est Rimbaud.

« Naturellement on parle des absents.

« A me voir peindre et dessiner, l'inspiration s'em-
« pare de Verlaine, et... mon album s'enrichit de deux
« perles. C'est Napoléon III après Sedan et le Prince
« impérial.

« Chaque dessin est accompagné de vers absolument
« cocasses, parodiant le style de Coppée, effrontément
« signé d'un paraphe bouffi à la Joseph Prudhomme,
« où les trois points du franc-maçon sont remplacés par
« une petite croix, frétillante allusion à la douceur évan-
« gélique du poète des humbles.

« Cela s'appelle blaguer les amis et ne porte pas à
« conséquence.

« D'ailleurs Verlaine ne s'épargne pas lui-même,
« lorsqu'au bas d'un de ses poèmes -- extrait du *Qui-*
« *Vive* qu'il trouve collé dans mon *scrap book* — il ajoute
« cette note : « *Approuvé les très beaux vers de potache*
« *ci-dessus* », note qu'il aggrave de sa propre effigie, en
« chérubin nimbé, pipe au bec, avec des ailes aux
« omoplates, le tout signé : « *P. Verlaine, ex-lycéen* ».

M. Félix Régamey accompagne ce récit d'un curieux
croquis de Rimbaud d'une prodigieuse exactitude, paré
d'un couvre-chef qu'il faut considérer comme historique,
car c'est le seul chapeau haut de forme qu'ait jamais
porté l'auteur des *Illuminations*. Son propriétaire, qui
l'avait payé dix shillings, le conserva près d'un an et le
rapporta dans les Ardennes. Il en était très fier, l'aimait
comme un compagnon vénérable, passait souvent sa
manche dessus pour en lisser la soie, avec un soin naïf
et touchant.

(A suivre.)   *E. DELAHAYE-F.-A. CAZALS.*

BALLADE

touchant les inconvénients d'amour

Jeune homme qui cherchant ta veine,
Dans ta mansarde, sous les toits,
Au feu d'une lampe incertaine,
Lis les poëtes d'autrefois.
Laisse en bas l'ombre alcoolisée
De tous ces fous rire aux croisées
Où flamboie un gros numéro ;
Puisque déjà pour eux se mêle
L'iode au cinabre en sirop,
Le jeu n'en vaut pas la chandelle.

Fuyez ces modernes sirènes
Étalant, comme au temps des rois,
La soie et l'or en longues traînes
Et des bagues à tous les doigts.
Toute une vitrine exposée
Sur leur gorge éclate en fusées.
Mais se voir réduire à zéro,
Se faire éclater la cervelle
Pour Liane ou pour Otero,
Le jeu n'en vaut pas la chandelle.

J'en sais qu'une manie obscène
Mène sans cesse en désarroi
Du bois de Boulogne à Vincennes,
En cent mystérieux endroits.
Souvent la police avisée
Intervient aux Champs-Elysées
Et vous leur passe le garot ;
Risquer pour cette bagatelle
Le commissaire et les barreaux,
Le jeu n'en vaut pas la chandelle.

Fréquent un rêve me ramène
A la source au milieu des bois
Où Chloé, nue, heureuse et saine,
De Daphnis accepte les lois.
Courir le monde ; en simagrées,
A la ville, user ses soirées,
Perdre l'argent de son bureau
Au jeu, chez une demoiselle
Qui le passe à son maquereau,
Le jeu n'en vaut pas la chandelle.

Envoi

O vous ! sergents et caporaux,
Soldats ! qu'au détour des ruelles,
Le soir, on accoste à Grenelle,
Laissez dormir l'arme au fourreau !
Le jeu n'en vaut pas la chandelle.

AIMÉ PASSEREAU.

LE THÉATRE POPULAIRE

On parle toujours des grands théâtres. Si nous parlions un peu des petits ! Personne ne daigne s'occuper des scènes excentriques. C'est un tort. On travaille plus à Montparnasse, à Belleville et aux Batignolles qu'à la Comédie-Française. Les acteurs y ont peut-être moins de métier, j'allais dire de ficelles, mais ils y ont souvent plus de conscience. Ils y dépensent certainement plus d'efforts. Il leur faut apprendre et étudier leurs rôles en huit jours. Tandis qu'ils jouent le *Chemineau* le soir, ils passent leur journée a répéter la *Mascotte*. Ils n'ont pas de rôle d'emploi. Force leur est d'incarner successivement les traîtres, les jeunes pre-

miers, les pères nobles. S'ils s'enrichissaient encore à
ce jeu, mais leurs cachets sont si modestes qu'ils feraient rougir un maçon ou un charretier. La plupart,
pour élever leur famille, sont obligés de se livrer à divers travaux, la nuit, en rentrant chez eux, et j'avoue
que cela suffit à me les rendre plus chers.

On m'objectera que l'art est étranger à ces sortes de
choses et que si la Presse se désintéresse des petits
théâtres, c'est que l'on n'y joue guère que des pièces
usées ailleurs par le succès. Soit ! mais il n'en reste
pas moins des entreprises à aider et des artistes à en-
courager.

Jamais on ne s'est tant intéressé au peuple qu'en ce
moment. On veut l'instruire. On fonde des universités
populaires. On le convie à des représentations théâtrales dans des salles dont il ignore le chemin. On fait
fausse route. Que nos moralistes le sachent ! ils n'auront jamais à leurs conférences et à leurs représentations que des amateurs et des lettrés ; s'ils veulent mo-
raliser le peuple par le théâtre, c'est dans les théâtres
du peuple qu'ils doivent aller. Alors seulement la leçon
sera fructueuse. Qu'ils fassent un choix judicieux de
pièces, qu'ils en écrivent de nouvelles, qu'ils organisent
des tournées qui se transporteront de faubourgs en
faubourgs. Je leur prédis un fier succès. Qu'ils commencent par la rive gauche dont les trois théâtres de
Montparnasse, de Grenelle et des Gobelins sont réunis
entre les mains de MM. Hartmann et La Rochelle. Ce
sont des gens de goût et avisés qui se prêteront fort
bien à l'expérience. Déjà ils ont organisé les soirées
spéciales du vendredi où, en dehors du répertoire courant, on donne des spectacles d'un ordre un peu plus
relevé. N'ont-ils pas donné dernièrement, avec l'appui
de Mauget qui ne connaît pas d'obstacles, des représentations du *Trouvère* à Grenelle ? Le voilà bien l'opéra
populaire et je vous prie de croire que ce fut un beau
spectacle. Que ne feraient point de tels hommes avec
le concours de la Presse.

Ah ! ce théâtre de Grenelle, lieu de récréation des
ouvriers d'usine, des coltineurs, des portefaix du quai
de Javel, des ouvrières des lits militaires et de la ma-
nufacture des tabacs. comme on y saisit à nu l'âme
loyale et naïve du peuple. Comme on y retrouve
la franche et bonne nature de la foule affranchie de
l'hypocrisie bourgeoise, de la blague boulevardière et
qui se donne tout entière à ses émotions. Comme elle
vibre, cette foule ! sitôt le rideau levé, sans arrière-
pensée, sans retenue ; comme elle s'échauffe au fur et

à mesure que le drame se déroule, comme elle se laisse secouer jusqu'à la moelle par le pathétique des situations ! Les mots d'honneur et de vertu ont encore un sens pour elle ; toutes les prostituées de la rue Croix-Nivert prêtent à l'innocente victime persécutée, la force de leur sympathie et tous les récidivistes en rupture de ban qui ornent les galeries supérieures, tous les mort-aux-vaches de la place Cambronne et du rond-point des fourneaux acclament le gendarme justicier dont la poigne solide arrête le bras levé de l'assassin ! Il faut entendre de quelles invectives le « poulailler » poursuit les mauvais fils, les voleurs, les traîtres ! C'est là que je me suis convaincu que tous ces gens que la misère, que les nécessités impérieuses de la vie ou que la fatalité force au vol et au crime sont restés pour la plupart des cœurs sensibles, des consciences accessibles ; les acteurs, emballés par cette force complice du public, jouent avec une telle conviction, que l'un d'eux, dans *Gigolette*, faillit assassiner pour tout de bon son partenaire. Le public a ses préférés. Il y a des noms qui font recette. Dans le drame, c'est Fontaine, un gars robuste qui sait rouler la prunelle et les r comme pas un. Sûr de lui-même, il tient tête aux cabales et invective la salle récalcitrante. Dans *Trente ans ou la Vie d'un Joueur*, il s'était fait, à la fin, la tête de Verlaine. Il arrivait cassé, déguenillé, n'en finissant plus de se traîner. Sa lenteur calculée demeura incomprise. Sa silhouette de vieux mendiant ataxique impatientait. Des murmures se firent entendre. Il se redressa alors de toute sa haute taille et jeta avec force aux interrupteurs unénergique : « Vos gueules, idiots! » qui fit soudain rentrer dans l'ordre, l'émeute prêt à éclater. C'est ainsi qu'il conquiert les spectateurs.

Je l'ai vu, un autre soir, tomber à langue raccourcie sur le régisseur qui avait fait baisser le rideau trop vite et qui lui avait rater *l'effet d'un silence !* Frédéric Lemaître avait de ces accès violents. Il ne transige jamais. Un de ses camarades qui avait à s'en plaindre me confiait un jour : « Croyez-vous qu'il dédaigne de me saluer en scène, *lorsque je suis son roi !* » Pour lui donner la réplique, il n'y a que Malvina qui séduit les Grenellois par l'autorité de sa prestance, le goût spécial de ses toilettes et qui les étonne par l'énormité de sa bijouterie. A côté d'elle, il y a Sorel (ce n'est point Cécile de l'Odéon) qui incarne, à la satisfaction générale, l'innocence malheureuse, et qui, confite en larmes ruisselantes, émeut toutes les poitrines par le trémolo incessant de sa voix ; il y a aussi Mme d'Epernay qui promène à travers les catastrophes les plus saugrenues, sa hautaine et inquiétante silhouette, et Dubus dont la diction métallique et martelée fait merveille pour jeter la menace ou distiller la trahison.

La troupe comique s'honore de Dargeville, un vieux routier rompu à toutes les ficelles du métier, de Lorrain et de Jovenet, étourdissants de drôlerie, et de Marie Legrand qui justifie l'exécration vouée aux belles-mères acariâtres.

Mais l'étoile, la perle, celle qui emplit les salles et emporte les Grenellois dans un élan suprême d'admiration ; celle que l'on acclame avec des trépignements, que l'on fait revenir avec des cris frénétiques, c'est Mary-Fichet, la chanteuse d'opérettes. Elle initie à la grâce et à l'harmonie le peuple des faubourgs ; elle charme de sa voix de fauvette les rudes travailleurs noirs de poussière et de suie ; son souvenir jette au fond des usines douloureuses un rayon de joie et de gaîté. Ah ! que votre rôle est beau, Madame ! On ne me croirait pas si je disais que vous avez réalisé une Myss Heliett plus adorable que celle de Biana Duhamel — que vous étiez une fille du tambour-major plus accomplie que Simon-Gérard — que Méaly, Pierny, Cassive, au prix de vous ne sont que de jolis mannequins maladroits, mais on comprendra que votre destinée est plus enviable d'être la muse du peuple et de verser aux déshérités et aux pauvres le vin réconfortant de votre espiéglerie mutine, et de les égayer par la finesse enjouée de votre chant et la malice savante de votre jeu.

EDMOND JACQUES.

BIBLIOGRAPHIE

Auguste Rodin, par Léon Riotor (une brochure 46 pages hollande, édition d'amateur, en quatre langues, avec un dessin inédit), librairie de la *Plume* : 1 franc.

Une lettre : « J'ai été très flatté que vous m'adressiez votre étude sur Rodin et son œuvre. Je vous en remercie cordialement ; et à ma revanche, comme disent les gens qui s'offrent tour à tour une tournée — bien que le régal, ici, soit sain et fortifiant. — Combien, mon cher Riotor, je regrette à cette occasion de ne plus collaborer au P. B., où j'aurais eu si grand plaisir à glisser quelques mots d'hommage à l'écrivain que vous êtes !!

« Je dis à l'écrivain et non au critique, vous devinez pourquoi. De la critique de critique, d'abord, voilà qui tournerait à la dilution du sujet. En outre, je suis, en art, d'une parfaite incompétence. Enfin, je vous le dis à l'oreille, j'ignore l'Œuvre, toutes les œuvres presque, du Maître que vous aimez, vous et tant d'intellectuels délicats, avec une prédilection que je crains de découvrir un jour bien exclusive. Pour ne parler que de son *Balzac,* que vous défendez avec une éloquence qui ne permettrait à aucune cause d'être mauvaise, je n'ai pu me défendre contre une impression. Je ne vous la livre pas sans une certaine appréhension, m'attendant à l'objection accablante : « Vous ne doutez de ce *Balzac* que parce que vous le connaissez seulement par nos critiques admiratives et par une simple photographie mise en tête d'une plaquette helliqueuse. » Eh bien, mon cher, je me hasarde tout de même à la discuter comme on discute Dieu sur les ouï-dire flatteurs dont est constituée sa réputation surfaite. C'est dans votre admiration même pour cette œuvre que je trouve les éléments de critique qui corroborent mon doute. Parlant du projet de monument à Victor Hugo, par Rodin, il vous suffit de décrire la maquette pour me donner l'impression d'une œuvre interprétant le génie du grand lyrique. S'agit-il du monument à laisser du poète de la *Comédie humaine,* c'est une autre affaire. Tout ce qui doit évoquer l'œuvre et la grande figure de l'ouvrier génial, tout ce que j'aimerais à voir à travers une description qui, de vous, serait saisissante, ce n'est plus l'œuvre de Rodin qui m'en donne la sensation, c'est votre rhétorique, alors créatrice, qui l'extrait, on dirait au forceps, du bloc de marbre proposé à notre admiration.

« Mon incompétence, heureusement, me condamne au silence. Et ce n'est là qu'une impression communiquée à un ami intellectuel.

« Mon grand régal, à la lecture de votre plaquette, mon cher Riotor, a été de trouver des morceaux littéraires — un peu ma partie — comme le délicieux paysage du Val Fleury. Ah ! vous fussiez-vous trompé sur le *Balzac,* que m'importe ! Votre Rodin nous vaut des pages de style qui sont d'un écrivain maître de sa forme et qui sont d'un poète. Merci pour le gracieux et sympathique envoi. A mon tour, un de ces jours. Amitiés. — *ALEXANDRE BOUTIQUE.*

L'Aurore du XX⁰ siècle, par Emile Straus (1 plaquette, Bibliothèque de la *Critique*).

C'est l'impression d'un discours prononcé au banquet de la *Critique* le 31 décembre 1900, où M. Emile Strauss récapitule avec enthousiasme l'œuvre artistique et littéraire du siècle dernier. Il fait le dénombrement de nos forces intellectuelles. Il contemple avec satisfaction, parmi les actuels, « Gustave Kahn, tisseur de légendes et de palais nomades,

Francis Jammes, chantre de la pauvre âme simple et résignée, l'hellène Jean Moréas, sculpteur en stances de Paros, René Ghil, prestigieux musicien verbal du drame universel.... » En voilà assez pour prouver que la France maintient vivace son génie littéraire. — *E. J.*

Un Roman de Madame Tallien, par Armand Bourgeois (1 plaquette, Bibliothèque d'art de la *Critique*).

Ce fut une curieuse figure que celle de cette adorable Theresia de Cabarrus mariée, à quatorze ans à M. de Fontenay, divorcée à vingt ans, devenue ensuite, après avoir été la splendide amazone de Bordeaux, la majestueuse madame Tallien, la Reine des incroyables, la grande prêtresse nue, l' « Aspasie » de Barras, l'inséparable de Joséphine de Beauharnais, la favorite du riche fournisseur des armées, Ouvrard, la camarade et un peu la protectrice du général Bonaparte avant l'expédition d'Egypte, la triomphante « Athénienne » de la « Chaumière », du Cours-la-Reine, des déjeuners en tête à tête du « Luxembourg », des réceptions de la rue « Chantereine », des fêtes Directoriales de « Grosbois » l'ancienne propriété de Monsieur, la Diane de l'Opéra et la Sultane du Raincy.

Comment s'expliquer la disgrâce subite de cette reine de la mode que Bonaparte, à son retour d'Egypte, mit à la porte de chez Joséphine, et qu'il refusa ensuite d'admettre aux Tuileries ? Pourquoi Mme Tallien, devenue comtesse de Caraman, et ensuite princesse de Caraman-Chimay, fut-elle exilée de la cour de Louis XVIII et tenue à l'écart même par le roi des Pays-Bas ? M. Armand Bourgeois cherche à nous donner le mot de cette énigme en nous relatant l'intrigue mystérieuse qu'elle avait nouée avec le marquis de Causans, mort tragiquement dans une tentative avortée de restauration monarchique.

L'aventure est curieuse, mais elle perd à être racontée sous forme de roman. L'écriture sèche et cursive de l'auteur s'accomode mal du dialogue. Il prête aux gens d'une époque précieuse et maniérée, tout farcis de la phraséologie pompeuse de Rousseau et de Robespierre, le langage abstrait et télégraphique de nos jours. C'est d'un anachronisme choquant. — La préface de Gustave Toudouze est alertement enlevée, et les vignettes du XVIIIe siècle qui ornent ce volume font mieux ressortir l'insignifiance de l'eau-forte de Marie Hecart. — *E. J.*

Contes des Landes et des Grèves, par Paul Sébillot. — Rennes, H. Caillière, 1900; (un vol. in-16 de XI-306 p. avec un portrait à l'eau-forte; prix : 5 francs).

M. P. Sébillot, poursuivant sa tâche de folkloriste avec une ardeur infatigable, vient de publier un nouveau recueil de contes qui porte ce joli titre expressif : *Contes des Landes et des Grèves*. Le volume, édité avec beaucoup de goût, forme le tome premier de la « Bibliothèque du Glaneur breton ». Il se compose de quarante et un morceaux choisis avec soin, les uns complètement inédits, les autres extraits de diverses revues où ils se trouvaient dispersés.

Tous ces récits se rapportent à la partie de la Bretagne où l'on parle français et constituent une suite naturelle à la remarquable série des « Contes populaires de la Haute-Bretagne ». Les conteurs ordinaires en furent soit des paysans, charrons, sabotiers, laboureurs, soit des marins, pêcheurs ou mousses ; et d'après le caractère des contes, le livre a été divisé en deux parties : récits d'aventures merveilleuses d'une part, facéties et bons tours de l'autre.

Les histoires facétieuses, dont M. Sébillot n'a donné qu'un choix discret, sont impayables, et les récits merveilleux, malgré leurs fées, leurs diables, leurs sorcières et leurs talismans magiques, ont souvent un tour malicieux et humoristique qui est fort amusant. On sent combien les Bretons de civilisation française sont éloignés, par l'esprit et le tempérament, de leurs voisins mystiques et graves, les Bretons bretonnants. Qu'on lise, par exemple, l'histoire du « Père Décampe », des « Petits-Yeux qui voient clair », ou du « Filou de Paris et du Filou de Madrid ».

Il se dégage de ce recueil un charme tout particulier, qu'il faut attribuer, je crois, à la méthode de l'auteur. M. Sébillot est un érudit, un spécialiste qui a la longue expérience du folklore ; il connaît l'art difficile de recueillir et de transcrire les récits des simples ; il sait éviter à la fois les remaniements ou les embellissements des faux littérateurs, et les redondances des illettrés ; son exactitude scrupuleuse sait comprendre et traiter comme il convient les matières populaires qui lui sont offertes, et son œuvre y gagne, à côté de la valeur documentaire, un intérêt en quelque sorte artistique. A ce point de vue, les *Contes des Landes et des Grèves* ne sont pas seulement un parfait ragoût traditionniste, mais un véritable régal littéraire. — *C. H.*

L'Éducation et la Liberté, par MANUEL DEVALDÈS (in-8 couronne, 35 p., 1 franc, *Bibliothèque de la Critique*).

C'est la liberté, plutôt que l'éducation, que désire Manuel Devaldès. Tout son effort, par conséquent, tend à démontrer que l'éducation doit être libertariste, et rien de plus ; qu'elle ne doit plus être un instrument de sujétion, mais de progrès, pour l'individu. Ce point de départ mène l'auteur à des déductions bien reliées, en faveur de l'œuvre sociale libre, et à des réflexions judicieuses, comme ce syllogisme : « L'éducation peut être assimilée à une force. Or, toute force est neutre. C'est le tour qu'on lui imprime, la direction qu'on lui donne, le but qu'on lui fait atteindre, qui font d'une force une chose bonne ou mauvaise pour l'homme. »

L'autonomie de l'individu préoccupe à ce point Devaldès, qu'il délaisse à peu près sa sociabilité. Tous les droits, et pas de devoirs. Je préfère l'auteur réclamant, envers et contre les trafiquants d'un avenir idéal et les fomenteurs d'émeutes sanglantes, des solutions positives et immédiates ; — déclarant aux premiers que dans la famille, à l'école, au régiment, la liberté est annihilée, les êtres sont dressés, les uns pour servir, les autres pour commander :

soit une éducation basée sur l'argent seul ; faisant remarquer aux seconds que la meilleure Révolution doit échouer, si elle n'est précédée de l'évolution des individus.

Le milieu intellectuel où s'est développé l'esprit de l'auteur, l'oblige à voir dans la Bible un « tissu d'inepties », et dans l'anarchie le plus juste état de l'homme. C'est traiter légèrement la Bible, qui, jusqu'au jour où l'on aura fait mieux, reste l'œuvre la plus parfaite du passé. Pour l'anarchie, ses sectaires sont les pires bourgeois ; leur conception est la dernière qui soit « à base d'autorité » : dans l'ordre physique, elle est le triomphe du coup de poing, ramenant ainsi l'homme à son premier état : la barbarie ; dans l'ordre métaphysique, elle est le triomphe de l'ignorance, forçant l'intelligence et le mérite à baisser pavillon devant ses orgueilleuses prétentions.

Ces deux points importants réservés, le livre compte dans les bons efforts libéraux Devaldès, après une analyse exacte des essais pédagogiques de Tolstoï et de Paul Robin, préconise l'école libertaire, qui développera l'initiative individuelle et habituera l'être à ne relever que de sa conscience.

Un dernier mot à ce sujet : Entre l'éducation libertaire qui, donnée intégralement, ne ferait que des *révoltés*, et l'éducation autoritaire qui, donnée intégralement, ne fait que des *soumis*, il vaudrait mieux choisir l'éducation rationnelle, qui seule peut faire des *hommes :* lesquels, pour mériter ce nom, ne doivent être ni spécialement soumis, ni spécialement révoltés. — *HENRI MARSAC.*

Quelques dessous du Procès de Rennes, par Jean Ajalbert (1 vol. illustré, chez Stock, 3 fr. 50).

Cet extraordinaire procès Dreyfus, qui fit délirer tant de nos contemporains et qui termina fâcheusement le dix-neuvième siècle, ne manquera pas d'être assimilé, par les historiens futurs, au fameux procès du collier qui bouleversa les têtes à la fin du dix-huitième siècle. Il est aussi confus et impénétrable. Il aura servi à prouver que la civilisation et le progrès sont de vains mots puisque nous avons vu renaître toute la sauvagerie des guerres de religion et toute la bestialité humaine des époques d'ignorance. Félicitons ceux qui, dans cette épouvantable folie, ont su garder quelque lueur de raison, et, au lieu d'employer leur intelligence à brouiller les cartes, à calomnier et à salir, l'ont employée à démêler quelques lambeaux de vérité. Jean Ajalbert est de ceux-là. Pour qu'il ne soit point accusé de parti-pris, il en appelle au témoignage de la photographie. A ceux qui auront seulement feuilleté son livre, il apparaîtra que, dans toute cette triste affaire, les accusateurs semblaient surtout des accusés pressés de se mettre à l'abri du châtiment. — E. J.

Le Groupe lorrain d'art et de littérature, par A.-M. Gossez (édition du *Beffroi*, Lille).

Les artistes Lorrains ont pour leur terre un culte dévot. On disait Claude le Lorrain, on dit Pottecher des Vosges, Gallé, Friant, Majorelle de Nancy. La plaquette de M. Gos-

sez est une ode chantée en l'honneur de quelques purs
artistes. Six reproductions d'œuvres d'art sont pour justifier l'enthousiasme du commentateur.

**Pastourelles, Romances et Chansons du XVIIIe
siècle,** colligées et transcrites avec accompagnement de
piano, par J.-B. WECKERLIN — Paris, au Ménestrel,
Hengel et Cie, s. d. (1900); (un album in-4° de 35 p.; prix:
5 francs).

M. Weckerlin a réuni, en cet album, des pastourelles et
romances du XVIIIe siècle qui font suite aux *Bergerettes* du
même compositeur. Le recueil se compose de vingt mor-
ceaux d'origine très diverse et où la muse franchement populaire tient peu de place, sauf dans la sautillante chanson
du Tambourineur. Le thème principal consiste en des variations sur l'amour, tel que le chantaient les petits poètes
d'alors : aimables paysanneries, bergeries enrubannées, tendres Estelles, Corydons doucereux, propos fades sous un
déguisement rustique, tout l'attirail pimpant et galant du
dix-huitième siècle.

Çà et là, pourtant, perce une note plus fraîche, se révèle
un art moins mièvre, plus vrai; on y retrouve les vieux
refrains traditionnels, la narquoiserie des aïeux, un écho de
l'inspiration populaire. Ecoutez cette pastourelle :

> *Comme un chien dans un jeu de quille,*
> *On reçoit une pauvre fille,*
> *A l'instant qu'elle vient au jour,*
> *A quinze ans, quand elle est gentille,*
> *Elle nous reçoit à son tour*
> *Comme un chien dans un jeu de quille.*
> *Dans un jeu de quille...*

M. Weckerlin nous a donné là un recueil d'un charme
exquis et vieillot, que son doigté musical a su manier avec
le respect du collectionneur pour de précieux bibelots.

Chants de France, harmonisés par A. PÉRILHOU. — Paris,
au Ménestrel, Hengel et Cie, s. d. (1901); un album gr.
in-4° de 71 p., avec couverture illustrée; prix: 6 francs.

Cet album, luxueusement édité par la maison Hengel.
n'est pas un recueil de chansons populaires inédites. Très
éclectique, M. Périlhou a choisi, au gré de ses préférences,
un certain nombre d'airs anciens et modernes, de chansons
anonymes et de poésies connues, qu'il a harmonisées avec
le goût sûr d'un artiste consommé. C'est ainsi qu'il a orné
d'accompagnements sobres une chanson à danser du XVe
siècle, *Margoton*, une pastorale et une musette du XXIIe
siècle, une brunette publiée par Christophe Ballard en 1703,
une piquante poésie de Clément Marot sur Guillot Martin,
et un gracieux poème de Jean Passerat, intitulé : *Le Premier Jour de May*. La touchante complainte de St-Nicolas
a été aussi mise en musique. Mais l'auteur a réservé toutes
ses richesses musicales pour une fort belle ronde populaire et l'un de ces admirables Chants de quête qu'on appelle *Trimousettes* en Champagne; le premier chant a été

harmonisé en trio ou chœur pour voix de femmes, le second en soli et chœur pour voix de femmes également.

Il nous plaît de constater, en ce recueil, un nouvel effort pour remonter aux sources fraîches de l'art populaire, où des maîtres illustres ont souvent puisé le meilleur de leur inspiration. — *CHARLES HOUIN.*

Le Journal d'une Femme de chambre, par Octave Mirbeau (1 vol. chez Charpentier).

Ce roman a été l'un des fructueux succès de librairie de la saison. Et c'est, à mon sens, grand dommage. Pour l'honneur de la pensée et de la littérature françaises, il est regrettable qu'à la foule des provinciaux et des étrangers qui, ayant visité Paris et l'Exposition, n'ont pas voulu retourner chez eux sans emporter, pour le lire en cours de route, un volume d'un auteur en vogue, les marchands de livres aient eu à offrir, avec l'insinuation que nul autre ne leur procurerait d'aussi particulières sensations, cet ouvrage creux, sale, mal écrit et dont la réputation n'est établie que sur le scandale.

Quel intérêt peuvent en effet avoir pour nous les aventures de cette servante dévergondée ou hystérique? quelles conclusions philosophiques nous fournissent-elles, et quelle peut en être la portée sociale? Je me le suis demandé avec le sincère désir de trouver une raison d'être à ce récit, et avec le vif regret de n'en découvrir aucune.

Aussi bien M. Mirbeau n'a vraisemblablement pas visé si haut. Plus pratiquement, il a sans doute fait cette réflexion que son roman serait de bonne vente parmi le public cosmopolite auquel on offrirait son *Journal d'une Femme de chambre*, comme un produit *bien parisien*. De fait, ce livre a dû se présenter comme une redoutable concurrence pour le commerce des cartes transparentes : ce qu'il révèle aux esprits libertins et polissons est tout aussi malpropre, et coûte volontiers moins cher.

Mais le prestige des lettres françaises et la réputation littéraire de M. Mirbeau n'ont, pour le moins, rien à gagner avec cette œuvre, qu'on sent hâtivement écrite, où se rencontrent des expressions et des tournures de phrases d'une incorrection et d'une trivialité qu'on ne saurait pardonner à une femme de chambre même, quand elle se pique de littérature, et déclare connaître, par leurs œuvres, plusieurs bons écrivains de notre époque. Les négligences de forme sont légion, dans ces pages. Notez, par curiosité, combien de fois reviennent les formules exclamatives dans le genre de celle-ci, qui termine le premier chapitre : « Ah! ce que je vais me faire vieille dans cette baraque... Non! là, vrai... »

Cette Célestine a un style à l'unisson de ses mœurs : le relâchement en est vraiment excessif.

Que dire enfin du procédé par lequel M. Mirbeau satisfait, dans son roman, ses petites inimitiés politico-littéraires? Le moyen me semble assez malheureux, un peu mesquin même, et je n'aimerais guère, quant à moi, laisser à une *femme de chambre* le soin d'exprimer aux gens mes

sentiments à leur égard. M. Mirbeau a à sa disposition assez
de colonnes dans les journaux pour y soutenir des polémiques, et sa raillerie, d'une ironie assez balourde d'ailleurs,
perd toute sa force à être confiée à une interprète aussi
peu intéressante. Cela part de trop bas pour atteindre son
but.

Au total, l'impression que m'a laissée la lecture du *Journal*
est celle d'un ouvrage heureusement trop outrancier pour
qu'il puisse paraître vraisemblable, ce qui l'eût rendu nui-
sible, mais qui, à coup sûr, était entièrement inutile. Si
peu d'efforts qu'il ait dû coûter, en travail de composition
et en soin d'écriture, à son auteur, c'est encore trop de
dépense pour aboutir à un livre dont se régalent seules,
j'imagine, les filles de brasseries pendant les mornes heures
où le client se fait attendre...

C'est un mauvais grain que M. Mirbeau a semé là...
Mais, que voulez-vous ? Le proverbe a raison qui dit : La
mauvaise graine pousse bien, et ni les éditeurs, ni l'auteur
du *Journal d'une Femme de chambre* ne font fi d'en récolter
les épis, peu superbes, mais dorés tout de même !

JULES LALOUE.

Cambronne, par Lucien Hubert. Librairie Edouard Jolly,
à Charleville (Ardennes)

Voici un essai de décentralisation littéraire. M. Lucien
Hubert, écrivain aimable et député *idem* a tenu à se faire
éditer dans son département. C'est, rehaussée d'une très
belle composition de Dujardin-Beaumetz (encore un parlementaire !) une étude intéressante, un essai de paradoxe
historisque. On ne peut évidemment admettre le paradoxe
que brillant. Celui que soutient M. Lucien Hubert répond
amplement à cette condition. La thèse est la suivante :
Cambronne a fait mieux que de résumer la haine de la
vieille garde. Il a formulé le pénultième cri de « l'empire
expirant », le cri logique qui a inspiré toute la politique
napoléonienne et qui, à Waterloo, dépouillé du décor impérial escamoté à l'histoire romaine, s'est formulé sans
oripeaux.

Les historiens ont bien essayé de traduire la scène ; ils
l'ont fait avec leur esprit pesant et prudhommesque ; ils ont
forgé une phrase « historique » ridicule en la circonstance.

Et M. Lucien Hubert nous le prouve sans réplique, en
une jolie langue, imagée et bien conduite.

De plus Cambronne ne fut qu'un brave bourgeois, méta-
morphosé par l'influence de Napoléon. Des lettres inédites,
jointes à ce volume, l'établissent surabondamment. C'est
bien à ce bourgeois que devait revenir l'honneur de fermer
d'une vigoureuse estampille le livre de la grande épopée.

Je cite l'auteur :

... « Et l'histoire attendrait encore le cri de l'Empire expirant si par la pluie du fer et le hurlement de la charge, un
seul mot, précis comme une balle, n'avait jeté le cachet
gaulois de sa syllabe unique dans le désastre.

Et c'est la France entière qui échappe au ridicule de l'immence et flamboyante et admirable don quichotterie, au moment où, indomptable dans la défaite, au bord de l'abîme où va s'engloutir l'épopée monstrueuse, Cambronne, le français Cambronne, le citoyen Cambronne, serviteur de l'Empire, mais fils de la Révolution, riposte aux offres injurieuses de l'ennemi par un seul mot, bien supérieur en netteté à tout ce que la diplomatie possède de plus synthétique.

Quel Homère nous dira le frisson de cette heure tragique, où, dans le tourbillon d'une chute sans précédent, à travers les râles, les sanglots, les injures, sur la pente rapide du précipice où glissait l'Empire et son histoire fabuleuse, un mot, un seul, suspendit un instant la débâcle, affirma la révolte et la protestation d'un sang et d'une race, et souffleta à jamais le vainqueur dans sa victoire ?

Au lieu de cela, l'histoire a cru devoir forger la phrase théâtrale que l'on sait. Elle a rabaissé la scène au niveau d'un troisième acte pompeux et pompier... »

Cette courte citation dira tout l'intérêt puissant d'une étude où s'affirme en maints endroits la vigueur nuancée de charme d'un talent robuste et jeune. — *PULCINELLA*.

ÉCHOS

A signaler, dans le *Soir* du 17 février, un magistral article de Jean Ajalbert sur le poète Sully-Prudhomme. A propos du *Testament poétique*, et des questions prosodiques qu'il agite, notre ami constate simplement que le *vers libre* fut une erreur qui a fait son temps. Aucune œuvre digne de ce nom ne peut se réclamer de lui. Après tant d'essais informes, les esprits sûrs ont fini par l'abandonner, tels Jean Moréas, Henri de Regnier et Stuart Merrill. Mais laissons parler l'auteur :

« Nombre de poètes ne se sont pas inquiétés de la révolution en cours, et, parmi les meilleurs, Auguste Dorchain, Edmond Haraucourt, Maurice Rollinat, ont créé de beaux poèmes, selon les vieux errements.

A la suite de Jean Moréas, d'autres, l'école romane, sont retournés au passé, tel Ernest Raynaud, le délicat auteur des *Cornes du Faune*, et sont revenus à Racine, aux stances, à la tragédie classique. Et tant et tant, qui furent classés parmi les révolutionnaires, n'ont jamais écrit que des vers bien réguliers, magnifiques, d'ailleurs, comme le *Jardin des Rêves* ou les *Vitraux*, de Laurent Tailhade. Et, au milieu de toutes ces controverses, Pierre Quillard, Louis Marsolleau,

Arsène Vermenouze, Jean Lorrain, André Lebey, François
Fabié, Albert Samain, ne changèrent rien non plus aux
mesures d'autrefois. Nombre de révoltés ne le furent que
dans les limites accordées par Sully-Prudhomme lui-même.
Dans les récentes *Médailles d'argile*, dédiées à la mémoire
de Chénier, Henri de Régnier, qui s'était aventuré quelquefois, jadis, jusqu'au vers libre, semble y avoir renoncé en
profitant de quelques conquêtes. En effet, on ne comprend
guère que le *Parnasse*, aux écrivains si cultivés, si intelligents, si divers et si souples, aient reculé devant le hiatus :
tu as, tu es, alors que, même en vers, l'oreille est bien faite
à supporter : il tua, je tuais. C'est cela, et mille autres chi-
noiseries de ce genre, qui autorisaient, et justement, tous
les assauts des novateurs.

D'ailleurs, il n'était pas possible de trouver un adversaire
d'une plus haute bonne foi que l'auteur du *Testament poétique*. Il ne demande qu'à être convaincu par des œuvres
probantes. Et les novateurs n'ont pas encore apporté la
pièce décisive. Il y a des talents nouveaux, déjà consacrés,
comme celui d'Henri de Régnier. On le réclame dans le
camp décadent et symboliste. Et les parnassiens ne l'eussent pas renié, et il est au seuil de l'Académie... Sully-Prudhomme demande seulement : En quoi certains prétendus
vers d'aujourd'hui diffèrent-ils de la prose ? Et l'on n'a pas
répondu. Et le vieil alexandrin garde sa place dans les revues d'avant-garde. Voici, dans la *Vogue*, de charmants sonnets de Raymond Bouyer, très orthodoxes. Dans l'*Ermitage*,
l'hésitation est visible chez Édouard Ducoté, avec le mélange
de la métrique traditionnelle et du vers libre. Dans son
dernier recueil, *Aux tournants de la route*, M. Paul Hubert,
un des fondateurs des *Partisans*, n'inquiéterait pas autrement Sully-Prudhomme :

> Lumineuse, la mer défaille sur la grève,
> Cependant que penchés au bas de l'horizon,
> Apparaissent en lente, en blanche floraison,
> Les fins bateaux de pêche estompés comme en rêve :
> Et leur effort grandi parmi le jour naissant.
> Attire vers les quais les enfants et les femmes.
> Et c'est l'entrée au port aux cadences des rames.
> Et c'est la chute de la voile, allant glissant
> Le long du mât penché sur des sursauts d'écailles,
> Et la brune vigueur de fiers bras éployés,
> Amarrant tour à tour l'essain des blanches voiliers
> Sur les ancres, aux chocs sonores des ferrailles...

Les querelles de forme s'apaiseront. »

*   *

L'usage universel, a dit Léon XIII, ayant rendu la presse
en quelque sorte nécessaire, les écrivains catholiques doivent s'employer de toutes leurs forces à la faire servir au
salut de la Société. On sait qu'à cette œuvre se sont dévoués
les Assomptionnistes : leur congrégation a répandu une série de journaux et de revues qui ont fini par prendre une
extension considérable et par se répandre jusque dans les

hameaux les plus reculés. Voici des chiffres qui attestent la prospérité de leurs publications périodiques : Le *Pèlerin*, créé en 1873, se tire à *190,000* exemplaires ; les *Causeries du dimanche*, à *102.000* exemplaires ; la *Vie des Saints*, à près de *500.000* ; la *Croix*, fondée en 1883, à *590,000* exemplaires. Il faut citer encore la *Croix du Dimanche* et le *Laboureur* à l'usage des campagnes ; le *Cosmos* revue scientifique ; le *Mois littéraire et pittoresque*, et le *Noël*, revue littéraire enfantine, dont les tirages sont relativement considérables.

Des esprits ont pensé qu'il fallait s'opposer à cet envahissement des feuilles cléricales, et ils ont ouvert la voie aux tentatives par la création d'une œuvre excellente : *l'Œuvre des Journaux pour tous*, dont le but est l'éducation du peuple par la presse.

Le fonctionnement de cette œuvre a été imaginé par nos amis de la librairie Bellais (Société nouvelle d'édition, 17, rue Cujas). Il mérite d'être signalé :

Ceux qui désirent recevoir gratuitement un journal ou qui désirent qu'un journal ou des journaux soient envoyés gratuitement à des personnes de leur connaissance, n'ont qu'à s'adresser à l'œuvre, en indiquant le titre des journaux qu'ils désirent recevoir ou faire expédier à d'autres. Ceux qui au lieu de détruire les journaux déjà lus veulent bien en disposer en faveur de l'œuvre n'ont qu'à envoyer au Secrétariat le titre du journal ou des journaux qu'ils peuvent envoyer à des correspondants, soit chaque jour, soit d'une manière accidentelle. On satisfait aux demandes des premiers grâce aux offres des seconds, auxquels on donne l'adresse de plusieurs lecteurs à satisfaire.

Ainsi M. A. désire recevoir tel journal déterminé offert par M. B., on envoie à M. B. l'adresse de M. A. et le service du journal se trouve ainsi assuré. Ce sont les expéditeurs qui les affranchissent et qui les mettent à la poste.

Telle est l'œuvre dans sa simplicité. Les principaux journaux expédiés sont :

Le *Matin*, le *Temps*, l'*Aurore*, la *Petite République*, le *Figaro*, le *Siècle*, la *Fronde*, le *Radical*, le *Rappel*, le *Petit Bleu*, le *Signal*, le *XIXe Siècle*, la *Lanterne*, le *Petit Parisien*, les *Temps Nouveaux*, la *Dépêche de Toulouse*, le *Progrès de l'Eure*, le *Progrès de l'Est*, le *Petit Ardennais*, le *Mouvement Socialiste*, la *Paix*, le *Paysan de France*, le *Voltaire*.

L'œuvre est toute récente, et en quelques mois il y a eu déjà *1184* expéditeurs, et les adresses desservies se sont élevées à *2236*.

Nos lecteurs qui voudraient collaborer à cette œuvre n'auront qu'à s'adresser au *Secrétariat des Journaux pour tous*, à la librairie Bellais, 17, rue Cujas.

L'œuvre des Journaux pour tous s'est rappelée les prescriptions envoyées aux délégués communaux par les moines de la *Croix* : « On arrive facilement à faire prendre un journal médiocre à la place d'un très mauvais ; puis, peu à peu, on remplace le médiocre par un bon » Elle semble vouloir retourner cette tactique contre les moines eux-mêmes et tenter l'éducation du peuple par la presse.

Une Conférence littéraire sur les Humoristes

M. Edouard Laudner, le distingué professeur de diction de l'Association Polytechnique, qui fut jadis au *Théâtre Libre* un des premiers collaborateurs d'Antoine, fait en ce moment, dans les principales mairies de Paris, sous le patronage de la *Société de Lecture et de Récitation* (1) une intéressante conférence sur les *Humoristes Français*. Il y a quelques jours, il a traité ce sujet d'actualité littéraire dans la salle des Fêtes de la mairie du IXe arrondissement, rue Drouot, et c'est là que nous avons eu le plaisir de l'entendre.

Dès le début de sa conférence, M. Ed. Laudner a cité très particulièrement l'attachante étude sur l'*Humour et les Humoristes*, publiée récemment dans *Le Sagittaire*, par notre ami Jean Bourguignon. Il a trouvé, en effet, des indications précieuses dans les importants articles que notre jeune et distingué collaborateur a su écrire avec un vif souci de la documentation comme avec beaucoup de sens critique et d'originalité, et il a eu grand raison de les utiliser.

La conférence était pleine de faits et d'aperçus que la diction sûre et savante de M. Ed. Laudner faisait bien ressortir, et le public nombreux qui remplissait la salle a entendu avec plaisir les noms souvent répétés de Georges Courteline, Jules Renard, Tristan Bernard, Pierre Véber, Alfred Capus, Franc-Nohain...

Enfin cette conférence était agréablement illustrée par de nombreuses citations, même par plusieurs petites scènes (*Poil de Carotte*, *M. Badin*, *Gros Chagrin*) empruntées à nos meilleurs humoristes et habilement interprétées par quelques jeunes artistes. — Nous tenons à citer tout particulièrement Mlle N. Grimbert, du Conservatoire, dont le talent si fin et si gracieux, a rehaussé l'éclat de la soirée. C'est une jouissance unique que d'entendre cette délicieuse artiste. Elle a tous les charmes, celui de la voix, celui du geste et celui du regard. Quand elle dit — ironiques, légères, spirituelles, tendres ou sublimes, — les phrases s'en vont, nuancées d'un sourire, d'un mouvement de main, d'une inclinaison de tête, et il semble que tout ce qu'elle exprime se trouve animé de vie. Avec beaucoup d'entrain et de fraîcheur elle a joué *Gros Chagrin* de Courteline, mais elle a surtout détaillé merveilleusement la jolie scène de « Poil de Carotte allant fermer les poules ».

*
* *

M. Edmond Girard publie, à la Maison des Poètes, 42, rue Mathurin-Régnier, par fascicules, les Cahiers d'un bibliophile, où il se propose de rééditer toute une série d'œuvres rares et curieuses tant anciennes que modernes. Il a commencé par le *Parasite*, comédie de Tristan L'Hermite,

---

(1) M. Léon Ricquier, du *Vaudeville*, est le sympathique président de cette Société qui organise, depuis plusieurs années, des Lectures populaires et des Causeries littéraires très suivies d'un nombreux public.

et il continue par la *Marianne*, du même auteur. Cette publication, appelée à un vif succès, ne peut manquer d'intéresser les collectionneurs et amateurs de raretés bibliographiques.

**

M. de Bucé a repris la publication, un moment suspendue, de la *Revue d'un Passant*, réunie pour cette nouvelle série à *Plaisance-Montparnasse*. Au sommaire du numéro de janvier, nous relevons les noms de Pontier, Henri Degron, Gustave Le Rouge, Abel Letalle, Adolphe Gensse, de qui nous revient en mémoire cet amusant sonnet encore inédit :

A Henri L....
Maréchal des logis d'artillerie.

Du pied gauche partez, enfants de la Patrie !
Cavalier gigantesque ou fantassin pygmée
Le jour de gloire est arrivé ! Vive l'armée !
Mais soyons fiers surtout de notre Artillerie !

Des « féroces soldats » le destin t'a souri.
Chevauchant un canon, tu vas l'œil allumé !
Et te voyant passer, sur un air renommé
Nous chanterons : « C'est la chasse du jeune Henri ! »

Tu n'es plus maintenant un simple et sale bleu
Respectant et rinçant la classe, nom de Dieu !
Une sardine d'or sur ton dolman flamboie !

Epate le pékin ! Frappe fort des talons !
Bois, sacre, entretenu par les filles de joie,
Sois un sous-off enfin digne de ses galons !.

**

SONNET FRANCO-BELGE (*imité d'Arvers*). — Le récent voyage du roi des Belges à Paris nous vaut cet aimable envoi, signé Georges Garnier, avocat à Bruxelles.

Nos lecteurs en apprécieront, pour une fois, la fine et substantielle ironie :

Léopold est muet : son âme a son mystère,
Le secret d'un long plan depuis longtemps conçu,
Mais il a jugé bon jusqu'ici de se taire.
Les plus forts reporters n'en ont encor rien su.

Il traverse Paris, par chacun aperçu,
Rêvant toujours à la politique étrangère,
Promenant à grands pas son projet solitaire,
N'osant rien demander et n'ayant rien reçu.

La France, par nature, étant aimable et tendre,
Le regarde passer. Partout on peut entendre
Le murmure flatteur élevé sous ses pas.

Mais, le voyant rester enfermé, clos, rebelle,
Elle dit, respectant cette énigme cruelle :
« Quel est donc ce mystère ? » et ne le comprend pas.

LA SAGETTE.

Le Gérant : F.-A. CAZALS.

MARC-BAYEUX

Retenu au logis par cette pluie incessante, j'ai feuilleté tout le jour, au coin du feu, les lettres de mes amis d'autrefois et je me suis arrêté longtemps à ce billet :

Mon cher Enfant,

Mon beau-père est mort. J'ai dû partir pour Metz toute affaire cessante. Les affaires de la succession sont très embrouillées, et je crois bien que cela ne m'enrichira guère. Au reste, je n'y ai jamais compté.

Je serai de retour à Paris vendredi. Je ferai en sorte d'aller dîner avec vous.

Ma femme restera à Metz pendant quelque temps. Bonjour à votre père.

Amitiés.

MARC-BAYEUX.

Metz, 25 septembre 1867.

« Mon cher enfant ». J'étais bien jeune alors, en effet, auprès de Bayeux, qui atteignait sa trente-huitième année; il pouvait m'appeler ainsi, affectueusement, avec la double supériorité de l'âge et d'un talent littéraire incontestable.

Il avait écrit déjà, sans compter sa collaboration à divers grands journaux, une dizaine de romans très remarqués, parmi lesquels *la Sœur aînée, Histoire d'une ouvrière, les Enfants du Siècle, la Première Étape, Une Femme de cœur.* Un tel bagage m'inspirait un profond respect et j'étais très fier d'avoir pour ami, moi, simple étudiant en droit, un écrivain de cette valeur.

Nous passions souvent les soirées en longues prome-

nades sous les marronniers du Luxembourg, causant
surtout littérature ou théâtre. Et quelle animation il y
mettait ! quelle verve ! quel esprit !

Un soir, en 1867, précisément, il m'a raconté, dans
l'allée de l'Observatoire, par un clair de lune magnifique, son premier drame, en cinq actes et en vers,
Jeanne de Ligneris.

Bien que, depuis ce soir là, trente-trois ans se soient
écoulés, il me semble que c'est hier seulement que
nous avons eu cette conversation, tant le souvenir en
est resté précis dans ma mémoire.

Nous venions de publier, mon père et moi, une comédie en trois actes, *les Francs-Maçons,* et Bayeux me
reprochait la simplicité de l'intrigue.

— Votre pièce, dit-il, est consciencieuse, soigneusement écrite, d'une lecture agréable ; mais elle laisse à
désirer au point de vue scénique ; elle manque de mouvement. Vos personnages discutent, raisonnent, expo-
sent des principes ; il fallait moins de morale et plus
d'action, moins de guimauve et plus de piment.

— C'est juste ; j'en aurais mis un grain si j'avais été
libre.

— Je le sais ; votre père m'a fait part de vos petites
discussions. Que voulez-vous ? un homme qui admi-
rait, dans sa jeunesse, Colardeau et Ducis, ne peut pas
être absolument d'accord, littérairement, avec vous qui
préférez Hugo et Musset. Allez donc lui proposer de
changer la césure de place, de disloquer un vers ! Il
n'oserait pas !

— Ni moi non plus, par exemple.

— En ce moment ; mais vous y arriverez. La réforme
est dans l'air. Peut-être même un jour emploierez vous
le même moyen que moi pour vous exciter au travail.
Voltaire et Balzac abusaient du café ; Edgard Poë préférait les liqueurs fortes ; mes amis X. Y. Z. ne veulent
que de l'absinthe : moi, j'absorbe simplement quelques
pages de Ponsard, de cet horrible Ponsard, François,
que certains osent appeler un poète ! Sa cadence monotone, in-va-ri-a-ble-ment mo-no-to-ne, au lieu de
m'endormir me réveille ; ses images rococo, son style
solennel, à la Prudhomme, m'agitent, m'indignent, me
mettent en rage ! Avec quel plaisir je lui défoncerais
son casque d'un coup de poing, à ce vieux pompier, si
je le tenais ! A défaut du casque, c'est le livre que j'en-

voie au diable ! Alors l'instant favorable à la composition est venu ; je prends la plume, et si l'élan de ma
pensée m'amène à écrire ces vers :

Il m'a dit ce matin. . . . .
. . . . d'apprêter mon manteau,
Nos cuirasses, nos pis-tolets et nos épées,

je ne recule pas, par la raison que la langue poétique
doit contenir le plus de naturel possible. Vous trouve-
rez des licences de ce genre dans mon drame. Quant à
l'action, quant au piment, vous allez voir tout de suite
s'il en est suffisamment pourvu.

Et plein d'entrain, tantôt rieur, tantôt grave, Bayeux
me fait un compte rendu sommaire de la pièce, dont
voici le sujet.

Le comte Odet de Ligneris, gentilhomme catholique
du Berry, obligé d'aller au secours de Henri III, chassé
de Paris, confie son château et sa femme à son ami
Jean de La Renaudie, gentilhomme protestant. A peine
est-il parti que Jeanne, éprise de son gardien, lui fait
les avances les plus significatives. Le huguenot, très
amoureux aussi de la belle chatelaine, résiste d'abord
courageusement ; mais, au retour du comte, il devient
jaloux, le fait prisonnier de guerre pour l'empêcher de
rejoindre sa femme, puis le relâche. De là un duel terrible, où les deux adversaires ont chacun deux seconds ; quatre des combattants sont tués. Odet de
Ligneris, sain et sauf, vient raconter cette scène de
carnage à la comtesse. Celle-ci, croyant La Renaudie
mort, crie son amour pour lui à la face de son mari,
qui se venge tout de suite en la poignardant. Elle
tombe, et peut encore, avant d'expirer, s'entretenir
quelques instants avec La Renaudie, lequel, mortelle-
ment blessé, a trouvé assez de force pour venir mourir
sous ses yeux.

Tout en m'exposant ce drame, Bayeux, qui le savait
presque tout entier par cœur, déclamait çà et là, d'une
voix vibrante, des fragments de scènes, des tirades
sonores, vigoureuses, débordantes de passion, où je
sentais passer un souffle capable de soulever l'enthousiasme d'une salle. Comme lui, j'espérais un succès.
Sur certains points, cependant, je crus devoir présenter à mon grand ami quelques timides observations.

— Je trouve raide, lui dis-je, que Jeanne, par dépit de la résistance que lui oppose La Renaudie, se donne, séance tenante, à un autre amant; ce caprice la rend moins sympathique; on n'en est pas, il est vrai, fort étonné, puisque l'on sait qu'elle a été élevée à la cour de Catherine.

— Oui, fit Bayeux, c'est amené.

— Le public acceptera de même les airs puritains de vos huguenots et leurs psaumes, ainsi que le duel à six combattants, parce qu'il y verra une reproduction fidèle des mœurs de l'époque. Je me demande seulement si deux ou trois mots ne sont pas de nature à égayer les loustics du poulailler. La Renaudie, voulant prier tout haut avec son écuyer, le vieux Gaspard, lequel, par parenthèse, a le tort de rappeler la chanson populaire :

> *Allons, la mère Gaspard,*
> *Encore un verre, il n'est pas tard !*

tire une bible de sa poche, en affirmant que c'est celle de son aïeul. Par trois fois, il nous montre « la bible de son aïeul. » Or, nous avons déjà « la croix de ma mère », « le sabre de mon père »; voici maintenant « la bible de mon aïeul ». Ne craignez-vous pas que le mot ne fasse sourire ?

— Non, dit Bayeux, parce qu'il est amené. A la scène VI du premier acte, Odet le présente, cet aïeul :

> *Dans le siècle où nous sommes*
> *Rares sont les amis et rares sont les hommes.*
> *Celui-ci les vaut tous, madame. Il est, d'ailleurs,*
> *D'une race qui fait les soldats les meilleurs.*
> *Vous avez ouï parler d'un ennemi des Guise,*
> *Chef de complot, qui fut tué dans la surprise*
> *D'Amboise, à la mort même opposant ses défis ?*

> JEANNE, avec vivacité.
> *Jean de La Renaudie !*
> LIGNERIS.
>
> *Il est son petit-fils.*

— Alors, passons. Plus loin, le vieux Gaspard, scandalisé de l'effronterie de Jeanne, vient lui faire des remontrances; il a raison; mais, après avoir déclaré qu'il la comprend, qu'il a, lui aussi, jadis, connu l'amour, il ajoute :

> *..... J'avais vingt ans !*
> *J'étais aimé, j'aimais. Lorsque sonnait la charge*
> *Je poussais en avant !...*

Cette poussée en avant ne me plaît guère. Des esprits moqueurs y trouveront peut-être un sens impur.

— Erreur. Gaspard ne rit jamais; le mot, dans sa bouche, n'aura que le sens qu'il doit avoir; comme les précédents...

— Il est amené. En voici un autre qui l'est mieux encore : au premier acte, Ligneris ordonne au personnel du château d'obéir à La Renaudie :

> *A table, il boira dans mon verre. En mon absence*
> *Mon lit sera le sien.*

On doit donc l'entendre sans surprise, au quatrième, s'écrier :

> *Cet ami de mon cœur qui couchait dans mon lit !*

J'en étais là de mes critiques, lorsque minuit sonna au clocher de Saint-Jacques du Haut-Pas.

— La suite à bientôt, dit Bayeux en me serrant la main. Je réfléchirai à vos impressions; peut-être me serviront-elles.

Mais il ne retoucha rien. Un an plus tard, le 3 septembre 1868, le drame fut joué à l'Odéon, et je vis avec angoisse le public souligner de larges rires, outre les mots sus-indiqués, de nombreux passages qui semblaient irréprochables. La pièce tomba, entraînant dans sa chute les belles espérances de l'auteur.

Elle avait de réelles qualités pourtant; la presse en convint.

« C'est une œuvre manquée, dit Francisque Sarcey,
« elle n'est pas médiocre. Il y a là dedans une certaine
« crânerie, du souffle; et le style, très inégal, d'ail-
« leurs, a l'allure dramatique. On est choqué souvent:
« ennuyé jamais. Il me semble qu'au travers de ses
« inexpériences et de ses audaces, M. Marc-Bayeux a
« fait preuve de vrai talent. On n'y a pas rendu justice
« le premier soir; on reviendra sur ce premier juge-

« ment un peu précipité et tumultueux. On distinguera
« l'auteur de son drame. L'un est tombé et justement;
« l'autre reste debout. »

Comme homme aussi, Bayeux restait debout. Ce désastre, si grand qu'il fût, n'était pas pour l'abattre, lui
qui avait lutté presque toute sa vie contre la mauvaise
fortune. Doué d'une énergie et d'une fierté indomp-
tables, il le supporta dignement, et se remit au travail,
certain de forcer un jour l'estime de ses détracteurs. Il
prit, en effet, sa revanche, par la suite, avec *nos Aïeux,*
drame en vers qui lui valut une petite pension de
l'Etat. Il écrivit encore deux autres drames : *Les Croisés,*
puis *Vercingétorix,* sans compter divers ouvrages inédits.

Souffrant, dans ses dernières années, d'une paralysie
plus cruelle pour lui que tous ses déboires passés en
ce qu'elle lui interdisait un travail utile, Bayeux s'était
retiré rue des Quatre-Vents, nº 5, à Charenton. Il y est
mort, dans une solitude navrante, le 3 mars 1882, à
cinquante-trois ans. J'appris cette triste fin par la note
suivante du *Voltaire :*

« Les nombreux amis que le pauvre Marc-Bayeux
« avait comptés dans le monde littéraire semblent
« s'être donné le mot pour ne pas lui rendre les der-
« niers devoirs.

« Cet homme de grand talent a eu le tort grave de
« mourir pauvre, après s'être borné à écrire des œu-
« vres remarquables pour le succès desquelles il ne fit
« jamais la moindre réclame.

« Il n'était pas de son temps.

« Trois amis seulement ont suivi le cercueil de l'au-
« teur de *Jeanne de Ligneris* et des *Croisés.* »

Aujourd'hui Marc-Bayeux n'a plus même la tombe où
il a reposé dix ans; la concession de ce terrain n'ayant
pas été renouvelée, on a transporté ses restes dans
l'ossuaire commun. C'est là qu'il dort son dernier sommeil, entouré de malheureux à qui la vie fut également
dure.

Il laisse du moins la mémoire d'un écrivain original,
brillant, d'esprit bien français, et ses pages les plus
touchantes, celles où il a mis le meilleur de son cœur,
qui fut généreux, ont chance d'échapper longtemps
encore à l'éternel oubli.

CHARLES BEAUMONT.

A RAOUL PONCHON

Parce qu'il fait rire et qu'il rit,
S'amusant à ce qu'il nous conte,
Et que ce sage a de l'esprit,
Les sots en tiennent peu de compte.

On trouve qu'il est négligé,
Que ses vers sont d'un art facile :
Une idée, en passant, que j'ai,
C'est qu'il est maître fort habile.

Avec ses airs de boire un coup
Ou bien de faire le bonhomme,
Entre plusieurs, entre beaucoup
Je le choisis et je le nomme.

Il a des mots inattendus,
Qu'on attendrait bien des années,
Et qui sont de force, entendus
Par des oreilles couronnées.

Il fait des fautes tout exprès
Pour voir, et s'aiguiser la langue.
Regardez cela de plus près :
C'est un diamant, non sa gangue.

Il parle franc et parle bien,
De tant de choses qu'on s'étonne
De ne rencontrer presque rien
Qui périclite ou qui détonne.

Au milieu du triste fatras
De notre muse prolifique,
Simple, sans faire les grands bras,
Devant le vieillard magnifique

Qui s'en venait, passant chez nous,
Morne, les paupières flétries,
Et n'ouvrant plus son grand cœur doux
A l'illusion des patries.

— Devant le spectre de tels maux,
Cessant un instant de sourire,
C'est lui qui trouva les seuls mots
Que nous pussions oser lui dire.

o mars 1000.

ALBERT MÉRAT.

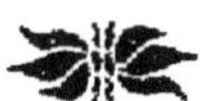

INVOCATION

O Muse, belle Muse, ouvre tes jolis yeux,
Les nuages épais qui troublaient l'atmosphère,
Sous les efforts du vent ont fui vers d'autres lieux;
La nuit reprend son voile et l'horizon s'éclaire,
De la terre s'exhale un long soupir joyeux :
C'est un beau jour qui naît entouré de mystère!

O Muse, belle Muse, ouvre tes jolis yeux,
L'aurore aux blonds rayons se réveille en silence
Et les roses, les lis, au matin radieux,
Se grisent des baisers de l'aube qui commence.
Hélios bienfaisant illumine les cieux :
C'est le bonheur rêvé qui lentement s'avance!

O Muse, belle Muse, ouvre tes jolis yeux,
La nature revêt sa parure nouvelle,
Dans les airs se répand un parfum capiteux;
Tout s'embrase, tout luit sous la voûte éternelle
On entend retentir un chant voluptueux...
O Muse, éveille-toi! C'est l'amour qui t'appelle!..

JULES ANDRIEUX

LES ÉCOLES LITTÉRAIRES

Le Parnasse

Le mérite d'une théorie littéraire se reconnaît à ses résultats, non moins qu'au bruit qu'elle soulève. Si le chef-d'œuvre avère une valeur intrinsèque, la résistance qui lui est opposée consacre l'originalité de l'effort. C'est un fait mainte fois constaté que plus une manifestation d'art est nouvelle, sort du banal et du convenu, plus elle rencontre de mauvais vouloir de la part du public et de la critique dont elle contrarie les idées d'ordre, de stabilité. Comment, en effet, professer la précellence d'œuvres consacrées, si d'autres surgissent qui en soient la négation ? Or, la loi de la vie étant l'instable, une lutte se nécessite entre ce qui naît et ce qui meurt.

A ce double point de vue, Le Parnasse apparaît fort inférieur au Romantisme qu'il détrône. Aucun poème de cette école n'offre l'ampleur et l'absolue beauté de la *Légende des Siècles,* par exemple. Et quand on se rappelle les mémorables batailles de 1830, que pèse la mesquine tentative des Parnassiens ? Si, pourtant, ces derniers, sans apporter aucun principe d'art absolument nouveau, n'en ont pas moins exercé une influence indéniable sur notre littérature, au point qu'aucun écrivain en vers d'aujourd'hui ne saurait les ignorer, ne s'en suit-il pas que leur œuvre ne soit solide, sinon brillante ?

Au commencement du siècle dernier, nos grands-pères crurent avoir enfin trouvé la vraie poésie. Chateaubriand venait de démontrer le *Génie du Christianisme,* Lamartine chantait ses *Premières Méditations,* Victor Hugo allait planter fièrement sur les ruines du classicisme le drapeau de la liberté, et Vigny, du haut de sa tour d'ivoire, comme d'un phare, répandre son rêve lumineux. Ce fut une révélation : la révélation d'une âme nouvelle. Longtemps comprimé dans l'étroite sécheresse du didactisme classique, secoué par la fièvre des jours révolutionnaires, exalté par l'épopée guerrière de Napoléon, le sentiment se faisait jour en littérature. Une humanité allait vivre avec ses passions, ses espoirs et ses douleurs, où s'ébattaient jadis les artifices de la froide rhétorique. Toutes les lyres vaticinèrent sur un mode larmoyant ou solennel pour célébrer les avatars du Moi trop oublié : ce Moi si haïssable, selon Pascal.

Le Romantisme était, d'ailleurs, de belle lignée. Des influences diverses avaient, selon l'ingénieuse expression de M. Tarde, *interféré* pour en former le courant : la sensibilité philosophique du dix-huitième siècle, le biblisme des prédicateurs religieux, unis au naturisme de Rousseau. Quelques éléments étrangers s'y étaient aussi amalgamés : l'ampleur imaginative et le symbolisme des grands écrivains anglais et allemands. Il pouvait donc inaugurer l'ère d'un art définitif, si les nouveaux venus eussent essayé de prendre conscience de leur moi en l'opposant au monde extérieur, de le situer dans l'harmonie universelle par une compréhension profonde des analogies, au lieu de se complaire en des attitudes, aussi vaines que décoratives de « beaux ténébreux », éplorés et incompris.

Les Romantiques allemands avaient défini la poésie : « l'intuition magique du Tout ». Nos Romantiques français, sauf peut-être Vigny, éprouvent peu le besoin d'une telle concentration de pensée. Selon Victor Hugo, le poète n'est qu'un « écho sonore » placé au centre des choses. C'était réduire son rôle à celui de simple héraut, chargé de donner une voix, de prêter les ailes du rythme aux passions et aux idées de ses contemporains. Et de fait, le Romantisme ne fut trop souvent qu'une déclamation plus ou moins éloquente de banalités humanitaires et sociologiques. Cette hyperesthésie de la personnalité qui, chez les premiers écrivains de l'école, se traduisait en nobles effusions lyriques, n'allait pas tarder à dégénérer, avec Musset et ses disciples, en un fade sentimentalisme qui capta la faveur du public dont il flattait les instincts vulgaires et le mépris de l'art.

Si le Romantisme, en tant qu'école littéraire, aboutit à peu près à une faillite, où seuls survivent quelques tempéraments merveilleusement doués, les Parnassiens vont-ils réaliser l'art entrevu par leurs devanciers ?

Historiquement, ils datent du jour où ils se groupèrent dans l'entresol de l'éditeur Lemerre pour composer la petite revue, devenue fameuse : *Le Parnasse contemporain*. Mais, si c'est là leur acte de naissance officiel, en réalité leur origine remonte plus haut. On ne peut guère les séparer de quatre poètes dont ils se montrèrent les disciples souvent serviles : Gautier, Banville, Leconte de Lisle et Baudelaire. Ces précurseurs ayant apporté presque toutes les formules dont vécurent leurs jeunes rivaux et les ayant magistralement mises en œuvre, peuvent être considérés, non seulement comme les quatre piliers de l'école, mais encore comme ses plus beaux fleurons.

Victor Hugo, génie compréhensif et plutôt objectif, qui pressentit toutes les nouveautés et formula la plupart des principes, s'il n'y fut pas toujours fidèle, avait proclamé la liberté dans l'art. Logiquement, cela eut dû s'entendre aussi bien de l'indépendance du sentiment esthétique vis-à-vis des autres opérations intellectuelles que de son affranchissement intérieur et aboutir à l'autonomie absolue. Hugo s'en tint à la *fantaisie*, de même qu'il garda le vers classique en l'assouplissant et en le douant de tous les trésors de sa prestigieuse imagination verbale. C'est à Théophile Gautier que revient l'honneur, avec la théorie de *l'art pour l'art*, d'avoir démontré que la poésie est un état d'âme original, qui n'a que faire d'être le tributaire des sciences ou de la morale. Les lamentations sentimentales, la grandiloquence, les dissertations sentencieuses, en effet, ne pouvaient convenir à cet esprit enthousiaste de la lucide beauté grecque. Chez lui, le poème s'ordonne suivant sa seule logique d'images, de relief et de musique. Et le poète n'est plus que le magicien des mots et des rythmes qui transforme le fait brut en matière esthétique. Si sa personnalité n'est pas absolument absente de ses vers, elle disparaît derrière eux, et son souffle n'y subsiste plus guère que comme la vibration du bois ou du métal qui se perçoit à travers la symphonie des instruments. S'il est exact, comme l'avait proclamé la sagesse hellénique, que le Beau soit égal au Vrai et au Bien, et que chacun de ces trois principes ne soit qu'une des faces du Tout, vu sous un angle particulier, on ne peut nier que l'œuvre d'art ne soit une conception du monde au même titre que la métaphysique : et la

création du poète n'est pas moins profonde que l'analyse du savant. Doué d'une pensée plus subtile, d'un
tempérament plus méditatif, Théophile Gautier fut devenu le plus parfait de nos poètes et eut pu nous rendre
avec plus de couleur l'équivalent de la haute et sereine
figure d'un Gœthe, par exemple. Mais styliste éblouis-
sant, hanté par la recherche de l'expression pittoresque,
inquiet de rivaliser avec les arts plastiques, il oublia
trop que la poésie n'est pas seulement image et musique, mais aussi idée, et que l'édifice est incomplet
quand un de ces trois éléments se trouve mis en valeur
au détriment des autres. Gautier, toutefois, avait admis
que l'on doit « mettre l'idée au fond de la forme sculptée ». Et c'est moins l'absence absolue de pensée que
son peu d'importance relative qui dépare son œuvre. Il
était réservé à Théodore de Banville de pousser jusqu'à
ses dernières conséquences la théorie du maître.

Les Romantiques s'étaient montrés trop préoccupés
d'élargir l'atmosphère de l'esthétique classique pour
descendre jusqu'aux vulgaires détails de la réalisation
formelle, qu'ils dédaignaient. Aussi, chez la plupart de
ces écrivains, la langue procède-t-elle des mêmes principes que celle de leurs devanciers immédiats : ils la
marquent seulement au coin de leur personnalité. Et
leur métrique ne dépasse guère celle de l'abbé Delille.
Si Victor Hugo, lui, se crée, à coup de génie, un vers
original où abondent les expressions les plus somp-
tueuses et les métaphores les plus hardies, il s'y mêle
aussi quantité de prosaïsmes. Cela faisait, d'ailleurs,
partie de son système, puisqu'il décrétait dans une pièce
célèbre l'égalité de tous les mots du vocabulaire devant
la poésie : « Plus de mot sénateur! plus de mot rotu-
rier! » En vain Sainte-Beuve avait-il remis au jour,
dans de savantes études, les richesses linguistiques et
rythmiques de la Pléïade ; en vain l'apparition des
œuvres incomplètes encore d'André Chénier avait-elle
fait entrevoir le parti que l'on pouvait tirer de la fréquentation des modèles antiques. Les poètes de 1830,
rebutés sans doute par une débauche mythologique qui
répugnait à leur sensibilité imbue de mysticisme catholique et éprise du Moyen-âge, continuèrent à écrire de
la même langue vulgaire et sans grâce, agrémentée
souvent de joailleries barbares.

Mais cette renaissance néo-grecque devait trouver un

terrain tout préparé dans l'imagination païenne de Banville. Il y a chez celui-ci tout à la fois un mythologue et un ironiste original, un poète hiératique et un railleur très humain. A la suite de Ronsard, de Racine, des grands poètes classiques, et contrairement à Victor Hugo, il comprit que la poésie étant un art, devait avoir sa langue spéciale. Partant de ce principe, il en accepta résolument les conséquences. Or, une langue n'est que le signe d'une certaine conception. Le Christianisme et la société moderne n'avaient fourni à la littérature que des sujets sans poésie et une langue inartistique. Mais une époque s'était rencontrée, où l'art atteignit au plus haut degré de beauté, où un système harmonieux de pensées et de formes vivait d'un éclat inaltéré sous la poussière des siècles. Où donc, ailleurs qu'en Grèce, puiser ce trésor d'images nécessaire à l'artiste pour vêtir son rêve, cette matière idéale pour y façonner ses créations ? La critique elle-même ne vient-elle pas de démontrer que ce naturalisme anthropomorphique des anciens Grecs qui met en relief en les divinisant toutes les forces de la nature est la vraie religion aryenne ? Soyons donc païens, et vivent Zeus et Apollo ! Nous ne faisons que reprendre notre bien. On croirait voir apparaître quelque contemporain des auteurs de l'anthologie, tant le commerce des Dieux est familier à Banville, tant il se meut avec aisance dans leur perpétuelle métamorphose. Tout est concret dans son œuvre. L'idée n'est pas à la surface et dans la multiplicité des détails, elle est à la base même de l'édifice : elle y sommeille, comme la statue dans le bloc de Paros.

Une conception artistique de la poésie n'impliquait pas seulement la nécessité d'une philosophie et d'une langue originales : il fallait aussi trouver au poème une figure, un schéma. Les Romantiques n'avaient assigné d'autres limites à leurs œuvres que le souffle de leur inspiration. S'ils avaient renouvelé ou créé quelques strophes harmonieuses, rien n'en déterminait le nombre ou le dessin. Aussi, rencontre-t-on chez eux peu de poèmes à forme fixe. Lamartine méprise le sonnet : toute l'œuvre de Victor Hugo n'en fournit qu'un spécimen, et il faut aller jusqu'à Sainte-Beuve et Gautier pour le voir refleurir. C'est trop peu encore pour Théodore de Banville. Au lieu d'emprunter aux Grecs, comme Ronsard, le modèle d'odes pindariques ou saphiques dont s'accommoderait mal le caractère moderne, c'est dans le trésor de notre ancienne littérature qu'il va puiser. Il y a chez nos poètes du quatorzième au seizième siècle une foule de petits poèmes, ballade, rondel, lai, virelai, etc... qui sont comme les vestiges épars d'une primitive construction musicale du vers. Banville comprit tout de suite le parti qu'en pouvait tirer l'artiste de nos jours avec les moyens nouveaux d'expression dont il dispose. Et s'il use encore du poème ordinaire, c'est avec prédilection marquée qu'il exhume et remet à la mode quelques-unes de ces formes gracieuses qui gisaient dans l'oubli du passé avec les ombres légères des nobles dames qui les inspirèrent.

On voit donc quel genre d'originalité possède Th. de Banville. C'est moins un novateur qu'un rénovateur. Son grand mérite est d'avoir su faire jaillir l'émotion — émotion purement cérébrale, certes ! — du jeu même des rythmes et de la rime, et d'avoir créé un comique nouveau par leur rencontre inattendue, autant que par la disproportion qui existe entre la vulgarité du sujet et la beauté d'une forme aristocratique. Car, s'il jongle, avec une souplesse et une maîtrise inouïes, de toutes les richesses du mot et de la rime, jusqu'à faire de son poème un véritable joyau, si son inspiration ressemble un peu à un exercice d'école, au point qu'on a pu lui reprocher d'être un écrivain sans âme et ne possédant pas le sens de la vie moderne : il ne laisse pas toutefois d'être très humain. Seulement cette vie moderne lui apparaissant inartistique, c'est par le ridicule qu'il s'en empare. Voyez, par exemple, ses *Odes funambulesques* et ses *Idylles prussiennes*. Comme Ovide, exilé sur une plage barbare, à toutes les laideurs, à toutes les vilenies de notre société utilitaire, il décoche les flèches au vol d'or de Phébus-Apollo.

(A suivre).   ***ACHILLE DELAROCHE.***

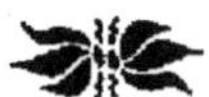

SUR UN TABLEAU DE JACQUES VANLOO

intitulé : *LE COUCHER*

Honneur à Jacques Vanloo,
Dont la brosse forte et juste,
Nous figure en ce tableau
Une gaillarde robuste.

Elle est en bonnet de nuit
Et le pinceau l'a surprise
Ayant, pour se mettre au lit,
Ôté jusqu'à sa chemise.

On sent qu'un rêve flamand
A couvé sa chair dodue.
C'est la poularde du Mans,
L'oie, à Noël, attendue.

Encor que je sois épris
De la ligne noble et pure,
Je n'ignore pas le prix
D'une opulente nature.

Et je ne déteste point,
— Pardonne au coupable, Athènes ! —
Voir éclater l'embonpoint
D'un beau torse aux lignes pleines.

Elle est (pour être précis)
D'une jambe soutenue,
L'autre fait, en raccourci,
Valoir la cuisse charnue.

Et nous vante le dessous
D'un pied de rose où s'étale
La belle couronne, au bout,
De cinq perles inégales.

J'aime l'élégant dessin
Sous l'aisselle retombée,
De ce que l'on peut, du sein,
Surprendre à la dérobée.

Jamais ici le bon dieu
N'a, d'une ligne si molle,
Laissé courir au milieu
Du dos souple, une rigole.

Et vive l'écroulement
De ces rotondes jumelles
Qui font danser proprement
Dans les yeux mille chandelles !

A ce qui gît alentour
De colliers, d'orfévrerie
Et d'étoffes de velours
Que charge une broderie ;

A tout ce qu'on voit briller
D'or, de peluche et de soie,
Elle est, j'offre à parier,
Duchesse ou fille de joie.

Pour atteindre à ses appas,
Je vendrais, que je vous dis !
La place que je n'ai pas
Méritée en paradis.

Tandis que j'en perds la tête,
Elle se tourne et sourit,
O malice ! satisfaite,
De l'effet qu'elle a produit.

AIMÉ PASSEREAU.

PAUVRE LÉLIAN [1]

(Pour faire suite aux « CONFESSIONS » de Paul Verlaine)

Verlaine et Rimbaud s'ingénièrent à trouver du travail : journalisme, traductions, etc., cependant qu'ils se perfectionnaient dans la connaissance de l'anglais.

De cette période (1871-1873), on lira avec intérêt la série de ses lettres à Émile Blémont. Celle-ci est du 22 septembre 1872 :

« Mon cher ami, si je ne vous ai pas écrit plus tôt,
« ainsi qu'à beaucoup de nos amis, c'est que je ne
« voulais pas vous ennuyer de mes affaires particulières ;
« et à cette époque, je n'eusse pu tenir une plume sans
« le faire. Maintenant que me voici courageux et plus
« ferme que je ne l'aurais cru, je me retourne vers mes
« amis et vers la littérature.

« Voici mon adresse :
« M. Paul Verlaine, 34-35, Howland street, W.
« Londres, Angleterre (n'oubliez pas le double V).

« J'habite la propre chambre de Vermersch, lequel
« vient de se marier, l'insensé ! En fait de Français, je
« n'ai encore vu que Régamey et qu'Andrieu.

« Il va se fonder ici un vrai journal français ayant
« cours en France : je compte y faire « les livres ».
« Enfin je travaille beaucoup ici. Indépendamment de
« toutes occupations littéraires, lucratives ou non, je me
« propose de m'employer à la correspondance française
« d'un négociant de mes amis intimes, en résidence ici,
« et à la tête d'une forte maison. Tout cela, tant pour

---

(1) Voir les numéros 5. 6. 7 et 8.

« ma dignité personnelle et pour la vie gagnée que pour
« fermer la bouche à ceux qui auraient dit que c'était
« *pour faire la noce* et *pour manger la dot de ma*
« *femme* (c'est de Gill que je tiens ce propos), que, de
« guerre lasse, et après six mois de vexations infernales,
« j'avais fui la maison.

« Mais brisons là sur ces questions irritantes. Vous
« me répondrez, n'est-ce pas, et me rappellerez au sou-
« venir des bons amis, auxquels je me propose de bientôt
« écrire. J'attends avec impatience lettres et journaux. Je
« vous envoie quelques vers dont vous ferez ce que vous
« voudrez, et je me tiens à votre disposition pour une
« série que je nommerais : de *Charleroi à Londres* (1).

« J'ai des notes excessivement curieuses sur la Belgi-
« que, ayant vécu un peu de toutes les vies pendant trois
« mois à peu près ; et depuis quinze jours que je suis
« ici, mon trésor s'est considérablement accru. »

Sans grand succès, nos deux amis se mirent en quête
de quelques élèves. Les professeurs de français se font
concurrence à Londres presque autant qu'à Paris. Ce
qu'on trouvait facilement, c'était la conversation, la
leçon mutuelle *(french lessons, english in exchange)*
qui ne rapportait rien, que des tasses de thé et des ci-
garettes, et il aurait fallu pouvoir attendre...

Vers la fin de l'année, Rimbaud regagna la France.
Verlaine, resté seul, lutta de son mieux contre la gêne,
s'attrista horriblement, finit par tomber malade (2). Un
moment il se considéra comme perdu et écrivit à Rimbaud une lettre lamentable, contenant deux ou trois
billets du même ton, pour des amis à qui il faisait ses
adieux.

---

(1) Les *Paysages belges*, *Birds in the Night* et la série intitulée
Aquarelles des « Romances sans paroles ». — N. D. A.

(2) Voir, dans *Louise Leclercq*, la fin de *Pierre Duchâtelet*, qui est
presque une auto-biographie : « ... Les quelques demi-couronnes qu'il
gagnait quotidiennement à donner des leçons, le soir, il les dépensait
en vins de Portugal et en bière d'Irlande. L'estomac s'oblitéra, la tête
se prit, les leçons manquèrent, ce furent la faim, la névrose qui finale-
ment eurent raison de ce brave garçon... »

Le billet à Emile Blémont disait :

« Mon ami, je suis mourant de chagrin, de maladie,
« d'ennui, d'abandon. Rimbaud vous enverra ceci. Ex-
« cusez cette brièveté d'un *très malade*.

« Bonjour, ou peut-être adieu ! »

Rimbaud qui avait, nous l'avons déjà dit, une grande
sensibilité, fut tout d'abord, en dépit des apparences et
malgré son extrême fermeté, troublé profondément. Puis
il raisonna, trouva la cause du mal, le remède possible :
— Verlaine était l'enfant abandonné, seul dans une
chambre sans lumière ; il lui fallait la gaieté, le bavar-
dage, les longues marches avec un compagnon de causerie. Mais quoi ? Pas un sou pour aller à Londres ! —
Sa résolution fut vite prise. Il écrivit à la mère de
« l'enfant ». La pauvre femme envoya de suite la somme
nécessaire, et elle-même, bravant les difficultés d'un
voyage outre-mer, vers un pays dont elle ne savait pas
la langue, se disposa à partir. Le malade, soigné par
Rimbaud qui s'appliquait surtout à le distraire, guérit
assez vite ; sa mère le trouva à peu près rétabli. Elle
prit auprès de lui la place de Rimbaud qui revint une
fois de plus dans les Ardennes.

* *

La nature trop délicate, trop parisienne de Verlaine
se trouvait mal, décidément, de ce premier bain dans
l'*air* anglais. La vie à Londres est saine, mais dure.
Rimbaud, habitué à tout, était revenu enthousiasmé :
tout, là-bas, était plus fort, plus logique, plus intelligent ;
c'était le mouvement, l'ordre, la puissance et la couleur ;
c'était la grande ville, c'était *la Ville !* Mais pour un
enfant gâté et sensuel tel que Verlaine, le régime, la
nourriture, la boisson, tout était trop différent de ses
accoutumances : les légumes à l'eau, la viande bouillie,
le pain lourd et compact, du thé qui énerve et qui dévore, une bière amère, des vins sucrés, l'irish wisky et
mille produits pour se griser, — trop peu pour se régaler
gentiment comme chez nous. Il regretta la France, et
comme il jugeait dangereux d'y revenir, il voulut s'en
rapprocher tout au moins.

Justement, une sœur de son père demeurait en Belgique, à Jéhonville, petit village dépendant du canton de Paliseul, non loin de Bouillon, à deux pas de la frontière.

Comment cette vieille tante se trouvait-elle, comme Geneviève de Brabant, perdue au milieu de la Forêt des Ardennes ? C'est que cette région est le berceau de la famille : l'officier, père du poète, naquit là sous le premier empire, alors que Bouillon faisait partie du territoire français (1).

(A suivre.)   *E. DELAHAYE ; F.-A. CAZALS.*

---

(1) « Bien que Verlaine soit né à Metz » — dit Jean Bourguignon dans la conférence qu'il fit à Paris, le 6 février 1897, au banquet des anciens élèves du collège de Notre-Dame de Rethel — « il est incontestablement d'origine ardennaise. C'est en pleine Ardenne, dans l'Ardenne des plateaux, non loin des rives de la Semoy, au nord de Bouillon, dans la province belge du Luxembourg, que l'on trouve l'origine de sa famille. Au dix-huitième siècle, on rencontre des ascendants du poète successivement dans les villages de Bras, Arville, Jéhonville, Bertrix, bourgades perdues au milieu d'immenses forêts parmi de vastes solitudes de genêts et de bruyères... »

Grâce aux *manuscrits généalogiques* des hérauts d'armes liégeois, Jean Bourguignon a pu établir une série complète des origines jusqu'en 1531, et même au-delà, au temps où l'écuyer *Jean de Verlaine* était seigneur de plusieurs pays qui portent encore aujourd'hui son nom. Le père même de Verlaine (Nicolas-Auguste), était originaire non de Paliseul, comme on l'a dit, mais de Bertrix où il naquit le 24 mars 1798. Engagé volontaire en 1814, il opta pour la France après le deuxième traité de Paris, qui nous enlevait Bouillon et la région avoisinante.

Si Verlaine ignorait ses quartiers de noblesse, il revendiquait volontiers l'Ardenne pour une de ses patries. Lire *Croquis de Belgique*, où il a noté le souvenir de fréquents séjours au bord de la Semoy, à Paliseul, Jéhonville, Bouillon. Voir, en outre, les articles de Jean Bourguignon dans la *Revue des Beaux-Arts et des Lettres* (janvier 1895), dans l'*Illustration européenne*, et dans la *Revue d'Ardenne et d'Argonne* (janvier 1897), cette dernière étude écrite en collaboration avec Charles Houin.

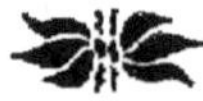

FUGUES

A Gabriel Delamare.

Près de disparaître par delà les collines, le soleil, colorant
les nuages, y fait luire des tons jaune-paille, vert-prasin,
mauve, rose d'églantine.

Avant de sombrer derrière l'horizon, l'astre darde de plus
intenses flammes. Cependant que le bord des ouates errantes s'effiloque en franges barbelées, les tonalités s'avivent :
le jaune clair tourne au cuivre, à l'orange ; le rose va passant au cerise, au cramoisi ; le mauve mue au violet, s'allume en améthystes étincelantes ; le vert pétille en papillo-
tantes émeraudes ; tandis qu'au ciel oriental, où déjà se
tendent, çà et là piquées d'étoiles, les gazes du crépuscule,
la lumière peu à peu amortie déferle en lames molles. Au
zénith aussi le jour se meurt, dans des bleuités délicates
qui se fondent en gris-perle, insensiblement.

Pierrot, l'œil amusé, s'intéresse à la croissance des colorations lumineuses. Mais, subtil esthète, il en suit plus volontiers les évolutions prismatiques sous la transparence de
l'étang proche, où elles se répercutent harmonieusement
atténuées. Joie pour son regard et son esprit, de petits
souffles de brise, rôdant à fleur d'eau, la froncent en fines
moires et suscitent en ce ciel renversé une vibration continue.

Le blème fantoche un instant se recueille. Il veut dire
une chanson au Soir qui, tout à l'heure, envahira l'espace.
Puis, il s'en ira en quête de quelque recoin moussu, sous
une haie d'hier refleurie, pour y dormir à la belle étoile et
rire aux anges. Heureux, dans le sommeil, d'oublier la vie
— malencontres et déboires, — il reposera, jusqu'à pointe
d'aube, bercé de musiques discrètes : tremblotements de
feuilles et frissons d'eaux vives.

Un instant se recueille le blème fantoche. Il prélude en
imaginaires accords, effleurant du pouce les cordes fictives
d'une guitare absente ; s'éclaircit la voix d'un *hem* sonore,
prend le *la*, et chante :

Le Soir file, à son rouet
  Muet,
Des rayons de lune,
Pour vêtir avec douceur
  Sa sœur,
Sa sœur la Nuit brune.

Le Soir tisse, diligent,
    L'argent
De la lune pâle.
On voit sous son doigt léger,
    Bouger
Des lueurs d'opale.

Ce doigt d'ouvrier fervent,
    Savant,
Aux plis de ces toiles,
Brode d'un argent plus fin,
    Enfin,
Un semis d'étoiles.

*
* *

Le vent s'est élevé; l'étang s'émeut, ondule; des vagues menues viennent battre le bord en clapotant. On dirait de petites mains applaudissantes. Délices de l'illusion! Pierrot, béat et modeste, ébauche le classique salut au public. Tout à coup le sifflet d'un merle, pointe aiguë, lui perce à la fois le tympan et le cœur : « envieux! » dit le chanteur en haussant les épaules.

*
* *

Un papillon — dérivatif plein d'à-propos — volète de çà de là près des aulnes, se joue parmi les fleurs de la berge. Pierrot, entomologiste à ses heures et de qui la poésie se tempère de science, suit à pas de velours l'essor capricieux et zigzagant de la bestiole. Celle-ci, le temps d'un soupir, se pose sur une corolle. Pierrot, enfiévré de convoitise, allonge le cou, les lèvres, le bras, et bondit. Son pied porte à faux, Pierrot s'étale, tout blanc sur le gazon tout vert.

Il exhale un *ouf* — gémissement mêlé d'allégresse — et se relève, tenant prisonnier, entre le pouce et l'index, le frêle rôdeur, tout pantelant d'angoisse, agité de frémissements spasmodiques.

Or, tandis que le chasseur s'émerveille de sa capture, la contemple, l'œil rond, la prunelle dilatée, l'examine en connaisseur, l'étiquetant déjà, la classant, *in petto,* dans sa collection de coléoptères — collection imaginaire en des casiers chimériques, — un bruit de rames, scandé à coups égaux, lui fait lever la tête. Un sourire peut-être, peut-être une grimace, ride son faciès enfariné : Dans une minuscule yole, Colombine, charme et tourment de son cœur, vient d'apparaître.

Elle aborde, débarque; en un tour de main l'esquif est amarré. Elle fixe ses regards ensorceleurs sur le pauvre poète que, depuis tant de jours, elle cajole et rabroue tour à tour; le ballotant, en un malévole va-et-vient, entre de fugitives espérances et de promptes déceptions; d'un mot le ravissant à l'empyrée, le plongeant, d'un geste, à l'abîme. Elle a vu, verdies aux coudes, les manches amples, verdi aux genoux, le pantalon flottant; un rire fuse entre ses dents de nacre, monte épanoui en gerbe, retombe en pluie de perles.

Puis, ayant tapoté sa jupe, défripé les dentelles de sa bas-

quine, rebroussé ses frisottants cheveux blonds, où, joyaux
équivoques étincèlent des cantharides aux élytres d'or vert.

« Oh ! le gentil papillon ! s'écrie-t-elle, laisse-le-moi
baiser. »

Pierrot, repris à la séduction de l'enjôleuse voix, fasciné
par les yeux pervers, où, folle abeille au lancinant aiguillon, rôde le Désir, Pierrot, hypnotisé, approche le captif de
la lèvre qui se prépare à la caresse par une exquise petite
moue.

Mais, *pfuitt!*... preste, le papillon s'évade. C'est à l'ongle
de Pierrot qu'échoit le baiser.

La bouche en hiatus de tirelire, il regarde ses doigts, où
les ailes froissées ont laissé une impalpable poudre de sou-
fre, son ongle que le contact des lèvres fardées a teinté
d'une touche d'incarnat.

Derechef jaillit, s'égrène, grésille, pétille le fou rire de la
cruelle, qui, laissant à son ébahissement Pierrot tout pan-
tois, court à la yole, la détache, se rembarque, et, toujours
riant, roulant dans son gosier des trilles de flûte, s'éloigne.

En cadence, les rames s'abaissent et se relèvent, plon-
gent, émergent, laissent pleuvoir dans l'eau, à petit bruit,
des gouttelettes qui semblent, moqueuses aussi, un léger
rire intermittent.

* *

Mélancoliquement pensif, longtemps, Pierrot reste immo-
bile, figé sur place. Il songe avec regret à ces deux joies
envolées, qui, lui paraît-il, ont eu la durée à peine d'un
double éclair ; deux fugaces bonheurs dont il n'a osé poursuivre ni l'un ni l'autre des deux êtres fantasques qui les
lui avaient apportés.

Mais voici venir la Nuit, apaisante et consolatrice ; la
Nuit, la tendre, la pitoyable, la maternelle berceuse.

Pierrot, sur un tertre ombragé de lilas, feutré de mousses, s'étend, délicieusement las de corps, douloureusement
las de cœur, avec, en l'esprit, le vague espoir de retrouver
dans un songe les si brèves extases récentes.

Et, pendant que sa raison vacillante flotte sur les confins
où la pensée expire et devient le rêve, il fait effort pour
tenir ouverts ses yeux aux paupières cillantes, et entrevoir
encore, dans l'incertaine clarté lunaire, ses doigts colorés
d'un peu de la fine poussière abandonnée par des ailes et
d'un grain du fard laissé par une bouche, ce qui, seul,
demeure de nos fuyantes félicités : des souvenirs couleur
d'or et de rose.

THÉODORE MAUREL.

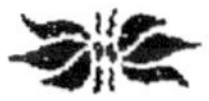

BIBLIOGRAPHIE

Audition colorée et Phénomènes connexes observés chez des écoliers, par Aug. Lemaitre, professeur au Collège de Genève. — Paris, F. Alcan ; Genève, Ch. Eggimann et Cie, 1901 ; 1 vol. in-8° de 173 pages (avec 120 fig.)

Qui ne se rappelle quelle douce gaieté suscita, dans certains milieux littéraires, la grande colère dont fut saisi M. René Ghil à propos des couleurs attribuées aux voyelles par Arthur Rimbaud ? Le chef de l'école évoluto-instrumentiste s'indignait véhémentement de ce que le poète ardennais eût osé écrire dans son fameux sonnet :

A noir, E blanc, I rouge, U vert, O bleu, voyelles,
Je dirai quelque jour vos naissances latentes.

Lui voyait différemment ; donc Rimbaud n'était qu'un pleutre. On s'amusa beaucoup aux dépens de M. Ghil, et ce n'était que justice ; M. Ghil n'en continua pas moins d'instrumenter avec un zèle touchant l'évolutive cacophonie de ce qu'il dénomme « Œuvre », modestement.

Le sonnet des *Voyelles* est encore aujourd'hui considéré comme une spirituelle fumisterie de poète, comme la fantaisie d'un esprit paradoxal. Bien que Rimbaud ait été souvent un maître pince-sans-rire, je ne partage pas l'opinion générale. Je crois, au contraire, que l'auteur du *Bateau Ivre* a noté des impressions personnellement ressenties, sensations récentes de visionnaire ou peut-être ressouvenirs lointains d'émotions visuelles écloses dans un cerveau d'enfant à la précoce intelligence. Je constate, de plus, que ce sonnet fut écrit voici une trentaine d'années et qu'en cette matière, comme en d'autres domaines, Rimbaud fut un précurseur, presque un annonciateur prophétique : il entrevit certainement les phénomènes si obscurs encore de la vie subconsciente, et rêvant sans doute à la création de son « verbe accessible à tous les sens », il se proposa, selon ses propres termes, d'en dire les « naissances latentes ».

Depuis lors, les études scientifiques cette fois, les thèses de doctorat médical se sont multipliées, embrassant non plus seulement les couleurs des voyelles, mais des séries complexes de phénomènes auditifs et visuels, auxquelles on a donné pour cette raison l'appellation de « synopsies ». L'anglais Galton, le genevois Flournoy ont fait à ce sujet de curieuses recherches. Le public mondain s'intéressa lui-même à ces questions d'audition colorée, par snobisme il est vrai, et pour s'en faire une amusette : pendant un

certain temps, la manie sévit dans les salons d'attribuer
aux noms et aux prénoms des personnes présentes des
couleurs et des nuances d'où l'on induisait telle ou telle
signification. Dans un roman de M. Louis de Robert, *La
Reprise*, paru en 1899, une scène comique nous montre ce
jeu de société où quelques snobs voient un moyen facile
de poser à l'artiste.

Cette digression préliminaire m'a entraîné un peu loin
du livre où M. Aug. Lemaître a consigné les résultats de
son enquête approfondie sur les singuliers phénomènes
d'audition colorée qu'il fut à même d'observer. Ces synopsies sont très naturelles et ne dénotent aucun état morbide
chez ceux qui en sont pourvus ; on les trouve principalement chez des enfants à l'intelligence plutôt précoce,
comme le fut celle de Rimbaud, et dont M. Lemaître nous
signale trois exemples absolument remarquables. De son
étude richement documentée, l'auteur n'a voulu tirer
aucune conclusion positive ; mais il faut avouer qu'elle
sera pour beaucoup une véritable révélation et qu'elle
ouvrira des voies nouvelles au savant, au psychologue, à
l'écrivain même qui sauront goûter le charme troublant et
l'originalité de semblables recherches. L'analyse d'un tel
volume est impossible, tant les phénomènes décrits y
offrent de complexe variété ; devant nos yeux surpris
défile, dans une mouvante bigarrure de couleurs, un étrange
kaléidoscope de photismes ou mots colorés, de diagrammes
ou séries figurées, de symbolisations et de personnifications
dont nous ne soupçonnions guère l'existence. Ce livre fait
réfléchir et sa lecture s'impose aux esprits non prévenus
que les redoutables problèmes psychiques inquiètent : ils
y trouveront sûrement quelques lueurs pour éclairer le
dédale obscur de leur mentalité subconsciente. — *CHARLES
HOUIN*.

La Tournée, par JEAN AJALBERT (1 vol. à la *Revue Blanche*).

La *Tournée* qui vient de paraître aux éditions de la *Revue
Blanche*, est un « roman comique » de nos jours, d'observation aiguë et de vive fantaisie. Frédy, l'étoile de l'*Excel-
sior*, incarne un type de femme de théâtre des plus nouveaux et des plus hardis, dans cette vie de bohème d'une
troupe de *m'as-tu-vu?* courant la province et l'étranger. Il
est impossible de suivre la *Tournée* sans se passionner pour
ces pittoresques compagnons, pour ces étranges filles
errantes, pour tout ce *monde de la balle*, féru du mal des
planches. pour tous ces *éphémères* de la rampe que l'écrivain a fixés dans ce livre brillant, de verve et d'humour
irrésistibles. Cette œuvre, qui ne saurait manquer d'être un
grand succès, va classer au premier rang de nos romanciers le conteur déjà célèbre du *P'tit*, d'*En Amour*, du
Cœur gros, de *Celles qui passent*, etc.

Autour de la mer Morte, par LUCIEN GAUTIER, avec 34
illustrations d'après les photographies de l'auteur et une
carte; un volume in-8. — Genève, Ch. Eggimann et C°,
éditeurs; Paris, librairie Fischbacher, 33, rue de Seine.

Après avoir contemplé sous tous ses aspects cette mer intérieure de la Palestine aux rivages déserts. sur lesquels

semble passer et repasser l'exode des peuples anciens poursuivant le mirage de la Terre promise, le voyageur nous emmène par des sentiers bibliques mais peu carrossables au pays de Moab, où revivent les choses qui furent. M. Gautier voit bien, et juste ; aussi prenons-nous plaisir à le suivre, tout en regrettant parfois qu'il soit si sobre de souvenirs purement historiques. A peine, en effet, quelques lignes sur la haute et sourcilleuse forteresse de Kérak « renommée dans les annales de l'antique Moab et dans les chroniques guerrières des croisades »; il est vrai que M. Gustave Schumberger nous a tout récemment donné un *Renaud de Châtillon, prince d'Antioche et seigneur de la terre d'Outre-Jourdain,* dont les érudits font leurs délices.

Mais voici qu'apparaît la route du Pélerinage, le *Derb-el-Hadj,* sur laquelle passe deux fois par an, à l'aller et au retour de la Mecque, la caravane des fidèles de Mahomet. C'est là que nous trouverons Meschetta, lieu charmeur où des princes de la dynastie arabe des Ghassanides, potentats de la région transjordane avant l'Islam, et vassaux de Byzance, s'étaient offert le luxe d'un féerique palais, dont les ruines sont encore debout, majestueuses, et dont notre voyageur a pris plusieurs photographies vraiment artistiques. Et comme Meschetta était l'objectif principal de cette longue chevauchée, M. Lucien Gautier nous ramène à Jérusalem, en traversant le Jourdain, non pas vers Jéricho, mais vers le couvent de Saint-Jean, proche l'endroit dit « Lieu du Baptême ». Ne nous y arrêtons pas ; car cet endroit est défloré, dépoétisé, sinon profané par la horde des touristes Cook, dont faisait partie naguère S. M. l'empereur d'Allemagne. Un numéro du *Rire* ayant popularisé l'impérial pélerinage, il y eut quelques vaines clameurs de loyalisme sur les bords de la Sprée ; ce pourquoi cet exemplaire du *Rire* fait encore prime.

M. Lucien Gautier a reproduit à la fin de son volume un article très documenté sur la mer Morte, par lui publié dans l'*Encyclopaedia Biblica* de Londres, bien que ce lac ne tienne pas grand place dans les textes bibliques; mais la géographie, la géologie et l'hydrologie prennent leur revanche dans cet appendice, qui fait honneur au savoir de l'écrivain. Nous attendons de lui à présent une monographie du lac de Généraseth, la faune incluse. Il y rencontrera, m'assure-t-on, le silence de Tibériade qui n'est autre que celui de Morat ou de Neuchâtel ! — *EMILE MAISON.*

Le Mannequin, par LÉON RIOTOR. — Un bel album relié, préface d'Octave Uzanne, dessins de Frédéric Front, et divers. — Librairie de la *Plume,* rue Bonaparte, 31, à Paris.

*Il semble qu'on n'aurait jamais trouvé matière
A construire un aussi remarquable bouquin
Sur cet objet d'aspect tranquille : un mannequin.
Pourtant c'est fait ici : d'agréable manière.*

*Tour à tour sérieux, lubrique et militaire,
Le sujet prend un tour commercial ou coquin,
Et qu'il porte un dolman ou bien un casaquin
En ces pages, l'allure est toujours littéraire.*

C'est un vrai tour de force — et si j'étais l'auteur
Je me redresserais de toute ma hauteur
Pour, à ce corps inerte, avoir donné la vie :

Ce cartonnage est noble et compte au temps jadis
Des aïeux qu'adorait une foule ravie
Le colosse de Rhodes et le Manneken Pis.

A. DEPLUMEZ.

Le Gai savoir, par FRÉDÉRIC NIETZSCHE, traduit par HENRI ALBERT; vol. in-18; Société du *Mercure de France*, 15, rue de l'Échaudé-Saint-Germain.

Il y a de tout dans ce livre étrange, qui justifie bien son titre de *Gaya scienza*. On y trouve de très amusantes et très spirituelles poésies, dont celle-ci :

La plume gribouille : quel enfer !
Suis-je condamné à gribouiller ?
Mais très bravement je saisis l'encrier.
Et j'écris à grands flots d'encre !
Quelles belles coulées larges et pleines !
Comme tout ce que je fais me réussit !
L'écriture, il est vrai, manque de clarté —
Qu'importe ! Qui donc lit ce que j'écris ?

Simple boutade du poète, à laquelle pourraient répondre les milliers et les milliers de lecteurs du pauvre Nietzsche, aussi bien en France que dans sa propre patrie, et tout particulièrement son heureux et fidèle traducteur, M. Henri Albert, qui s'est voué à cette œuvre méritoire de nous faire connaître un poète allemand doublé d'un philosophe au sens le plus ouvert et le plus aiguisé du qualificatif. Dans les Champs-Élysées où ils se sont donné rendez-vous, nous voyons d'ici, sur la rive gauche de la Seine où fut Lutèce, l'auteur des *Reisebilder* donner l'accolade à Frédéric Nietzsche.

Le *Gai savoir* est une véritable encyclopédie en 400 pages, dont les Allemands eux-mêmes pourront tirer quelque profit, car Nietzsche constate ceci : « En Allemagne les hommes supérieurs manquent d'un grand moyen d'éducation : le rire des hommes supérieurs ; ceux-ci ne rient pas en Allemagne. » De là, sans doute, vient que Henri Heine fut si mal connu dans la patrie de Gœthe et de Schiller, aussi la sienne cependant, comme elle demeure malgré tout celle de l'écrivain de génie dont nous nous occupons en ce moment.

On le peut lire ; on le lira d'un bout à l'autre, en y revenant après coup, tellement il est substantiel et plein de réconfort. « C'est, dit l'auteur, que ce livre tout entier n'est que fête après les privations et les faiblesses : il est la jubilation des forces renaissantes, la nouvelle foi en demain et en après-demain, le sentiment soudain et le pressentiment de l'avenir, des aventures prochaines et des mers nouvellement découvertes, des buts permis de nouveau et auxquels il est de nouveau permis de croire. Et combien de choses avais-je derrière moi ? »

Grâce donc à ce livre en quelque sorte posthume — car courte fut la fête du retour à la vie, — Nietzsche sera mieux compris dans toutes ses œuvres, et sa mémoire rayonnera de plus en plus pareille à la belle et pure lumière. — E. M.

Le Fantôme, par Paul Bourget, de l'Académie française ;
volume in-16. — Librairie Plon-Nourrit et Cie.

Quoi qu'on ait pu dire ici et là, M. Paul Bourget n'a point
changé sa manière ; en quoi il aurait eu grand tort du reste,
puisque cette manière de penser et d'écrire lui a conquis
un public qui en vaut bien un autre ; cela soit dit sans
manquer de respect à celui de M. Zola ou de M. Octave
Mirbeau, ni même à celui de M. Georges Ohnet. Après tout,
n'est pas psychologue qui veut, et M. Paul Bourget ne dé-
mord point de l'être, avec le seul tort, selon nous, d'abuser
de la longeur des alinéas ; il y en a de six pages dans le
Fantôme. Léon Cladel n'allait pas jusque-là.

Le chapitre intitulé : « L'Enigme d'un mariage », mérite
d'être relu avec attention ainsi que les chapitres VI et VII,
et le dénouement n'est point banal, tant s'en faut, outre
que tout le livre est écrit dans une très bonne langue, un
peu maniérée peut-être, quand même bien française ; ce qui
n'est pas un mince mérite par le temps qui court. — *E. M.*

Ruth, roman moderne, par Fernand-Lafargue ; un volume
in-18. Librairie Flammarion.

Quoique le premier chapitre soit intitulé « Chez les Moa-
bites » et le dernier « La Terre promise », le nouveau livre
de M. Fernand-Lafargue est en effet un roman bien moderne,
qui se passe sous les cieux girondins, mais qui sera suivi
des *Amours bibliques (Rachel et Lia).* Pas tout de suite,
cependant, le succès des *Ouailles du curé Fargeas* appelant
l'*Hostie,* que nous attendons avec une curieuse impatience,
sans défiance aucune, d'ailleurs, M. Lafargue étant d'ores et
déjà maître de sa plume, en même temps qu'il a su conquérir de nombreuses sympathies jusque parmi les plus
rebelles à son audace.

Nous avons le regret de ne pouvoir, en ce moment du
moins, consacrer au jeune et brillant romancier toute la
place à laquelle il a droit ; nous ne saurions, ni ne voudrions,
du reste, analyser en quelques lignes banales un livre tout
rempli d'une passion intense et d'une chaude poésie. Il
est seulement fâcheux que la lecture en soit gâtée par
quelques fautes d'impression provenant de lettres tombées,
puis rajustées à la diable. Ainsi, page 342, on lit : Reposez-
vous *encoe, maris* demain...., pour : encore, mais...

Ces coquilles, Dieu merci, n'empêcheront pas *Ruth* de faire
son chemin dans le monde, et c'est la grâce que nous
souhaitons à M. Fernand-Lafargue, dont le talent s'est singulièrement affirmé dans ces dernières années, alors qu'un
mal atroce semblait vouloir briser sa plume et l'arracher à
la tendresse des siens. — *E. M.*

Souvenirs, premier volume, par Philippe Zilcken. Paris,
H. Floury, 1900 ; 1 volume in-8 de VII-181 pages ; (prix :
3 fr. 50).

Ce petit volume d'art est une véritable surprise pour le
lecteur français. Il nous fait goûter cette saveur très rare
d'avoir été, bien que composé par un étranger, écrit en
français, et même en très bon français. On y trouve plus
encore : les meilleures qualités de notre langue et de notre

race y sont à ce point sensibles que le livre semble l'œuvre de quelque compatriote artiste et lettré, exilé dans les pays du nord.

M. Zilcken, au reste, n'est pas un inconnu pour nous. Tous les amis de Verlaine savent l'accueil charmant qu'il ménagea au poète en Hollande, la réconfortante hospitalité qu'il lui offrit en son paisible *home* de La Haye : quelques pages émues et d'un tact parfait rappellent, dans le présent volume, ce séjour qui fut une halte brève de bonheur dans l'existence désemparée du pauvre Léhan. Les artistes n'ignorent pas davantage le nom de M. Zilcken dont ils admirent la collection d'eaux-fortes et de pointes-sèches que possède le musée du Luxembourg.

M. Delzant, dans une spirituelle préface, caractérise ainsi la personnalité et le talent de l'auteur : « M. Zilcken est habitué à la plume de l'écrivain, à la pointe de l'aquafortiste, aux manipulations savantes du peintre; il a écrit, ici, de courtes études surprises dans les palpitations de la vie, et donnant une synthèse saisissante de l'impression pittoresque ». Les notations de ciels néerlandais ou vénitiens sont d'un art subtil, nuancé, souple et vigoureux à la fois; qu'on lise à cet égard les tableaux délicats *En Hiver, Promenade d'automne, Souvenirs de Zélande, A Venise.* Ce recueil renferme aussi d'intéressants détails sur la reine Sophie de Hollande et des fragments de lettres intimes où le graveur Félix Buhot, pur artiste mort à la peine, crie sa détresse et son impuissance à réaliser son rêve de beauté.

Que M. Zilcken ne tarde pas trop à donner une suite à cet exquis florilège qu'il a modestement intitulé *Souvenirs.*

CHARLES HOUIN.

Livres reçus. — *l'Ostensoir des Ironies,* par ALCANTER DE BRAM; *Tisons fleuris,* par MARC DHANO; *dans l'Idéal et dans la Vie,* par TOUNY-LÉRIS; *la Sœur,* par DALERY; *l'Angelus des Sentes,* par MICHEL ABADIE; *Poèmes mystiques,* par ARMAND PRAVIEL.

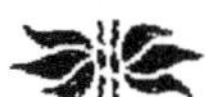

ÉCHOS

Pour faire suite aux notes publiées dans notre numéro 6, et dont le *Journal* a fait son profit — sans daigner, bien entendu, citer le *Sagittaire,* — nous recevons d'Annecy huit nouvelles pages imprimées, avec la signature de M. J. Serand, archiviste adjoint de la Haute-Savoie, sous ce simple titre : *Nouveaux documents sur Madame de Warens; Le Maître, professeur de musique de J.-J. Rousseau, et sur Claude Anet.*

Disons seulement que ce Le Maître... « maître de la musique du vénérable chapitre de la cathédrale de Saint-Pierre de Genève », était un Parisien en résidence à Annecy ; quant à Claude Anet, qui aurait été, au dire de Jean-Jacques, un de ses nombreux successeurs dans les bonnes grâces de Mme de Warens, eh bien ! notre ami Emile Maison persiste à absoudre de ce chef la noble dame, contre laquelle s'est récemment acharné M. Henri Bordeaux.

On voit bien que Jean-Jacques a sa statue place du Panthéon : personne ne lui jette la pierre.

*
* *

M. Louis P. Betz, dont nous avions déjà cité la remarquable thèse sur Henri Heine en France, à propos du poète Albert Mérat, a publié récemment dans la *Zürcher Zeitung* une série de feuilletons littéraires sur Edgar Poe et Baudelaire. Appliquant avec sagacité sa méthode de littérature comparée, il a su discerner en eux ce qu'il appelle un « phénomène de la littérature universelle » et montrer l'influence de ces deux génies sur la pensée contemporaine, spécialement sur les tendances symbolistes et décadentes. Cette étude, pleine de détails peu connus, d'aperçus ingénieux, valait la peine d'être signalée à nos lecteurs.

*
* *

L'*Action Humaine* que publie Charles Morice, à Bruxelles, subit une transformation. Cette revue, œuvre personnelle d'un unique écrivain « ne sera plus désormais, hors de l'espace et du temps. Elle s'enveloppera d'études consacrées au mouvement général des Lettres et des Arts, à tel accident local de ce mouvement, au Théâtre, aux Livres, à la Peinture, à la Sculpture, à la Musique. »

Le numéro de mars inaugure cette série nouvelle. Charles Morice y parle de la *Dame à la Faulx*, tragédie de Saint-Pol-Roux, de la *Farce du borgne-aveuglé*, de Jules de Marthold, et des Poésies d'Ernest Raynaud.

Charles Morice nous avertit qu'il entend parler des œuvres et des hommes avec une entière sincérité. Nous n'en disconvenons pas, mais il a pris trop vivement partie dans nos luttes littéraires pour que ses jugements ne soient pas matière à discussion. Un chef d'école n'a pas toujours le loisir d'être impartial.

Il y a certainement conflit entre les théories d'Ernest Raynaud et celles de Charles Morice. Nous nous bornerons pour aujourd'hui à reproduire l'attaque, d'ailleurs très courtoise, de ce dernier, nous réservant d'y répondre un autre jour :

« Avec ce livre des Poésies d'Ernest Raynaud, écrit Ch. Morice, je feuillette des souvenirs.

Raynaud fut de la suite de Jean Moréas, quand celui-ci, en sa période d'héroïsme docte, jetait son cri de printemps éclos dans les bibliothèques. Comme Moréas avait raison, pour l'heure, et, poussé par tout un groupe, atteignait le public, Ernest Raynaud vit bien que sa vocation, irrésistible, l'entraînait dans le chemin de Moréas, et il obéit à sa propre nature en suivant le jeune Maître nouveau.

C'était un bel instant.

L'information des journalistes. « qui veut les vingt ans », selon l'observation de Mallarmé, cette fois abrégeait ses délais ; Jules Huret venait de faire sa grande enquête littéraire où il nous avait interrogés tous. la littérature était d'actualité, des escadrons se constituaient. ralliés autour de quelques panaches. Je sais bien tout ce qu'il y avait d'artificiel dans ce mouvement et qu'il ne pouvait durer. On a rentré les panaches. les escadrons se sont fractionnés. disloqués ; mais il en reste le souvenir de plaisantes attitudes et, mieux, des livres...

Il serait intéressant et utile de rechercher. en chacun de ces livres — je dis. les marquants — la part de nouveauté et, voulue ou non, la part traditionnelle. Pour celui auquel je m'arrête aujourd'hui. c'est la trace du passé qui persiste, bien plus que ne jaillit le signe de l'avenir. Malgré des efforts notables, et qui n'échouent pas tous, au lyrisme. c'est la trop bonne tenue du Parnasse que je retrouve ici le plus souvent. c'est son accent un peu grêle, mais non sans fermeté. et ce ton d'ironie et de mélancolie mêlées qui font qu'on se ressouvient à la fois de Coppée et de Bourget. — Non. le nouveau n'abonde pas. Jusqu'à ce titre (d'un des livres réunis en ce volume. *La Tour d'Ivoire*. avertit ! Comment dire encore. comment encore écrire. comment surtout choisir pour étiquette d'une publication ces syllabes — divines sur les lèvres du poète qui le premier les énonça, mais traînées. maintenant. dans les journaux et partout ! Certes, sous un tel titre, si d'avance je ne savais l'auteur et qu'il est un artiste, je laisserais dormir l'ouvrage.

Car il a des qualités nobles d'artiste. Ernest Raynaud, et parfois même l'émotion pénétrante d'un poète. Le Poème intitulé ALLÉGORIE témoigne d'une sensibilité qui atteindrait à plus d'effet si on la laissait plus libre. si on n'avait pas cette dangereuse préoccupation de maintenir le geste choisi, et. tout en montrant qu'on n'ignore ni les contemporains ni les précurseurs, de ne ressembler à pas un d'eux. Quand c'est tout juste au contraire en s'abandonnant *à soi*, sans réticence. sans fausse vigilance, sans souvenir et tout au présent, qu'on peut être assuré de dire des choses qui n'eussent jamais été dites si on n'était pas venu ! »

* *

Le 15 de ce mois. M. et Mme Osbert ont offert à leurs nombreux invités une délicieuse soirée musicale et littéraire. Mme Girardin-Marchal a exécuté avec un art infini, sur le piano, des airs anciens de Gluck. Mme Delaspre a chanté, avec un sentiment profond. des vers de Verlaine. mis en musique par Raynaldo Hahn ; elle a captivé l'auditoire par la façon tout à fait remarquable dont elle a interprété l'air célèbre de Martini : *Plaisir d'Amour*. Le comte de Larmandie a lu sa tragédie : *La Mort d'Athalie*. qui doit être représentée. le Mercredi-Saint. à La Bodinière. Tristan Klingsor a dit des vers. et Alcanter de Brahm a terminé la fête par l'éclat de rire de ses « chansons poilantes ».

Remarqué dans l'assistance : Mme la comtesse de Larmandie, Mmes Clovis Hugues, Mussat, les poètes Lucien Le Foyer, Henri Mazel et Madame, Tristan Klingsor, Fernand Hauser, Ernest Raynaud et Madame, le docteur Albert Charpentier, le marquis de Laizer, le docteur Roussy, maître de conférence au Collège de France, et Madame, M. et Mme Maquet, descendants du collaborateur de Dumas, le statuaire d'Hovdain et Madame, M. et Mme Guyon-Verax, Bravard, etc.

On a beaucoup admiré le buste de Mlle Yolande Osbert dû au ciseau du maître d'Hovdain.

*
* *

Le 16 mars, le peintre Mérodack-Jeaneau a réuni, dans son atelier du boulevard Montparnasse, une généreuse élite de littérateurs et d'artistes pour les entretenir de la vie intime et de l'enseignement de Gustave Moreau à la gloire du peintre génial et probe; est-il nécessaire de le dire? M. Poinsot a développé ensuite certaines considérations sur l'individualisme en art. Il voudrait la création d'un art personnel pour chacun, mais relié à la tradition en ce qu'il profite des apports de toutes les précédentes écoles. M. Poinsot a bien voulu, d'ailleurs, résumer à l'intention des lecteurs du *Sagittaire*, l'ensemble de son discours. Nous serons heureux de le leur offrir dans l'un de nos prochains numéros.

LA SAGETTE.

Le Gérant : F.-A. CAZALS.

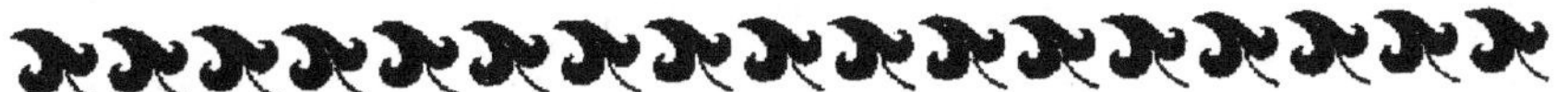

LA CHANSON

A F.-A. Cazals.

Moqueuse, drôle, un peu gamine,
Parigote du bataillon,
Ta chanson est aiguë et fine :
La pointe est parfois l'aiguillon.

Sous un chapeau de fantaisie,
Elle a les traits malicieux,
Et ce qu'il faut de poésie
Pour chanter bien et dire mieux.

I

La chanson, c'est l'âme charmante
Des grands poètes inconnus
Qui s'ignorent, et que tourmente
L'essaim des rêves ingénus.

C'est aussi la Mazarinade,
La flèche prompte de l'esprit ;
C'est l'à-propos en embuscade
Qui frappe à coup sûr, et qui rit.

La niaiserie incolore
De la romance troubadour
A fait place au vers tricolore
Qui chante en battant du tambour.

Désaugiers dessine à la plume
Paris qui passe, s'égayant
Aux reverbères qu'on allume,
Ou qui s'éveille en souriant.

Nadaud, sans faire de folies,
Dit, sur un coteau modéré,
De petites choses jolies
Que l'Empire trouve à son gré.

Mais avant lui, d'un grand coup d'aile,
Dupont nous donne la leçon
D'élever à l'ode éternelle,
Ode elle-même, la chanson !

II

Que dire de la chanson rosse,
Puisque vous l'appelez ainsi ?
Gens de la Butte et de la noce,
Qu'on ne comprend guère qu'ici !

Hugo fit la chanson des rues
Et des bois — Moins proche des dieux,
Bruant fit la chanson des grues,
De Paris louche et vicieux.

Parmi la Lice chansonnière,
Il est des amuseurs gentils ;
Ils ont un goût, une manière...
J'en connais un. Combien sont-ils ?

Couplet ou stance bleue ou rose,
Selon les mots aux tons divers,
La musique vient et se pose,
Appelée au rythme des vers.

Poème épars, lyre infinie,
Esprit, pensée aux mille voix.
Vous êtes la pure harmonie
Et l'éclat de rire à la fois.

O chansons, berceuses sacrées,
Faut-il que le peuple, aujourd'hui,
Applaudisse, déshonorées,
Ces formes qui viennent de lui !

15 septembre 1900.

AU POÈTE ENNUYEUX

Les rieurs ne sont pas de son côté ! Qu'importe,
On sait qu'on va trouver derrière cette porte,
Où dès le seuil, on sent un peu d'humidité,
L'Ennui. — Soyons polis, disons-lui : « Majesté ».
Je ne ris pas. Je n'en ai pas la moindre envie.
Sans l'ennui, roi des jours, quelle serait la vie ?
Et que serait le ciel s'il ne savait pleuvoir !
Il le sait ! C'est à moi, ce me semble, d'avoir
Une âme avec cette eau familiarisée.
La pluie est après tout un peu plus de rosée,
Et la rosée excelle à divertir les fleurs.
Donc la pluie est un baume et parmi les meilleurs
Pour faire pousser l'herbe et la mélancolie,
Et les gens sérieux la trouvent très jolie.

5 mars 1901.   *ALBERT MÉRAT.*

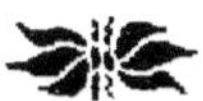

LES ÉCOLES LITTÉRAIRES [1]

Le Parnasse

Vers le milieu du dix-neuvième siècle, la spéculation intellectuelle subit une éclipse singulière. Après les hautes envolées, les magnifiques élans du début, on eut dit que l'activité cérébrable s'arrêtât épuisée par son propre effort, ou anesthésiée par quelque poison étrange. En logique, en morale, le fait a détrôné l'idée ; en art, la sensation se substitue au sentiment. C'est comme un discrédit général de tous les modes de la pensée, qui va s'interdire désormais toute visée au-delà du domaine expérimental. Le champ du rêve, lui-même, la poésie n'est point épargnée par cette maladie étrange, dont il pourrait être intéressant de rechercher les causes, mais que nous devons nous borner à constater ici. Les productions littéraires de l'époque nous ont laissé le miroir fidèle du pessimisme douloureux qui étreignit d'abord les âmes désemparées, et qui peu à peu évoluera vers un scepticisme résigné ou un étroit positivisme.

Parmi les représentants de cette esthétique nouvelle, Leconte de Lisle occupe une place éminente. Dès sa première manifestation, il se pose en adversaire résolu du Romantisme et même de la poésie moderne, dont le subjectivisme et le manque d'art lui font trouver tous les poètes « Daces et Sarmates » depuis Homère et Eschyle. C'est donc à la Grèce ancienne, voire aux Rig-Védas, qu'il ira demander lui aussi des leçons d'art, pour leur emprunter plus systématiquement que ses devanciers ou ses contemporains leur caractère impersonnel et leur impassibilité. Au commerce de la pensée hellénique, et familier avec le symbolisme platonicien, un esprit vigoureux eut pu tenter quelque construction

---

1 Voir le numéro 10.

analogue à celle que Dante édifia, en plein Moyen-Age, sur les assises de la théologie chrétienne. Mais, comme les hommes de son temps, Leconte de Lisle est un désenchanté : c'est un métaphysicien qui nie la métaphysique. Et à la suite des « mornes buveurs de l'eau sacrée du Gange », ses pères spirituels, il chantera *l'Illusion suprême.*

Selon les pessimistes modernes, Schopenhauer, et après lui, Hartmann, le principe du Mal est au centre des choses comme le ver au cœur du fruit. Mais leur dialectique subtile avait sauvegardé, dans le fatalisme ambiant, l'autonomie de la volonté. Les grands classiques du dix-septième siècle, par la bouche de Pascal, proclamèrent, de leur côté, la supériorité de la conscience sur les forces aveugles de la nature. Et Alfred de Vigny, concluant à l'effrayante solitude morale de l'homme parmi l'hostilité unanime des Dieux et des éléments, isolait dans une réserve hautaine et inaccessible la dignité de la raison. Leconte de Lisle, son disciple, plus radical, sans même vouloir analyser la puissance de cette raison à laquelle il ne croit plus, nous dira « la honte de penser et l'horreur d'être un homme ». aboutissant ainsi à un *agnosticisme* que peut-être expliquerait son origine orientale. Des trois termes posés par la théorie romantique ; Dieu, l'Homme et la Nature, il rejette décidément les deux premiers. Mais s'il est volontiers naturiste, ce n'est pas par une communion mystique avec la grande force qui nous étreint de toute part : c'est en peintre coloré et exact des apparences. Tout sentiment étant banni avec soin de son œuvre comme parasite, les gestes de l'humanité elle-même revêtiront chez lui l'aspect fatal et impassible des phénomènes naturels, se dérouleront dans ses vers. comme des paysages de sang, d'airain et de granit dont la valeur morale n'est point supérieure à celle des flores ou des faunes où se joue la perpétuelle fantaisie du transformisme universel. Aussi, sa lecture laisse-t-elle une impression de froideur et de silence qui fait songer à quelque promenade dans un musée de momies, tant il a mis de bandelettes à sa poésie, tant ses personnages apparaissent, selon sa propre expression, comme

Des ombres de guerriers dont les âmes sont mortes.

En dépit de son goût pour la poésie grecque, et de sa prétention à instaurer chez nous un art analogue, Leconte de Lisle, par sa manière, nous apparaît bien plus comme un disciple des Latins et même de l'abbé Delille que d'Homère et de Sophocle. Styliste correct, mais sans éclat ni originalité, il remplace l'imagination par la description, et la métaphore par l'épithète, souvent banale, et dont il abuse. Chez lui, plus de ces mots qui font penser, de ces raccourcis fulgurants d'idée ou d'expression qui vous ouvrent un monde ou vous laissent pantelants au seuil de l'infini : tout s'y déroule monotone, solennel et rigide. Son vers moins pittoresque, moins fougueux et moins souple que celui de Hugo, mais qui a plus de tenue, inférieur au point de vue du rythme à celui de ses grands contemporains, Gautier et Banville, vaut cependant par une certaine harmonie grave qui n'est pas sans noblesse et qu'on n'avait pas ouïe depuis Lamartine. Et son grand mérite sera d'avoir restitué au trésor de la poésie tout un paysage archaïque un peu trop oublié, d'avoir renouvelé quelques thèmes de légende précieux pour le rêve ; il eut le tort seulement de n'y avoir pas insufflé une âme.

Certes, il faut louer sans réserve Leconte de Lisle pour avoir essayé de tirer le poème de l'ornière où il menaçait de s'enlizer avec le sentimentalisme et le subjectivisme des derniers Romantiques, d'avoir rappelé aux écrivains cette conception largement objective des choses qui est celle des grands maîtres de tous les temps. Mais si la personnalité du poète ne doit point envahir son œuvre au point d'en obstruer les avenues, il ne s'en suit pas que son âme doive en être absente. L'idée et le sentiment sont aussi réels que le fait. Et ne serait-ce pas la *suprême illusion* que de croire rendre la physionomie exacte des phénomènes pour en avoir dessiné le décor extérieur et localisé la couleur plus ou moins chatoyante ? Toute description, pour merveilleuse qu'elle soit, n'atteindra jamais au sublime du monologue d'Hamlet ou des supplications de Priam. Et Leconte de Lisle lui-même le savait bien, qui faillit un jour, infidèle à son système, réaliser l'idéal, quand il lança vers l'azur la sombre révolte de *Quain*.

(*A suivre*).   *ACHILLE DELAROCHE.*

SOUS BOIS

Rayonnements divins dans l'or vibrant des jaunes ;
Flamboiements de dentelles pâles de soleil !
Sous la tristesse éparse en l'âme des automnes
Mysticité du cœur en son mystique éveil !

L'âme blonde a pleuré ! Pleure mon âme tendre,
Frêle âme parfumée où flotte une langueur,
Quelque langueur d'avoir vaincu l'affre d'attendre.
Voici rêver le blond dans le prisme du cœur.

Emmi le sourire pâle des feuilles blondes
Où les jaunes égrènent leurs gammes profondes,
Les ors fiers ont jailli des jaunes épeurés.

Et les blonds adorés frissonnent de victoire ;
Les blonds que les soleils ont habillé de gloire
S'exaltent de leurs chants étrangement vibrés !

LUCIEN HUBERT.

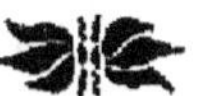

PROMENADE A SAINT-CLOUD

A mi-côte, en l'écrin d'un parc, sa dépendance,
S'élevait autrefois l'impérial château.
Comme en une féerie exquise de Watteau,
On y dansait et l'on y chantait en cadence.

Et la joie y soufflait le vent de l'inconstance
Pour y porter l'Amour en l'immortel bateau...
Le parc couronne encor le sommet du coteau,
Mais nul n'y chante plus aujourd'hui, nul n'y danse.

Car la guerre, la guerre horrible, a passé là
Et tout ce beau décor de rires s'écroula :
Drame sanglant après la tendre comédie.

Le cadre évoque encor l'ineffable tableau ;
Mais on voit désormais des lueurs d'incendie
Sur le fleuve d'en-bas flotter au fil de l'eau.

Ed. MARTIN-VIDEAU.

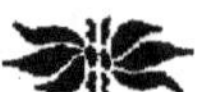

PETITES SCÈNES DE LA VIE MILITAIRE

ÉCOLE A FEU

La batterie partait pour le champ de tir. Le petit conditionnel de la troisième pièce, Berny, demanda le poste de premier servant de droite, celui qui enflamme la gargousse. — « Vous êtes trop nerveux, mon petit, répondit Pascalin, il faut du calme... » — « Je vous en prie, maréchal des logis, je n'ai jamais fait partir un coup de canon. »

Le sous-officier gardait un faible pour cet adolescent, si menu qu'on eût dit un gamin. Ses parents, importants marchands de meubles, à Paris, étaient venus tant de fois le lui recommander! Sur la pente fatale, il avait accepté à dîner chez eux, et d'échange en échange, se trouvait lié aux fantaisies du canonnier. Il l'exemptait de corvées, de lavage du harnachement, intercédait dans les punitions. Il plaça donc Berny premier servant de droite et lui rappela l'exacte théorie : « Au commandement *Pièce*, vous vous tendrez en arrière, le cordeau tendu. Ce n'est qu'au commandement *Feu!* seulement que vous enflammerez l'étoupille, d'un coup sec. D'ailleurs vous me regarderez. Si je demeure le poing levé, ce n'est pas à vous de tirer. »

L'ordre des pièces se compte de la droite à la gauche, par une convention permanente. Les bons manœuvriers font en sorte, dans les évolutions de batteries attelées, qu'il soit respecté. Mais c'était là le moindre souci du capitaine Sogniasse qui, fort ignorant des règlements et des coutumes, aimable jusqu'à la flagornerie envers ses inférieurs quand ils lui devenaient nécessaires, se montrait d'une sévérité implacable pour couvrir ses propres fautes. Dès l'arrivée sur le terrain, face en arrière en bataille, il intervertit l'ordre de ses bouches par une inutile contremarche. Pascalin, de troisième, devint quatrième pièce. Et l'école commença.

Ce fut navrant. Les lieutenants, pour cacher leur envie de rire, se renvoyaient la hausse sans relâche. Les sous-officiers modifiaient la dérive. Les projectiles des deux premières salves eurent des écarts fantastiques. Le capitaine appliquait cependant la méthode, mais il songeait à son dernier dîner politique où sa féroce ambition avait conçu de belles espérances, et il supputait les visites de son prochain voyage à Paris.

Pascalin, ferme au poste, ne quittait pas des yeux son premier servant, le dirigeant du geste, le contenant du regard. A chaque détonation le petit conditionnel, secoué de la tête aux pieds, pâlissait et verdissait. En se mordant les lèvres, il avait enfin tiré un coup de canon ! Quand il ramena d'un coup sec la bobine sur le cordeau, et que l'engin d'acier, crachant la foudre à ses oreilles, se souleva d'un bloc, il défaillit presque. — « Bon Dieu, tenez-vous ! » gronda Pascalin.

La section de droite reprit la parole, évents débouchés. Les éclatements mirent les lieutenants en joie. — « Augmentez de huit dixièmes », ordonna Barbançon, qui venait d'éclabousser le zénith. Le capitaine vit plus clair, et trépigna. Le colonel, derrière lui, prenait des notes. — « Troisième pièce... » cria Sogniasse. Il y eut un temps. — « N'oubliez pas que nous sommes quatrième », dit Pascalin. Mais le jeune Berny avait perdu la tête. Et avant même que le commandement d'exécution *Feu !* eut été proféré, il ramenait son cordeau. Le coup partit.

Sogniasse devint blanc comme un linge. Ses yeux jetèrent la lueur mauvaise que ses sous-officiers connaissaient bien. Et, blême de fureur, les bras croisés : — « Maréchal des logis Pascalin, c'est votre pièce qui a fait feu ? » — « Oui, mon capitaine. » — « Vous aurez huit jours de prison, pour inattention au tir... »

LÉON RIOTOR.

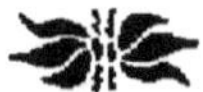

PAUVRE LÉLIAN [1]

(Pour faire suite aux « CONFESSIONS » de Paul Verlaine)

Ce pays presque sauvage et qui ressemble, avec ses grands bois, ses hautes frondaisons violettes, à un vallon, moins sévère, des Pyrénées; ces rives d'émeraude entre lesquelles la Semoy roule gaiment, parmi les herbes profondes et les cailloux énormes, ses eaux étonnamment limpides; cette fraicheur, ce repos convenaient sans doute au poète, passées les heures douloureuses et les fadeurs de la convalescence. Mais il avait au cœur trop d'inquiétude encore, trop de colère, pour supporter l'isolement, l'absence de lecture et de conversation et pour ne se laisser aller point à la monotonie qui le reprit dès que les environs eurent été vus, revus et archi-connus...

Pour jouir d' « un peu de ville », il allait à Bouillon, dînait à l'auberge, lisait quelque journal. Rimbaud et un ami commun vinrent de Charleville, apportant des livres. Ils eurent quelques bonnes heures, trop rares.

Rimbaud avait lui aussi grand besoin de se distraire. La crise morale que nous avons notée augmentait d'intensité. Il en était au tragique *to be or not to be*. Ses excès intellectuels avaient amené l'accablement, le dégoût. Harassé, meurtri « d'avoir étreint des nuées », il aspirait au néant... Etait-ce la fin, déjà? Il cherchait, attendait, quoi? L'inconnu, qui achèverait la révolution intérieure, montrerait la voie, apporterait la délivrance, rendrait possible la vie. Mais cette anxiété, ce

---

(1) Voir les numéros 5, 6, 7, 8, 9 et 10.

vide étaient insupportables. N'importe quoi pour y
échapper !... Le 25 mai 1873, comme il était à Bouillon, Verlaine lui proposa subitement de repartir pour
Londres : il accepta (2).

Plus familiarisés, cette fois, avec la langue et la vie
anglaise, ils auraient tous les deux vécu tant bien que
mal. Mais ce que Verlaine ne pouvait trouver, c'était
la paix du cœur. Quand il songeait au passé récent :
ces deux années écoulées, les piqûres cuisantes et les
coups « terribles » que sa sensibilité avait subis, sa
pensée s'irritait, s'incendiait peu à peu. Son caractère,
énervé par la vie étrange qu'il menait, par la boisson
aussi, par ces transitions successives de la gaieté folle
à la tristesse noire, devenait d'une irritabilité extrème.
Rimbaud, dont l'état moral, pour d'autres causes, était
non moins agité, avait l'humeur taquine et fantastique.
Il y eut des querelles, des rixes. Un matin, c'était en
juillet, Verlaine, furieux, sauta sur le premier steamer
qu'il vit en partance pour Ostende et laissa là Rimbaud. Mais à peine était-il sur le bateau, qu'il se hâtait
d'envoyer au compagnon abandonné sans ressources la
somme nécessaire à son passage, et de lui donner rendez-vous à Bruxelles où ils se retrouvèrent.

La raison semblait leur être revenue tout à fait. Rimbaud, dont la vie entrait dans une nouvelle phase, rom-
pait définitivement avec la littérature pour redevenir

« *Le voyageur ancien* »,

le rêveur vagabond ne cherchant plus que la sensation
et l'innocente possession de la nature ; Verlaine, sur son
conseil, retournait à cette vie de famille dont la priva-
tion lui était trop douloureuse. Déjà il avait retrouvé sa

---

(2) Pendant son séjour à Jéhonville, Verlaine s'occupa de publier les
Romances sans paroles. Il avait songé pour cela à un imprimeur de
Charleville. Ce projet n'eut pas de suite. Les *Romances sans paroles*
ne devaient voir le jour que deux ans plus tard, par les soins d'Edmond Lepelletier qui les fit imprimer à Sens.

femme, qui vint à Bruxelles, avec M{mc} Verlaine. On pardonnait, on oublierait tout.

Malheureusement, avant de se quitter, les deux amis visitèrent des cafés. L'ivresse vint, une dispute éclata, Verlaine brandit un revolver, deux coups partirent, dont l'un blessa Rimbaud, scandale dans la rue, intervention de la police, arrestation.

Rimbaud, bien entendu, quoique sa blessure — il avait reçu la balle dans le poignet — eût nécessité son admission à l'hôpital Saint-Jean, refusa de porter plainte. En somme, l'affaire était insignifiante. À Paris, cela eût abouti à la simple confiscation de l'arme saisie.

Mais la justice belge — en 1873 — ne l'entendait pas de cette façon. Elle avait contre le délinquant plusieurs griefs. Renseignements pris, c'était un étranger, un communard, tout au moins un littérateur, un poète, c'est-à-dire un esprit subversif dans le genre de ce M. Victor Hugo que l'on avait dû expulser tout dernièrement. Paris en envoyait trop à la Belgique, de ces gens-là !

Quant au blessé, on ne le trouvait guère plus sympathique. Aux magistrats qui l'interrogèrent, il répondait avec une ironie hautaine, les priant de les laisser tranquilles, lui et son compagnon, de ne se mêler point de ce qui ne les regardait mie.

La mauvaise humeur des bons juges ainsi rabroués tomba tout entière sur l'*autre* pauvre prisonnier, aussitôt dégrisé et repentant — trop tard, hélas !

Rimbaud, guéri, était revenu dans les Ardennes. Verlaine continua de correspondre avec lui tant qu'il fut en prévention. Il lui envoya des vers :

> *Un grand sommeil noir*
> *Tombe sur ma vie.*
> *Dormez, tout espoir.*
> *Dormez, toute envie !*
> . . . .

Entends les pompes qui font
Le cri des chats.
Des sifflets viennent et vont,
Comme un pourchas.
Ah ! dans ces tristes décors,
Les déjà sont les encor,
. . . . (1)

Dame souris trotte,
Noire dans le gris du soir.
Dame souris trotte,
Grise dans le noir.
. . . . (2)

De ces trois pièces, qui, depuis, ont été insérées dans *Sagesse*, et dans *Parallèlement*, Rimbaud préférait la troisième, sans doute parce que sa manière est assez dans le système de « l'alchimie du verbe ».

Transféré ensuite à Mons, Verlaine y resta dix-huit mois.

Cette incroyable condamnation avait consterné Rimbaud. L'aventure finissait atrocement. Il eut une crise d'abattement et de douleur, de longs accès de vertige moral qu'a décrits son œuvre suprême : *Une Saison en Enfer*.

Ceux qui n'avaient vu et jugé que de loin le drame de cette liaison — drame à la fois magnifique, effrayant et bouffon comme une conception de Shakespeare, — en jugeant par la catastrophe finale, devaient, en effet, rendre responsable de tout l'ami de Verlaine, et Adolphe Retté a pu dire : « le diabolique Rimbaud ». La suite des faits qui viennent d'être exposés montre suffisamment que cette impression ne correspond point à la réalité des choses. La cause immédiate des désordres auxquels s'était livré Verlaine depuis 1871, c'était le

---

1. *Réversibilités* (Parallèlement).
2. *Impression fausse* (Parallèlement).

trouble de son ménage. Il y avait en lui cette anomalie étrange et désastreuse, qu'il ne pouvait se passer d'être marié, alors qu'il n'était pas fait le moins du monde pour le mariage. Sans Rimbaud, la rupture se serait produite tout aussi bien. Il survint au moment où déjà elle était inévitable. Peut-être, à cause de lui eut-elle lieu plus tôt. Mais il était bien irresponsable de cette tempête où lui-même fut entraîné. Car, en somme, Verlaine fut aussi fatal à Rimbaud que Rimbaud à Verlaine.

Quant aux accusations monstrueuses dont leur amitié a été poursuivie, elles furent provoquées surtout par ces fumisteries dont, à Paris, ils se faisaient étourdiment un jeu ; mais elles provenaient d'une erreur absolue, autant que déplorable, que doivent signaler et détruire ceux qui ont connu, comme nous, le caractère et la vie de ces deux grands poètes. Peut-être, le roman, privé de cet élément sadique, devient-il moins intéressant pour d'aucuns. Tant pis ! La vérité d'abord !

(A suivre.)   E. DELAHAYE: F.-A. CAZALS.

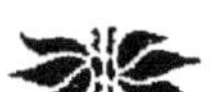

A SOPHUS CLAUSSEN

Vous arrivez, mon cher ami, de ces pays
Où vivent la légende et la foi poétique
Qui fleurissaient parmi les Français de jadis,
Au temps que l'âme était simple comme un cantique.

De ces pays du Nord par les dieux réunis,
Où l'amour a l'œil clair et le geste pudique,
Où le cœur s'enrichit des trésors infinis,
Que notre mère, la Nature, nous indique.

Ton âme est belle et fraîche et lumineuse autant
Que l'aurore sans fin d'une mer boréale,
Ou comme un lac profond et calme du Zeeland.

Que les dieux soient loués qui te mènent ! Le vent
Qui t'amène est le bon, car ta *sagesse* égale
La loyauté de ton subtil et fier talent.

F.-A. *CAZALS.*

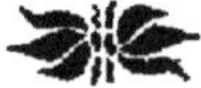

LES JOYEUSETÉS D'AIMÉ PASSEREAU[1]

VI

A Urbain Gohier.

La brasserie a pour enseigne « A la Revanche »
Parmi des gens vêtus de complets à carreaux
Dans un bruit d'éperons, de botte et de fourreaux,
La soldatesque y fait ripaille le dimanche.

Le personnel qui sert à nos godelureaux
La choucroute et la bière au col de mousse blanche,
Aimerait mieux n'avoir pas de pain sur la planche,
Que d'élire en dehors de l'Arme, un maquereau.

L'ivrognerie au fond de la salle allumée
Acclame Estherazy, l'honneur de notre armée
A qui l'on va bientôt dresser un monument.

Ces dames ont pour jupe un drapeau tricolore
Et, maintenant vivace un long ressentiment,
Sur leur chignon le nœud d'Alsace flotte encore.

VII

A Laurent Tailhade.

Pour la solennité annuelle des prix
Cette bonne madame Isaac inaugure
Un oiseau déployé de géante envergure,
Sur un chapeau tout neuf fait de paille de riz.

Sa modiste, l'honneur de la Sous-Préfecture,
Ex-première des grands magasins de Paris,
Parmi la chicorée et l'oseille en bordure.
A mêlé la rhubarbe aux pieds de céleris.

Cette façon de potager qui déambule
Met la ville en effervescence : on se bouscule
A la terrasse du Café de l'Univers ;

La Poste exulte ; on voit frétiller la Régie,
Et le vieux colonel, la prunelle élargie,
En avale du coup son Pernod de travers.

VIII

A Lucien Descaves.

Il a bien su jouer d'une femme docile,
Et s'enrichir sans regarder à la façon.
Qui donc reconnaîtrait sous l'éclat du blason
Acheté au Saint-Père, un garçon de vaisselle ?

On se l'arrache ; il est le roi de la « season ».
Il assiste à tous les dîners qu'on donne en Ville ;
Son luxe énorme et sa brochette universelle
Flattent la vanité des maîtres de maison.

D'avoir été laquais, marlou, ça l'avantage !
De ses courbes d'échine et de ses cocuages
Il porte à ses revers la suite inscrite en croix.

Il est chargé de tous les crachats qu'il mérite,
Pourtant il se désole à voir que ses étroits
Parements et qu'aussi la Honte aient des limites !

IX

A Guitry.

Jadis grand premier rôle, en manches de dentelles
Don César, Ernani, Buridan, tour à tour,
Emporté de colère ou languissant d'amour,
Il flottait dans le songe heureux des demoiselles.

La façon qu'il avait de rouler la prunelle
D'exagérer le geste et d'enfler le discours
L'avait rendu célèbre aux foules de Grenelle,
Qui, par lui, se formaient à l'usage des cours.

Depuis qu'il vit, par l'âge, exilé de la scène,
Aux abords du théâtre, il rôde l'âme en peine,
Lamentable et suivi du rire des enfants.

Mais s'il voit sur l'affiche un nom jeune en vedette,
Pris du regret des soirs qui l'ont vu triomphant,
Il s'éloigne rapide en détournant la tête !

X

A Jean Jaurès.

« Vive la Patrie… Journal du soir !

Au sortir des bureaux, à l'heure habituelle,
Tous ces messieurs s'en vont ensemble à l'abreuvoir.
En route, à tour de rôle, on entre à l'urinoir
Pour y inscrire : « A bas Loubet ! Vive Gamelle ! »

L'absinthe se nuance et les cartes se mêlent.
Ils en profitent pour se crier leur espoir
Qu'un beau matin Mercier tirant son alumelle,
Saura rallier le peuple à son panache noir.

Tandis que monte au ciel la pile des soucoupes,
Sous le poids des alcools, on voit plier le groupe.
La manille fait place au jeu de dominos :

Puis le domino cesse et pour que leur folie
Ne coure point de risque à se voir abolie,
A ce moment survient la feuille à Jaluzot.

AIMÉ PASSEREAU.

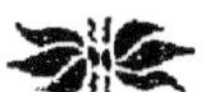

L'INDIVIDUALISME EN ART

et sa conclusion dans la création d'un mouvement idéo-réaliste

C'est vers 1860-1870 que naquit l'individualisme en art, du besoin d'échapper aux dogmes imposés aveuglément, à la routine des représentants d'une tradition abâtardie, à l'étouffante atmosphère des ateliers à la mode. Cette libération n'était pas sans danger. Peu réfléchie, elle eut de graves inconvénients. Mais comme elle était nécessaire, elle n'alla pas sans excellents résultats. C'est le bilan de ses bonnes et mauvaises conséquences que je voudrais établir ici, succinctement.

Ceux qui rompaient avec l'éducation traditionnelle méritaient le nom d'*Indépendants* qu'ils ne prirent pourtant que sous la troisième République, se contentant sous l'Empire de se grouper dans un salon dit des *Refusés* où l'on pouvait considérer surtout des réalistes comme Manet. Et puisque j'ai nommé ce peintre, autour duquel on se querella tant, il convient je pense de remettre les choses au point, et d'admirer en lui non le lourd matérialiste à la pâte triomphale, mais simplement le libérateur qui permit à chacun d'avoir enfin l'audace de s'exprimer — fût-ce mal — en toute indépendance.

Dans la platitude où s'effondrait la peinture officielle — apothéose de la Médiocrité protégée par la Démocratie au nom de l'Egalité ! — les Indépendants seuls érigeaient des essais curieux et des tempéraments virils, sinon de grands artistes et de hautes œuvres. Huysmans a dit la valeur de *Certains*. Regrettons que plusieurs de ceux-là ne se soient servis de la révolte que comme d'un escabeau, d'une bruyante réclame pour devenir à leur tour des pontifes, et n'aient eu la coquetterie de se mettre un instant hors la loi que pour y rentrer plus tard, pareils à ceux qu'ils bafouaient, par la même porte basse.

En 1890, quand éclata la grande querelle d'où surgirent deux Salons, beaucoup d'Indépendants, trahissant la cause de la liberté, allèrent au *Champ-de-Mars* où l'on distribuait des récompenses, et que le Président de la R. F. inaugurait. On était des Révoltés, non des Refusés ; c'était moins piteux... Oh ! le goût du panache !... Puis le Champ-de-Mars s'organisa et s'avilit, pareil à l'autre. Et l'on n'a guère eu à s'étonner de voir les deux ennemis se réconcilier dernièrement. Ils se valaient.

Tout comme avant, donc. il y a maintenant le groupe officiel et un essaim d'indépendants qui cependant ont pris conscience davantage de leur force. Ils font des expositions particulières. Je voudrais que, dégagés du mercantilisme éhonté des marchands de tableaux, ils n'en fissent plus que dans leur atelier, qu'ils parvinssent à supprimer les intermédiaires entre eux et la foule. J'ai lu récemment au *Journal* une excellente protestation du *Collège d'esthétique* qui conseille vivement aux artistes de ne point faire d'envois aux Salons. Ces Salons ont fait leur temps. Il serait trop long d'en entreprendre ici le procès. Mais je me plais à constater qu'on tend à les mépriser et qu'ils sont, par ainsi, en voie de disparition.

Après ce court exposé historique, rappelons brièvement les erreurs de l'Individualisme. Elles se mêlent — et c'est leur excuse — à celles de l'Instruction obligatoire et gratuite, décrétée dans un généreux coup de tête, mais dont nous subissons depuis tantôt vingt ans les terribles conséquences. L'individualisme a tué la bonne camaraderie d'autrefois en établissant cette redoutable Concurrence dont le monstre Arrivisme est né. C'était la porte ouverte à la mauvaise foi, à la jalousie, à tous les bas sentiments idoines au *struggle for life*. Et puis la Concurrence encore engendra l'Excentricité, d'une part, et de l'autre la Spécialité, deux défauts qu'il ne faut pas confondre avec l'Originalité, expression sincère de l'individu par tous ses moyens. L'individualisme commit d'autres crimes : il voulut rompre avec la Tradition après avoir rompu avec l'Ecole, oubliant que celle-ci ne représente point forcément celle-là, invulnérable et nécessaire. Il aboutit enfin à ce fait déplorable que parmi les milliers de toiles qui naissent chaque année, on ne voit pas souvent ce qu'on peut appeler *un tableau*.

J'appelle un vrai tableau une œuvre longuement *réfléchie*, savamment *composée*, d'un *dessin* parfait, d'une *couleur harmonieuse* et pourtant exacte, d'une *matière solide* comme celle des vieux maîtres, une œuvre où la ligne, le mouvement, le fond et la forme, le cadre même, tout enfin chante et précise l'Idée, concourt à l'effet médité, une œuvre *une* et pourtant *variée*, *distinguée* quel qu'en soit le sujet, utile à la rêverie qu'elle provoque, une œuvre où tous les efforts passés soient marqués au sceau d'une science qui les connaît, les a approfondis et assimilés, une œuvre largement *humaine* en même temps qu'elle *reflète l'âme* de celui qui l'exécuta, radieuse en un mot d'une personnalité qui, à tant de choses anciennes ajoute quelque chose de nouveau.

Je le répète : combien de toiles répondent à cet idéal, aujourd'hui ? Et c'est la gloire du peintre Mérodack-Jeaneau de s'en être approché le plus possible, *sciemment*. Et, sans rechercher les vains lauriers du chef d'Ecole, c'est tout son désir que beaucoup se groupent autour de lui pour travailler à cette splendide rénovation de l'art français, à ce mouvement raisonné et enthousiaste qui renouerait le Présent avec la Tradition en y ajoutant tout ce que les écoles nouvelles ont trouvé d'intéressant et de vraiment viable.

Ne soyons pas injustes envers l'Individualisme, malgré les charges que nous venons d'énumérer. Il a dégagé l'artiste de l'atelier. Il l'a mis en contact avec la nature. Il a ouvert les yeux des peintres libérés des vieilles formules. *L'école Impressionniste* qui en fut le plus brillant résultat, à

travers ses erreurs et ses exagérations, a trouvé une traduction plus exacte de l'atmosphère. A vrai dire, suivant le
mot de M. de La Sizeranne, cet art n'est pas une peinture,
c'est une découverte. Je pourrais démontrer, documents à
l'appui, que c'est à peine une découverte, que le principe
de *la décomposition de la couleur par le prisme* d'où décou-
lèrent les toquades de Signac et les inepties de Seurat, est
vieux de six cents ans au moins, et familier aux Japonais
et aux Hindous depuis des siècles, qu'il était connu des
décorateurs de théâtre avant de l'être par les *Pointillistes*.
Mais j'abrège. Il me suffit de constater que l'Impressionnisme n'a pas donné *une* œuvre absolument hors pair, mais
perpétuellement en quelque sorte des *pochades*, et que les
plus intelligents du groupe, tel Cottet, pour aboutir à un
tableau (comme ce magnifique chef-d'œuvre qu'est le
triptyque : *Au Pays de la Mer* est tout simplement revenu
au passé.

L'Impressionnisme a malheureusement servi les Arrivis-
tes, en ce qu'il permait *d'arriver vite* par négligence du
dessin, de la composition de tous les éléments (sauf la
couleur), que nous relevions tout à l'heure dans la confection d'un tableau. Aussi a-t-il sombré. Que sa chute nous
serve d'exemple, et, présentement de conclusion :

Un mouvement nouveau d'art (je ne dis pas d'art nouveau !) est possible ; on pourrait l'appeler *idéo-réaliste* en ce
qu'il s'appuierait sur la réalité, sur l'observation de la nature (et non sur la fantaisie) pour s'élancer vers les cîmes
de l'Idée, de la Pensée fécondante, de la Beauté intégrale,
de l'Instruction des foules, du Progrès humain. Aussi bien
ce mouvement est commencé puisqu'il est au moins représenté par Mérodack-Jeaneau (il se peut qu'il en existe
d'autres, car l'idée « est dans l'air » ; mais il n'a chance
d'être durable et sérieux que si les artistes reviennent à la
grandeur d'âme, à la bonté, à la sincérité surtout. Et j'entends par là une sincérité absolue, dont rien ne puisse les
faire départir, ni les influences de la famille, de l'école, de
la mode et de la critique, ni le besoin de lucre et de gloire.
A cette sincérité on devra joindre une science profonde de
tout le passé — maîtres et procédés, — une connaissance
sérieuse du métier, une intelligence capable de discerner tout ce qui peut être conservé des efforts anciens et
actuels, tout ce qui constitue l'évolution réelle de la peinture, une personnalité enfantée dans le labeur cérébral le
plus intense, une philosophie qui seule donnera, en fin de
compte, à l'œuvre, sa portée humaine et son droit à l'immortalité.

Ainsi compris, le mouvement idéo-réaliste ne sera point
une découverte — il n'y prétend pas — mais bien un abou-
tissement. Par lui, l'Art, en ces temps si durs à l'intellectualité et au rêve, sera possible encore. J'espère que les
artistes dignes de ce nom voudront s'y rallier. Ce n'est
point une école, chacun y conservant son tempérament.
C'est un groupement d'individualités qui aura pour phare
non la *manière* d'un pontife, mais la Beauté elle-même, a
Beauté immarcescible et éternelle.

8 avril 1901.*M.-C. POINSOT.*

BIBLIOGRAPHIE

Chansons, par PAUL RENIMEL (1 vol., chez Maisonneuve, éditeur, 6, rue de Mézières).

Pour dire comme il sied le charme de ces poésies, nous ne pouvons mieux faire que de reproduire la lettre suivante adressée par notre ami Quellien à l'auteur qui l'a publiée, en guise de préface :

MON CHER COMPATRIOTE,

Vous désirez que je présente au public vos *Chansons*. Depuis vingt ans que je débite ainsi nos *gwerz* et nos *sonn* de Bretagne, j'aurai bientôt l'ingrate voix des chanteurs de rues ; et ce serait à de plus jeunes d'être entendus à leur tour. Mais vous avez le respect de certaines traditions ; et vous avez aussi cette haute naïveté de Renan, qui resta le fidèle président de notre vieux *dîner celtique*, malgré les sollicitations des sociétés nouvelles : *ann bini goz* reçut la foi et les devoirs de l'illustre Trécorrois, jusqu'à la fin.

Le soir où vous êtes entré en Celtique, mon cher Renimel, nous apportant notre grand projet de monument « aux trois Connétables », je me rappelle combien fut charmant votre accent de présentation :

> *Je suis de vos pays bordés de genêts verts,*
> *Où l'orfraie a son chant de nuit, comme aux déserts ;*
> *Je tiens le biniou que sonnait Matilinn,*
> *Et je sais les récits d'Abès ou de Marzinn...*

Et vous avez vraiment goûté, ce soir-là, comme nous, n'est-ce pas ? le breuvage d'idéal que la fée Gloriande verse dans le hanap d'or à ses purs amants.

Depuis, rien n'a pu rompre l'enchantement. Après le labeur du jour, la nuit vous livre à la chimère, avec ceux qui peinent du cœur et de l'âme. Et les refrains vous reviennent toujours de Bretagne :

> *O chants partis des horizons,*
> *Refrains qui traversez l'espace,*
> *O mélancoliques chansons,*
> *Bercez-nous : la journée est lasse !...*

Vos *souvenirs d'enfance* vous sont les plus chers ; et ce sont aussi les plus touchants. Avec quelle sincérité Renan nous disait, voilà vingt ans passés ! « Maintenant encore, je ne peux pas entendre chanter — *Il pleut, il pleut bergère,* — sans être pris d'un léger tremblement de cœur. »

Quand Virgile eut écrit ses églogues, quelques-unes —
mais pas les meilleures — imitées de Théocrite, il fit le tour
des champs et visita les abeilles ; et puis, son horizon s'élar-
gissant, il rendit immortelle la grande patrie romaine. Tout
le poète latin me paraît déjà dans votre intuition, mon
cher celtisant. A la suite de vos aimables bucoliques, vous
retournez en nos forêts séculaires, ou vers les guérets par
lesquels s'ébattent les oiseaux ivres de vie ; enfin, les noms
de Bretagne et de France vous enflamment d'une belle
ardeur. *La Barbinaise* et *Cornic* sont des promesses d'épo-
pées patriotiques. Je défie qu'on écoute sans un frisson et
sans une larme votre *Récit d'un brave homme* :

> *J'avais un fort vaillant garçon ;*
> *Le dimanche, il menait la danse...*
> *Un jour, l'empereur l'appela ;*
> *Il périt, le brave jeune homme.*
> *Mort, pourquoi pris-tu celui-là ?*
> *L'écho dit : C'est le roi Guillaume.*
>
> *J'avais, au centre du hameau,*
> *Une bien pauvre maisonnette,*
> *A l'ombre frêle d'un ormeau :*
> *Mais je la trouvais mignonnette.*
> *Un soir, la flamme étincela*
> *Au travers de mon toit de chaume.*
> *Quel pandour a donc passé là ?*
> *L'écho dit : C'est le roi Guillaume.*

Et comme c'est dans le ton, ces chansons-là ! Sur le mode
éternel d'une émotion douce et tendre, ou forte et grave ;
et sans recherche de modernisme. Chimériques parfois,
parce qu'elles sont sereines, sans être surannées ; variées,
mais simples, comme tous les souvenirs profonds. Votre
petite ville de Guer soit fière de son poète !

En mon pays de Tréguier, on raconte que les lavandières
entendent souvent, vers le soir, les pierres où elles battent
chanter un air ancien, une antienne d'office ; alors, elles se
retirent, pour laisser à saint Yves, ainsi annoncé, le loisir
de rendre visite à son manoir de Kermartin.

Lorsque vous avez entonné ce chant, en Celtique :

> *Dans le pays de Pontorson*
> *L'on entend des pas sur la route,*
> *Et sonner les cloches du Mont,*
> *Annonçant le pas du Breton....*

oui, nous avons tous distingué ce pas dans le lointain, la
marche des Bretons vers quelque flotte anglaise, signalée au
large.

Voulez-vous, mon cher Renimel, que nous allions, un été
prochain, relire ensemble votre marche héroïque, là-bas,
sur les bords regrettés de notre mer armoricaine ?

Vous me savez, cher ami, votre tout dévoué

Paris, le 15 janvier 1900.   N. QUELLIEN.

Flandre, poésie, par Léon Bocquet (1 vol. à la Maison des
Poètes, 42, rue Mathurin Regnier).

La majesté des villes anciennes, l'immensité infinie des
plaines, la beauté grave de la Flandre, où le charme impré-
cis des paysages et la brume des horizons épandent leur
douce mélancolie, ont trouvé enfin, en Léon Bocquet, leur
chantre inspiré et longtemps attendu.

Sous une forme joliment symbolique, il nous découvre
les êtres et les choses, et l'âme originale de son pays natal.
Il a traduit tout cela avec une ferveur filiale, une délicatesse de sentiments, un souci du rythme et une maîtrise
dans le maniement du vers qui font saluer en lui un vrai
poète.

Je cite au hasard ce joli sonnet d'un pittoresque achevé :

Les Quais

Sur les dalles des quais l'activité se rue :
Des bateaux amarrés aux grands anneaux d'airain,
Une forêt de mâts incessamment accrue,
Fleure l'âcre goudron et les varechs marins.

Agrippés dans la cale aux crocs puissants des grues,
Des ballots par tressauts s'élèvent ; puis, le frein
Avec lenteur reprend la route parcourue :
La file des porteurs déjà courbe les reins.

Ces athlètes, sanglés de cuir, vêtus de quingue
Désentravent les sacs, libèrent les élingues,
Et, de nouveau, le bras géant vire au levier...

D'heure en heure, au lointain des chemins bordés d'ormes,
Où le pas des chevaux fait grincer le gravier,
S'ébranlent lourdement des camions énormes.

Les Femmes de Shakespeare, poésies, par Théodore
Maurer (1 vol. Maison des Poètes).

Nos lecteurs qui ont eu la primeur d'une partie de ces
vers n'auront pas besoin qu'on leur vante le talent de Théodore Maurer, de qui l'on déplorait le silence depuis cette
déjà lointaine « Comédie Italienne » éditée sous les auspi-
ces du « Décadent ».

M. Maurer par sa facture et ses préférences, se rattache
au groupe des Parnassiens ; il a pénétré le secret de cet
alexandrin souple et savoureux façonné par Hugo et Banville. Il a de la conscience et de l'habileté. Il a cette sûre
touche de main, cette connaissance approfondie du métier
que l'on ne retrouve plus chez les nouveaux venus.

Les jeunes gens ne savent plus leur quantité et tombent
au galimatias et la plupart à l'incohérence. Pour échapper
au classique, au poncif, comme ils disent, pour faire œuvre
de personnalité, ils se ruent à l'imitation de deux ou trois
contemporains, sans prendre garde qu'ils font encore du
poncif. Ce n'est peut-être pas très original d'imiter Banville.
Ce ne l'est pas davantage d'imiter Francis Jammes. M. Théo-

dore Maurer vient d'ailleurs de nous prouver qu'on peut être
très original tout en se maintenant dans l'alexandrin qui a
suffi à Corneille et à Hugo. C'est un plaisir délicat qu'il nous
est donné de goûter rarement à l'heure actuelle, que de lire
des vers où la noblesse de la pensée s'allie à la correction
de la forme. On éprouve ce frémissement de joie inquiète
qu'on a à voir évoluer de souples gymnasiarques dans un
ruissellement d'or et de lumières; là beauté du spectacle se
double ici de la difficulté vaincue. On ne veut plus comprendre ces choses. Le livre de M. Maurer vaut qu'on y re-
vienne. Nous nous contentons pour aujourd'hui de le signaler à l'attention de nos lecteurs et de citer ce sonnet
qui forme un tableau plein de grâce :

Fête Païenne

A Ernest Raynaud

Légères et les mains d'hyacinthes fleuries,
Les vierges aux cheveux entremêlés d'épis.
Sur l'herbe, qui s'étend molle comme un tapis.
Déroulent noblement leurs blanches théories.

Le lent cortège vient, à travers les prairies,
Vers la mer, dont les flots se calment, assoupis.
Ces sylvains aux aguets, sous les branches tapis,
Sentent monter en eux d'étranges rêveries.

Leurs voiles déployés à la brise et flottants,
Elles dansent les seins roses et palpitants.
Au rythme des chansons en cadence chantées.

Les sylvains un à un se mêlent à leurs jeux;
Cependant que Phébé, déesse aux bras neigeux,
Fait pleuvoir sur les bois ses flèches argentées. — E. J.

Claudine à Paris, roman de WILLY (1 vol. chez OLLENDORFF).
Devant le succès très justifié de *Claudine à l'École*,
M. Willy a voulu nous offrir un *pendant* à ce récit. L'expérience à maintes fois prouvé que les artistes et les écrivains avaient tort d'unir ainsi les destinées de plusieurs
de leurs œuvres; tel ouvrage, qui est appréciable en soi,
perd toute sa valeur par la comparaison qu'on en fait avec
un ouvrage précédent. Les exemples de ces parallèles
fâcheux ne sont pas rares : on les a souvent cités, et il faut
craindre que *Claudine à Paris* ne s'ajoute à leur nombre.
C'est que, en grandissant, Claudine ne me parait plus
aussi intéressante. Ce sauvageon pousse droit, malgré les
mauvais vents, j'en conviens; mais c'est bien par miracle et
il est prudent que l'auteur finisse par l'ap uyer à un tuteur
un peu vieux, mais solide.
Quand Claudine était à l'école, sa raison était pour ainsi dire
victime de son imagination trop précoce; à Paris, elle en
est complice. La fillette primesautière, si ingénue dans son
intuition du mal, a maintenant toutes les allures d'une demoiselle qui connait le vice et ne le fuit pas. Cette *demi*

vierge modern style est vraiment savante à l'excès, et ses connaissances sortent du programme *ad usum juventutis*. M. Willy, qui précédemment menait son héroïne à la conquête du brevet élémentaire pourrait désormais lui faire affronter sans peur les épreuves du brevet supérieur : si j'étais son examinateur, je lui *pousserais cette colle* en géographie : « comment iriez-vous de Lesbos à Sodome ? » et, j'en suis certain, Claudine *piquerait le maximum*.

Mais si le roman est scabreux quant au fond, il est d'une écriture très plaisante, et il convient de louer pleinement la vivacité du style. La seule restriction à faire concerne l'emploi abusif des termes empruntés au patois de Montigny : ils ne sont pas tous très pittoresques et leur trop fréquent retour devient lassant.

Somme toute, ce livre sera beaucoup lu, en souvenir du plaisir dû à la lecture de son aîné ; et si, à deux ou trois reprises, sous l'impression que les aventures de Claudine, du trop joli Marcel et de Luce sont choquantes, on ferme le volume, je suis bien sûr qu'on le reprendra et qu'on ira jusqu'au bout.

Me permettra-t-on, pour résumer, une comparaison ? Ce roman produit l'effet d'une glace au citron, dont la saveur acidulée, tout d'abord plaisante, affecte ensuite désagréablement le palais, et que l'on parvient néanmoins à absorber, en mettant les cuillerées doubles, avec une grimace.

JULES LALOUE.

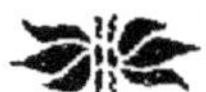

PROMENADES AUX EXPOSITIONS PARTICULIÈRES

I. Exposition du Cercle de l'Union artistique

Le nombre des toiles exposées dans le salon de l'*Épatant* n'atteint pas une centaine, et on n'y compte que deux douzaines de morceaux de sculpture. Si donc l'exposition vaut qu'on y fasse une assez longue station, c'est en raison non pas de la quantité, mais, ce qui vaut mieux, de la qualité des œuvres, qui, sans rien nous offrir d'un mérite exceptionnel, constituent ce qu'on est convenu d'appeler un ensemble très honorable.

Les portraits sont relativement nombreux, et quelques-uns d'entre eux fixent justement l'attention. Je citerai d'abord l'excellent *Portrait de Jules Lefebvre*, par ROYBET, œuvre pleine d'allure. M. Jules Lefebvre expose lui même le *Portrait de M. Ulric Rouville*, mais la toile est terne, et le personnage ne se détache pas du fond, d'une tonalité malheureuse d'ailleurs. Le portrait signé de M. Tofano est, au contraire, vigoureusement traité, de même que *celui de M. Carpentier*, par J. J. Weerts.

M. Benjamin-Constant et M. Bonnat, le premier avec le *Portrait du cardinal Mathieu*, le second avec le *Portrait de M. de Maillé*, se montrent dignes de leur renom de maîtrise en cet art difficile. M. Aimé Morot semble avoir voulu s'approprier la manière de M. Bonnat, sans en posséder encore tous les secrets.

La curiosité du public est satisfaite d'avoir à contempler les traits populaires du *Président Mac-Kinley*, paterne, et du *Lieutenant-colonel Marchand*, extatique. Mais ces deux œuvres ne sont pas les meilleures de leurs auteurs, MM. Humbert pour celle-ci et Benziger pour celle-là.

Signalons, avant de passer aux portraits féminins, les envois de MM. Cormon, Bordes, Mezzara, qui a très joliment posé son modèle, le *Capitaine de F...*, et Rosset-Granger, qui expose le portrait du sculpteur *Mulot* (voir ci-dessous).

Dans le petit salon d'entrée, tout à côté du Président des États-Unis, Mlle *Chasles*, la gracieuse ballerine, sourit au public : M. Georges Bertrand l'a peut-être un peu trop maquillée.

Je n'aime guère les colorations vert-jaune dont use M. Guirand de Scévola; et, surtout pour un portrait de jeune fille, je trouve bien préférable la gaieté des fanfreluches roses dont s'agrémente le *Portrait de Mlle S. D...*, par M. G. Dubufe. M. Paul Thomas envoie un excellent profil de jeune femme et M. Comerre une ravissante fillette ; M. Vollon donne une vie intense au portrait qu'il expose.

Mme *E...* est bien peinte par M. Faivre, mais elle est mal assise, et son attitude est fatigante à voir.

Il faut citer encore, en critiquant l'excès de scrupule dans la reproduction des détails, le *Portrait de Mme C...*, par Joseph Wencker, l'élégant envoi de M. G. Ferrier et de M. Aviat, et quittons les portraitistes en félicitant de son œuvre M. François Flameng.

Auprès et autour de tous ces portraits, j'ai particulièrement remarqué : de M. Franc-Lamy, une toile toute dorée représentant le *Bassin de l'Automne à Versailles*; la jolie figure, toutefois un peu dans le genre *chromo*, du *Retour d'Église*, de M. Warden ; les *Masques à Venise*, de M. Saint-Germier ; l'exquis visage de femme exposé par M Serendat de Balzim; une marine de M. E. Dauphin, et les *Algériennes* de M. Bridgman.

M. Gérôme expose l'*Épave*. C'est, sur la mer apaisée, toute claire, toute gaie, une barque errante, emplie de cadavres : cette antithèse est des plus impressionnantes. J'ai trouvé trop d'imprécision dans le paysage de M. Carolus Duran, trop d'obscurité dans la *Nature morte*, de M. Zakarian, trop de convention dans le trottin de M. Duthoit. De M. Chartran, une petite page bien traitée : le *Pape sur la Sedia Gestatoria*. M. Bouguereau, dessinateur impeccable, envoie les *Deux Sœurs*. C'est toujours parfait, et même trop parfait... vanille et framboise.

Après la belle toile de Detaille, représentant le *Maréchal Masséna*, il convient de citer encore une bonne étude d'Eugène Vidal ; la *Fillette au Tub*, de M. Gervex ; le *Jour d'Hiver à Séville*, de M. Réalier-Dumas ; la page sinistre, de M. Friant : la *Messe du Condamné*, les amusants *Chercheurs de Truffes*, de M. Vayson, et le payage crépusculaire de M. de Grimberghe, un peu trop confus ; celui, plus lumineux, de M. Vozal, le *Pont de Morel*, de M. O' Callaghan, auquel on peut reprocher de trop ressembler à une aquarelle d'architecte, et la *Vierge des Mariniers*, plus heureusement conçue qu'exécutée, de M. Fournier-Sarlovèze.

Je mentionnerai, parmi les œuvres de sculpture, plusieurs bustes de femmes, très heureusement choisis, notamment l'aimable et spirituel visage de Mme *Laredan-Auquez*, par Denys Puech ; celui de Mme *Nénot*, par le même ; les deux envois de M. Cables. M. Crauk nous montre l'expressive figure du *Cardinal Perraud* ; M. de la Rochefoucauld expose une *Tentation* qui n'est pas sans mérite ; dans le petit groupe de M. Hugues, *Diane et Endymion*, revit la grâce des Coyzevox et des Cousto que nous admirons au Louvre. M. A. Melot envoie deux statuettes en bronze, très finement exécutées. Mais, avec l'original *Sphinx*, de M. Saint-Marceaux, ce qu'il faut particulièrement citer, c'est la gracieuse et menue *Mondaine*, de M. Van der Straeten, et surtout la *Joueuse de Boules* du maître Gérome, si harmonieuse de formes, et si souple ; la vie circule sous ce marbre, que l'éminent sculpteur a légèrement teinté, selon une habitude à laquelle il demeure fidèle, et que lui empruntent, en l'exagérant malheureusement, d'autres artistes, tel M. Roussel, dont la *Bacchante* est d'une coloration certainement trop vive.

II. Exposition du Cercle artistique et littéraire

(Aquarelles et pastels)

Pour ne pas l'adresser nominativement à chacun des pastellistes qui ont exposé au Cercle Volney, je veux dès le début formuler une critique générale. Je m'attendais à trouver, dans cette exposition, quelques morceaux évoquant, par la délicatesse des nuances, par la légèreté de la touche, le charme mièvre de l'art coquet et pimpant des Chardin, des Mignard et de La Tour : j'ai été déçu. Ces artistes paraissent avoir mis tous leurs efforts à donner, au moyen du pastel, l'illusion de la peinture à l'huile. Il me semble pourtant que, en matière artistique, la règle *Suum cuique* est parfaitement applicable. Chacun des procédés usités pour la reproduction graphique des objets extérieurs a sa caractéristique propre, qu'il convient, à mon avis, de respecter intégralement, et un champ d'application aux limites duquel il doit borner son élan. Mascarille fait rire quand il parle de mettre l'histoire romaine en madrigaux : les artistes sont dans une erreur analogue lorsqu'ils veulent, eux aussi, mêler les genres.

Mais je ne voudrais pas m'appesantir là-dessus. J'ai vu

des pastels imitant des « huiles », des dessins à la plume imitant l'eau forte ; des fusains rehaussés imitant la lithographie en couleurs. Signalons ces bizarreries, admettons que tout cela est peut-être très bien, que les artistes ont raison et que, moi, je n'ai pas tort... et passons à l'examen des principales œuvres.

Le mieux sera, si vous voulez, de prendre le catalogue et de nous arrêter, en suivant l'ordre alphabétique, aux noms qui méritent quelque mention spéciale.

M. JULES ALBY, poète et dessinateur (il a illustré lui-même son volume de vers : *la Glèbe*) expose une *Meule* où le relief manque absolument. M. BRISGAND a fait un bon envoi de plusieurs vues de Bretagne. M. BRUGAIROLLES a très gracieusement conçu et traité son *Indiscrète*; j'aime aussi sa *Fille de Capri*.

L'envoi de M. KARL CARTIER est excellent; je l'approuve d'avoir borné à des dimensions très modestes ses quatre tableaux dont l'un surtout, le *Retour du Troupeau*, est des mieux réussis.

M. DE CHAMPEAUX expose une jolie *Marine*; les personnages de son *Cloître à Venise* laissent à désirer. De M. CHANALEILLES, un vigoureux portrait d'homme; et de M. CHOQUET, un charmant portrait de femme. Un dessin de ce dernier, *Le Fardier*, nous montre des chevaux robustes.

Il faut féliciter M. CHRÉTIEN de ses natures mortes, aquarelles très fines.

M. GABRIEL DE COOL expose, avec deux jolis dessins, un *Jésus* et une *Prière* qui n'ont guère d'originalité et guère de relief. Trop ternes également, les paysages de M. DAMBEZA.

Du quintuple envoi de M. FAVIER, il faut détacher une excellente *Étude*, que je préfère, de beaucoup, à son buveur, *Entre deux Vins*, d'une attitude trop conventionnelle. Signalons en passant les aquarelles de M. FRAIPONT, et accordons une mention toute spéciale aux *ex-libris*, de conception très originale et d'exécution très soignée, de M. GIRALDON.

Toujours amusantes, les scènes militaires de M. GROLLERON. M. GUELDRY renonce, pour un temps, aux marines pour nous montrer une *Femme à sa Toilette*, rousse en un peignoir vert, ce qui est d'une dissonance comparable à celle de certains accords de M. Bruneau.

J'ai critiqué plus haut les tonalités étranges usitées par M. GUIRAND DE SCEVOLA; ses portraits d'enfants, à la Velazquez, me plaisent mieux que ses Bretonnes.

Dans les envois de MM. HOUDARD et HUET, l'eau-forte ou le crayon me semblent avoir plus à souffrir qu'à profiter de la couleur qui les rehausse : cela est indécis, ce n'est ni chair ni poisson. Les paysages de M. V. HENRY, où l'aquarelle a toute la vigueur de l'huile, les marines, pleines d'air et de lumière, de M. IWILL, sont à coup sûr parmi les meilleurs morceaux exposés.

Les maîtres caricaturistes CH. LÉANDRE et LOURDEY, à côté de charges où nous retrouvons leur habituel humour, nous montrent une autre face de leur talent, le premier avec une ravissante aquarelle, *Mily-Meyer dans les chansons en crinoline*, le second avec un *Portrait de Léon Hennique*, à traits blancs sur fond noir,

Je ne prise guère les ciels tachetés et le coloris irréel des pastels de M. Nozal; toutefois sa *Baie des Trépassés* est digne de remarque. M. Louis Pomey, dessinateur parfait, expose des *Silhouettes antiques*, où l'expression manque un peu de force.

Les paysages de M. Rigolot sont, à mon goût, ce qu'il y a de mieux dans cette exposition. Un charme infini se dégage de ses scènes crépusculaires : toute la paix des heures sérénales est évoquée dans ses pastels, d'une facture irréprochable. Les portraits de M. Roussin seraient parfaits, s'il ne fallait leur reprocher la pose assez prétentieuse des personnages. Comme M. Nozal, M. Souillet est un coloriste outrancier; et le même reproche s'applique encore à M. Abel Truchet, dont le dessin est, en outre, par trop confus.

La lithographie, à laquelle certains artistes reviennent, vaut un légitime succès à M. Stengelin, dont les cinq envois sont excellents. Les dessins à la plume de M. Trouville sont très fins, et les fleurs de M. Villain sont d'une rare fraîcheur et d'un coloris délicieux. M. Triquet a saisi de la plus heureuse façon les attitudes charmantes des bébés endormis : ses croquis sont de petits chefs-d'œuvre; et je finirai par un compliment, justement mérité, pour le *Torrent*, de M. Vignal, le *Lion*, de M. Werthheimer, et la marine de M. Wislin.

Il convient enfin de louer les *Grès*, exposés par M. Léonard qui, avec des formes très simples et des tonalités neutres, ont un caractère très appréciable d'originalité.

JULES LALOUE.

ÉCHOS

A signaler, dans la *Grande Revue*, une intéressante causerie littéraire de Marcel Théaux, sur le poète Albert Mérat, où il est dit ceci :

« Le talent de M. Albert Mérat est surtout fait de mesure, de goût, de grâce familière et d'élégante précision. Il a le don rare et charmant de saisir d'un instinct sûr et de traduire sans trivialité ce qu'il y a de poésie fugitive dans les moindres spectacles de nos jardins et de nos rues. Je ne sais pas de poète que la gentillesse mutine des ouvrières de Paris, des petits « trottins », ait mieux inspiré que M. Mérat. Et dans son dernier recueil, il est de courts poèmes à la fois mélancoliques et spirituels qui évoquent le délicieux souvenir d'Henri Heine. »

Tout l'article est à lire d'ailleurs et prouve une fois de plus que le monde littéraire ne saurait rester indifférent aux dernières productions du Poète, honneur du Luxembourg, et aux splendeurs de cette belle « fête d'après-midi » à laquelle son génie nous a conviés.

***

Le *Sagittaire* est heureux d'envoyer à ses amis H. Bonnefoy et André Froment une flèche de félicitations à l'occasion de leur promotion au titre d'officier d'Académie.

Les mois en R de ce commencement de siècle ont été plutôt pluvieux. Il pleut, il neige, il grêle. Et voici, après une tourmente de pourpre, l'averse abondante des fleurs. C'est le printemps, la belle violette. Qui veut des violettes de palmes ? Achetez l'*Officiel*. Fonctionnaires, avocats, médecins, journalistes, peintres, ingénieurs et cabots, portez la violette, emblème de la modestie. Pour être heureux, point n'est besoin d'être caché. Allons à Parisiana, Anna Thibaud *les a* et Reschal *itou*. Fleurissez-vous, Mesdames, voici la belle violette, la violette de palmes ! A l'Hippique, à Auteuil, à Nice et à la Comédie, la fleur modeste est arborée ; elle triomphe. Elle pousse·entre deux seins de neige et parfume des boutonnières. Bataille de fleurs, confetti, rosettes, rubans et serpentins... On félicite et on arrose.

Allons Mesdames, fleurissez-vous, voici l'avril, et printemps revient d'exil !

***

M. Edmond Pilon, dans la *Vogue*, pousse un cri de noble protestation contre l'incurie des Pouvoirs publics vis-à-vis de Trianon et surtout du « hameau de la Reine », ce monument du goût d'une époque qui tombe en ruines et qui, si l'on n'y prend garde, ne sera bientôt plus qu'un souvenir.

Ce n'est pas sans intention que M. Pilon a dédié son article à MM. Paul et Victor Margueritte, ces fervents de Versailles, en qui demeure vivace le culte du Passé. Il faut que ce cri d'alarme trouve un écho dans la Grande Presse et que les Pouvoirs publics soient mis en demeure d'agir. M. de Nolhac, conservateur du Château de Versailles, est le premier à constater le mal. « Il faut se hâter, conseille-t-il lui-même, si l'on y veut porter remède. »

Dans la même Revue, M. Tristan Klingsor parle éloquemment de Jean Moréas « en qui la tradition de Sophocle et celle de Racine se rejoignent », et il ajoute, fort justement : « Espérons que M. Claretie prendra l'initiative de monter *Iphigénie*, ce qui aurait le multiple avantage, d'ailleurs, de coûter peu, de valoir bien mieux que quelque *Martyre* et de réhabiliter un peu la scène qu'on appelle encore, on ne sait pour quelle raison, la *Comédie-Française*. »

LA SAGETTE.

Le Gérant : F.-A. CAZALS.

JAMES VIBERT

Sculpteur

———

Celui-ci est un des plus remarquables exemples à proposer aux réflexions des jeunes enthousiastes que l'Art appelle à lui, et dont il retient quelques-uns.

Avant la possession de la forme, avant son expression tangible et valable, que d'efforts, de renoncements, de désillusions et de recommencements. Ceci est l'existence même de Vibert, toute faite de ténacité et de labeur, où la volonté accompagne les plus hauts et les plus nobles soucis, où l'application continue du travail est constamment contrariée par les dures conditions habituelles, aux débuts artistiques. Mais cette lutte, sinon nécessaire, du moins imposée par l'organisation moderne, n'a pas rebuté l'homme au talent probe et sain dont nous nous occupons.

I

Voilà bien des années que je le connais, que je l'aime tant pour ses franches qualités d'homme que pour la forme de ses œuvres. Il est en lui un invincible besoin de dompter la matière, et de l'assimiler à sa force, créatrice et volontaire.

La Nature dont l'Art est l'admirable et perpétuelle révélation, magnifie chacune des parcelles qui participent à son harmonie et que, dans son incessant besoin d'affirmer la beauté de la Vie, reprend chaque jour le génie des hommes.

De cette assimilation, j'en ai suivi toutes les phases. Nous avons vécu non pas côte à côte, les luttes de chacun pour l'existence quotidienne ne l'ayant pas permis, mais chacun de nous suivant sa voie propre, parallèle et visible. L'intensité de nos sentiments sur toutes les questions qui ont divisé les êtres pensants, et par reflexe les masses qui suivent obscurément l'impulsion d'où qu'elle vienne : — l'Art (science, pensée, beauté, création); — le Groupement social (politique, intérêts économiques, groupement des individus, amélioration des conditions vitales); — cette intensité nous rapprochait du même élan alors qu'une lourde menace, qu'un heurt brutal, qu'un flux obscur et persistant menaçait les plus belles manifestations de l'Esthétique ou de la Raison. Et cette bataille reprendra toujours, car chaque conquête montre plus complète l'étendue de l'ignorance et de la laideur.

Vibert, cela ne peut surprendre, se trouve, de par sa fonction et de la manière qu'il la dirige, au premier rang de cette cohorte que rien ne rebute et qui s'en va à la possession des temps meilleurs. Il est venu des couches profondes du Peuple, et malgré son élévation persistante, il a eu la tranquille sagesse de ne vouloir pas renier son origine, sachant que c'est près d'elle que la Beauté est la plus prochaine pour qui la veut voir. Le Peuple, c'est la rumeur, c'est le flot, c'est le creuset, et c'est l'humus. C'est l'image même de la Nature en gésine ininterrompue. C'est le monde en mouvement. Non pas LE MONDE, catégorie singulière qui s'attribue orgueilleusement ce vocable pour abriter quelques préjugés, de petites sottises et de minces perversions, mais le monde, force brutale, sans cesse en révolte qui contient toutes choses et que seule domine l'Inspiration, mère des œuvres.

Vibert, venu du Peuple, connut les longues fatigues, les craintes du lendemain et celles du jour même, le lourd fardeau des besognes imposées, mais il œuvra et continue d'œuvrer avec ardeur et sérénité. Sculpteur, il ne cesse d'attaquer les lourds blocs de pierre et de marbre, il appelle de toutes ses forces l'âme éparse dans la matière, il la veut faire apparaître. Sa forte main, laissant le ciseau et le maillet, se fait caressante pour la glaise fluide, pour la malléable cire, et d'un geste agile et rapide ordonne le plâtre.

Dans le calme du travail, la pensée évolue, elle observe, elle cherche les raisons de sa forme en même temps qu'elle les résout, elle monte d'un effort réfléchi vers les spéculations spirituelles, et se résorbe dans le labeur entrepris.

II

L'atelier de l'impasse de l'Enfant-Jésus est bien pauvre, les murs en sont nus, mais il convient à l'artiste qui y retrouve bien des sensations âpres, dont il n'est pas peu fier, s'en étant rendu maître.

III

Quand James Vibert se fixa à Paris, il y a dix ans, il savait par un rude apprentissage que l'art qu'il avait élu, si magnifiques qu'en fussent les réalisations, avait le tort très grave de nécessiter des frais et des dépenses considérables — il ne possédait d'ailleurs rien, que son inaltérable courage — et de ne permettre à ses adeptes d'atteindre à la Gloire, ou au moins à quelques-uns des signes qui la représentent qu'après un postulat toujours très long, souvent douloureux.

Et comme il lui manquait tout, il aborda cette période critique qui s'ouvrait, d'un front calme, sans se soucier aucunement du temps si court, des journées si brèves pour qui doit trouver lui-même les subsides quotidiens et suivre son éducation artistique. Sans appui, et manquant de relations efficaces !

C'était donc, de propos délibéré, la Vie de Bohème.

Oui ! La Vie de Bohème. Sans amour, sans paresse, sans héritages. Toute semée de peines, de doutes et d'angoisses.

Aussi quand on traverse ce paysage de Bohème, abrupt pour qui le chemine ; charmant, et pittoresque, et varié pour qui le côtoie, un des soucis véhéments du voyageur intrépide qui ne fait pas seulement une excursion de touriste, est de s'assurer des viatiques qui lui sont indispensables pour franchir, avec quelque rapidité, cette étendue, riante tout d'abord. Cet aspect amusant change rapidement, et tel site trop usité n'a plus de charme que pour... les autres. Comme Vibert ne faisait pas partie « des autres » il ne voulut que connaître les belles lois harmoniques dont son pays d'adoption lui laissait l'approche en toute liberté. Et il les étudia en conscience. Son amour pour la statuaire s'augmenta d'une science et d'une technique valables. Il chercha, pour conserver cette liberté précieuse, les moyens les plus rapprochés du but qu'il avait érigé en sa volonté, et il en découvrit. Comme il était de toute jeunesse, il se permit de glaner tendrement des fleurs jolies dans les champs, d'attirer à lui les mûres violettes qui rougissaient sur les ronciers, et de se repaître de lumière, en voyant décroître le soleil, mollement étendu au flanc d'un talus, à l'ombre chatoyante et si pleine de bienveillance des chênes et des hêtres.

Ce repos lui était indispensable. La besogne ingrate qu'il remplissait chez un décorateur de Vaugirard ne lui servait de rien — qu'à le nourrir ; — puis, il menait de front les études patientes de son Art. et la compréhension chaque jour plus étendue de toute la pensée, dans ses manifestations les plus diverses.

(*A suivre.*)   *LÉON MAILLARD.*

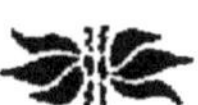

AU SALON

Sur la statue d'Alphonse Daudet, par Saint-Marceaux.

Malgré le talent du sculpteur
Et la vérité de la pose,
Ce n'est pas le divin conteur
Qu'était alors LE PETIT CHOSE.

Tu n'as pas plus de quarante ans
Dans ce beau marbre de souffrance.
Pourquoi ces gestes attristants
De mortelle désespérance ?

Jeune, debout et radieux,
L'homme gardait toute sa sève ;
Sur tes lèvres et dans tes yeux
Passait la flamme de ton rêve ;

Le mal ne parlait que tout bas,
Et tu marchais, aimant la vie
Et la poursuivant pas à pas
D'une paupière inassouvie.

Ton regard myope et charmant
De pénétration subtile,
Nous voyait tous exactement,
Sans une indulgence inutile.

Sur la toile de tes récits
Marqués du signe de la grâce,
C'était un art d'accents précis
Dans une touche large et grasse.

Poète, enclin à t'égayer,
Et que le vin des mots enivre,
Tu nous lisais, pour l'essayer,
Quelque page exquise d'un livre.

Dans la gloire de ton été
Que ma mémoire perpétue,
C'est à cette heure de beauté
Qu'il fallait faire ta statue !

5 mai 1901.   **ALBERT MÉRAT.**

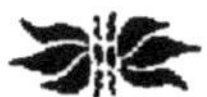

A ERNEST RAYNAUD

Pour qu'un jour, on couronne à Sceaux
Mon buste entouré d'arbrisseaux,
Je veux m'essayer sur la lyre. — E. R.

Oui, l'on verra ton buste entouré d'arbrisseaux ;
Non à Sceaux, mais à Caen, près des rives de l'Orne ;
Aux poètes hautains sied bien la cité morne ;
Abandonne ce Sceaux aux trop gais provençaux ;

MALHERBE est malheureux ; sans cesse Auber lui corne
Aux oreilles ses plus assourdissants morceaux ;
Du vieux Caumont il doit repousser les assauts...
Ce géologue veut lui décrire une borne !

Lorque tu seras là, RAYNAUD, Malherbe enfin
Pouvant converser en le langage divin
Daignera entr'ouvrir ses deux lèvres de pierre.

Tous deux, vous chanterez la gloire d'Apollon.
A Lisieux, pas trop loin, je serai dans ma bière.
— Sans avoir l'air de rien, tu lui diras mon nom !

HENRI BEAUCLAIR.

PETITES SCÈNES DE LA VIE MILITAIRE

LE RÉFECTOIRE

Le réfectoire alignait ses tables et ses bancs sous les combles. C'était une ancienne chambrée désaffectée depuis le décret ministériel sur les repas variés. Le menu de la semaine s'étalait en belle place, gigot, ragoût, lard salé, salade, purée de pommes. La boisson remplissait les cruches savamment disposées par l'homme de corvée, l'eau de la fontaine. Les assiettes entassées dans un casier, chaque canonnier apportait son quart, sa fourchette et sa boule de son. Vers cinq heures, à la sonnerie de la soupe, c'était un extraordinaire restaurant, présidé par le brigadier d'ordinaire qui découpait, distribuait, pérorait, hurlait, dans le fracas des vaisselles et des galoches. Et le service était vite terminé.

Or, l'artificier Dauchy ne quittait la cartoucherie qu'à cet instant précis. Le trajet, d'un pas accéléré, talonné par l'appétit, il arrivait toujours bon dernier. Sa faim ne trouvait plus que de maigres rogatons, les tables sales et les relents de ses camarades. — « Cochons, les cochons ! » ronchonnait-il. « Marchal' logis, i' n' me laissent rien, pas çà ! »

Le brigadier Couquaux fut averti par deux jours de consigne, et se le tint pour dit.

— « Tâchez d'en laisser pour Dauchy » ordonna-t-il le soir même. — « Ah ! ah ! l'artiboche n'en manquera pas, voilà pour lui. » C'était gigot et purée. De toutes parts les reliefs arrivèrent et s'entassèrent. L'énorme plat de la batterie s'emplit d'un himalaya de pommes de terre, dans lequel Couquaux planta un os soigneusement raclé, flanqué du couteau et de la fourchette à découper.

Le réfectoire fut nettoyé en un clin d'œil. Au fond une table d'honneur, couverte de torchons en nappes, le plat monstrueux, du pain en tartines, une carafe pansue, un verre, une pile d'assiettes, une chaise! prise en quelque chambre de sous-officier.

Les canonniers furent travestis en marmitons, bonnet de coton, tablier blanc. Quatre encadraient la table, au port d'arme avec un second service à découper. Les trompettes Verbrègue et Gasquères, vêtus de même, l'instrument sur la cuisse, se dressaient à l'entrée, un factionnaire guettait au sommet de l'escalier.

On annonça l'artificier. Affamé il escaladait les marches quatre à quatre. Comme il arrivait sur le palier, le brigadier d'ordinaire se portait à sa rencontre et, ôtant son bonnet, d'un geste large de bienvenue, l'invitait à le suivre au festin préparé en son honneur. Puis il cria d'une voix retentissante : « A vos rangs, fixe! »

Les trompettes embouchèrent et sonnèrent les quatre appels. Dauchy, un instant interdit, pénétra d'un pas délibéré dans le réfectoire et suivit Couquaux entre les deux rangs d'artilleurs marmitons. Son visage exprimait une fureur grandissante, mais il avait faim.

Brusquement le brigadier, le bonnet toujours en main, s'écarta et lui dévoila l'énorme plat de purée qui l'attendait.

— « En aurez-vous assez, mon cher camarade? » lui demanda-t-il.

Dauchy s'assit, mangea, se fit verser à boire. Et au brigadier stupéfait, désignant l'os dénudé :

— « Un peu trop cuit. Veillez-y, une autre fois. »

LÉON RIOTOR.

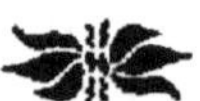

Bonheur d'Avril

Mon âme garde, pure et gravée à jamais,
L'image de l'enfant qui l'émut la première.

J'avais alors douze ans à peine ;
Elle, neuf ou dix. Je revois
Son visage, j'entends sa voix,
Et je respire son haleine.

Elle avait des yeux de velours ;
Elle était blonde et rose et blanche.
J'allais chez elle le dimanche ;
J'étais triste les autres jours.

Ces bonheurs d'avril, qui les sème
Pour en fleurir notre chemin ?
Nous nous prenions souvent la main.
Je l'aimais sans savoir qu'on aime.

Un soir sa mère dit : « Il part ;
Mais je ne veux pas que l'on pleure. »
Ce qu'elle a souffert à cette heure
Je ne l'ai compris que plus tard.

Sa vie était jointe à la mienne
Par un fil d'or si délié :
Il se peut qu'elle ait oublié ;
Il se peut qu'elle se souvienne.

Peut-être quelqu'un a passé
Sur le doux chemin de son rêve.
Prince Charmant *par qui s'achève*
Le songe avec moi commencé.

24

O félicités interdites !
Un autre, — et je m'en sens jaloux, —
Tendre, a pu lui dire, à genoux,
Les choses que je n'ai pas dites !

A-t-elle écouté sans ennui ;
Sans que rien du passé subsiste ?
Ou songé pâlissante et triste :
« Si c'était lui ! si c'était lui ! »

Il se peut, hélas ! qu'elle porte,
En elle demeuré secret,
Un inguérissable regret...
Et peut-être aussi qu'elle est morte.

THÉODORE MAURER.

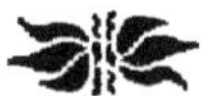

LES ROCS

Dans les lames plongeant, les hauts rocs chevelus
Dressent devant la mer une muraille brune :
Tels, ils demeurent sous le soleil et la lune
Et sous l'écoulement du flux et du reflux ;

L'Effort de la tempête et des Temps révolus
Transforme à leurs côtés et la plage et la dune :
Pour eux, ils ont connu l'immuable fortune,
Ils sont ainsi fixés et ne changeront plus.

D'une armure invincible environnant la terre,
Ils vieillissent debout dans une garde austère,
Au poste de péril qu'ils n'ont jamais quitté ;

Et, tandis que fuient l'heure et le flot qui les minent,
Calmes porteurs du Siècle et de l'Eternité,
Ils contemplent la mer immense et la dominent.

VICTOR GAULT.

JOSÉ-MARIA DE HEREDIA[1]

(Traduction libre d'après Léopoldo Diaz)

Son front est trois fois ceint du sublime laurier
Qu'Apollon fait fleurir dans la terre sacrée ; —
En l'unanime vœu de leur génie altier
Les bardes ont chanté sa gloire consacrée.

Sa pensée a fouillé tous les passés défunts,
Jusqu'aux temps fabuleux des Dieux et des Orphées :
De son front créateur ont jailli « les Trophées » —
Coupe en l'onyx taillée où brûlent cent parfums.

C'est le Benvenuto de l'idée : il cisèle
Le vers dont son burin fait naître l'étincelle,
Et sculpte le poème aux flancs du bloc d'airain.

La Renommée un jour, en des chants de victoire,
Redira ton génie, ô maître souverain
Du haut de la statue au temple de Mémoire.

PIERRE DE SAINT-JEAN.

(1) Nous sommes heureux d'offrir à nos lecteurs la primeur de ces vers de M. Pierre de Saint-Jean, pseudonyme sous lequel se cache l'une de nos personnalités les plus sympathiques du corps diplomatique européen.

Ils sont la traduction d'un poème espagnol de M. Léopoldo Diaz, consul général de la République Argentine en Suisse, tiré de son récent volume *les Ombres d'Hellas*, volume remarquable sur lequel nous aurons l'occasion de revenir prochainement. — *LA RÉDACTION.*

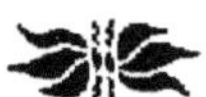

LES ÉCOLES LITTÉRAIRES [1]

Le Parnasse

La poésie de Leconte de Lisle, plus encore que celle de Banville, est surtout une poésie d'humaniste, où l'érudition fait tort à l'invention. C'est un des multiples avatars, et non le moins curieux, de cet esprit greco-latin que l'on voit poindre au Moyen-Age avec le geste de *Rome la Grant*, et qui atteindra son apogée vers le dix-septième siècle, au détriment de l'inspiration autochtone qu'il dépossède, pour imprimer à l'art de notre race son caractère désormais indélébile de classicisme.

Tout autre est la poésie de Charles Baudelaire. Ici, c'est la Vie elle-même qui s'agite, la chair qui s'épanouit ou qui pantèle : et nous nous trouvons en présence d'un tempérament d'une indéniable originalité. Imagination imbue de biblisme et de liturgies, familier avec les littératures anglo-saxonnes, Baudelaire, au milieu du paganisme de ses contemporains, représente l'élément catholique et septentrional. Quand nous disons catholique, il ne faut pas entendre par là que sa conception soit orthodoxe. Il affecte, au contraire, volontiers une allure satanique et mystificatrice qui a rebuté plus d'un lecteur superficiel, et le ferait prendre, si l'on ne sentait la profondeur de la pensée sous le paradoxe des mots, pour un *housingot* de génie. Mais il a le verbe sacerdotal et l'âme d'un docteur de l'Eglise, cet évêque des régions perverses — tel il nous apparaît en ses

(1) Voir les numéros 10 et 11.

portraits, — dont la lèvre sensuelle et ironique semble mieux faite pour initier aux dévotions impures et magnifier les édens défendus que pour clamer victorieusement sur le forum les strophes enflammées des lyrismes.

Baudelaire est, en effet, le poète du sensualisme, le peintre des troubles de la chair et des ravages de la passion. Non pour les exalter et les représenter sous des dehors riants. Il eut pu s'approprier la définition que Crébillon père donnait de son théâtre : « Corneille avait pris le ciel et Racine la terre : il ne restait que l'enfer, je m'y suis jeté à corps perdu. » Nul des prédicateurs religieux n'a flagellé avec plus de véhémence nos comédies sentimentales et ruiné les illusions charnelles. Avec une sorte de joie âpre et cruelle, il se plait à arracher les colifichets dont se parent nos vanités, à disséquer nos plus savantes attitudes, à mettre à nu le squelette de nos voluptés. C'est la sarabande effrenée et grotesque de tous les damnés de l'enfer des sens qui se trémousse en ses vers. Et l'on perçoit comme un souffle de *Chevauchée de la Mort* rué à travers les imaginations macabre de cet Albert Dürer de la poésie.

A l'apparition des *Fleurs du Mal*, la critique évoqua, pour caractériser leur parfum étrange et capiteux, la grande ombre de Dante. On sentait que si l'auteur de cette nouvelle *Divine Comédie* avait surtout connu l'*Enfer,* il en avait du moins sondé les plus ténébreux replis et les désespérances. Et Hugo, lui-même, ne s'y trompait pas, qui lui écrivait : « Vous venez de créer un frisson nouveau. »

Depuis, cette vision suraiguë de Baudelaire qui fait pénétrer le rayon de l'art dans des parages désolés, inexplorés par la souriante et raisonnable philosophie de nos pères, cette évocation magique de tous les spectres tapis derrière nos fêtes quotidiennes, lui a nui auprès des esthètes. On a exalté en lui le psychologue d'une région morale particulière, au détriment de l'artiste et du poète. Comme si l'art ne consistait pas précisément dans l'originalité de la vision, dans la création de mondes nouveaux. Son talent, surtout imaginatif, n'analyse pas, ne démontre pas, mais édifie en pleine abstraction (1). Baudelaire est, je crois, le premier poète de notre langue qui ait, du moins à ce degré, transporté la sensation dans l'intellect, chanté l'idée ou le sentiment en soi. Il n'a pas tant instauré une poésie qu'une atmosphère nouvelle, qui, si elle n'a pas la sérénité de celle où se meut le rêve lamartinien, par exemple, ou l'optimisme de Hugo, est douée, par contre, de toutes les lueurs chatoyantes et indécises où baigne le mystère des choses. Le lucide regard du poète ne consent pas à se laisser leurrer par les phantasmes de l'illusion, et les flèches de sa terrible ironie percent les masques simulateurs. Mais ce serait mésestimer de son art que de le confondre avec un vulgaire traité de philosophie morale. Ce pessimiste, en effet, a la religion de la Beauté, est le prêtre du Beau : et le *Mal* pour lui sera tout ce qui contrarie cette idée. En dépit des maladives pierreries et des flores pernicieuses dont il enguirlande ses *Paradis*, son haut esprit souffre en l'atmosphère de cauchemar où l'enferma l'inexorable fatalité et ne tarde pas à s'en affranchir d'un coup d'aile victorieux. Et tandis que d'autres adresseront à Pallas-Athéné leur *Prière sur l'Acropole*, lui, dédie à la Beauté son hymne hiératique. C'est là le principe qui demeure, un et immuable, parmi le flux changeant des apparences et le vain tumulte des passions humaines :

> *Je suis belle, ô mortels, comme un rêve de pierre...*
> *Je hais le mouvement qui déplace les lignes,*
> *Et jamais je ne pleure, et jamais je ne ris...*

Si les Parnassiens ont cru reconnaître dans ces vers célèbres, interprétés de façon étroite, la formule de

---

(1) Il semblerait qu'il y ait ici contradiction avec ce que nous disons plus haut de Baudelaire, poète de la chair et de la sensation. Mais la contradiction n'est qu'apparente. Baudelaire part, en effet, de la sensation concrète, mais pour s'élever jusqu'à sa notion pure, la spiritualiser, pour ainsi dire, et l'envisager, comme dirait Spinoza, *sous son aspect d'éternité*, indépendamment de tout mythe ou légende.

leur art, d'autres poètes, plus récents, pourront saluer,
à leur tour, en l'auteur des *Fleurs du Mal,* la divination qui comprit et traduisit en termes lapidaires, dans
le miraculeux sonnet des *Correspondances,* l'unité harmonieuse du Tout.

L'inspiration de Baudelaire est d'essence romantique ; mais par une contradiction singulière, elle se traduit dans une langue qui a la correcte allure et le
dessin ferme et précis des classiques. Et si sa rythmique
parait moins savante et moins harmonieuse que celle
de plusieurs de ses contemporains, si l'on a pu relever
parfois chez lui quelque gaucherie de versification, en
revanche, il est fort supérieur à ses émules comme
écrivain. Sa phrase porte loin : et bien qu'elle ne manque pas de couleur, elle est plutôt abstraite ; fidèle
ainsi au génie de la poésie française, où les plus beaux
vers sont des vers abstraits, une flamme dans un vase
de cristal.

(*A suivre.*)   *ACHILLE DELAROCHE.*

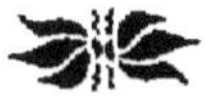

RÊVES DE JUSTICE

Je voudrais être aux temps où les preux chevaliers
S'en allaient chevauchant par les monts, par la plaine,
Et tenant autour d'eux les crimes en haleine,
D'un monde encor barbare étaient les justiciers.

Des repaires du mal j'abattrais les enceintes
Et comme ces aïeux grands redresseurs de torts,
Aux faibles indulgent et redoutable aux forts
Je jugerais, avec bonté, toutes les plaintes.

L'un me dirait : « J'avais une enfant, mon honneur,
Une enfant vierge encor, fleur embaumant ma vie.
Abusant sa candeur, maître, on me l'a ravie... »

— J'arracherais la vierge aux mains du suborneur.

L'autre : J'avais un fils ; la guerre en fit sa proie.
La mer entre nous deux élargit son exil.
Je suis bien vieux, bien seul. Maître, reviendra-t-il !

— J'irais chercher son fils et comblerais sa joie.

L'autre : « J'avais un clos à mon logis touchant ;
Je pouvais voir mon blé parmi les fleurs y naître :
C'était mon pain. La loi me l'a fait vendre, ô maître !..

J'acquitterais la dîme et lui rendrais son champ.

Un autre enfin dirait, me remettant sa cause :
« J'avais une masure hier ; mais dans la nuit
Un orage, fléau du ciel, a tout détruit... »

— Je lui ferais bâtir une maison bien close.

Ainsi remédiant à l'œuvre des Destins,
L'âme jamais fermée à la Clameur humaine,
Je sémerais la joie où l'on semait la haine.
Et comme en agissaient jadis les paladins

Aux temps d'Eviradnus et du roi de Galice,
J'irais, foulant les lois mauvaises sous mon pied,
A leurs iniquités opposant ma pitié,
Faisant le bien partout et rendant la justice.

ED. MARTIN VIDEAU.

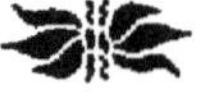

KORIDWEN

Hu-Gadarn, le dieu puissant, ceinturé d'arc-en-ciel, auréolé de clarté, parcourt l'immensité sur un char de soleil. La paix et la joie sont avec les hommes, quand passent les bœufs divins, harnachés d'or et de flamme.

Père des Druides, roi des Bardes, dieu des combats, vainqueur des géants, ferme soutien du temple, Hu-Gadarn qui commande ftel le prince des prêtres présidant l'assemblée sainte dans le cercle consacré. Hu-Gadarn qui commande en le cromlec'h infini où les pierres sont des étoiles, Hu-Gadarn apparaît radieux, dans la lumière, ignorant superbement ce qui rampe dans les ténèbres.

Près de la demeure de Hu-Gadarn est un lac, un lac immense et surélevé, et ce lac est si grand, si extraordinairement grand, qu'en se déversant il inonderait toute la terre, et que la terre une fois inondée, il la recouvrirait encore d'une épaisse couche d'eau, d'une couche d'eau qui pourrait peut-être bien atteindre jusqu'à l'orifice du puits de l'abîme. Mais, Hu construisit jadis une digue si grande, si extraordinairement grande, qu'elle était tout à fait proportionnée à la taille du lac, et qu'à l'abri de ce rempart les hommes pouvaient reposer sans crainte : Hu-Gadarn ne veille-t-il pas sur leur bonheur ?

Mais voilà : Hu dédaigne trop la vermine qui se traîne à ses pieds, la vermine terriblement malfaisante. Le Castor qui cherche sa joie dans le mal, pioche sournoisement à la base de la muraille tutélaire : il pioche si longtemps et si bien que les eaux passent en mince filet tout d'abord, et puis à gros bouillons, et par flots tumultueux pour en finir, par flots qui brisent toute la digue et se précipitent en torrents sur la terre.

Les fleuves s'enflent et couvrent les plaines; les vagues frappent les flancs des montagnes et l'eau s'écroule toujours en cataractes plus abondantes; les forêts ont disparu; les enfants des hommes réfugiés aux sommets sont enveloppés un à un, dans l'humide linceul.

La bonté de Hu est grande; il a préparé une barque, une pauvre barque sans voiles, où montent un homme et une femme, avec un couple de chaque espèce, et il ne faut rien de plus pour préserver le monde de la destruction.

Pourtant, le Castor n'est pas encore vaincu. Il retient la terre sous les eaux, au fonds du puits de l'abîme, le méchant esprit. Les nuages de la tristesse assombrissent le front du dieu Hu. Ses fils sauvés ne le sont-ils donc que pour un temps? Il accepte résolument la lutte, et choisissant les deux plus beaux parmi ses bœufs célestes, il les attèle au globe immergé. De leurs cous puissants, ils tendent les chaînes d'or, et le castor doit lâcher sa proie.

La terre reparait, et avec elle une autre race humaine. Mais l'un des bœufs de Hu a fait de si violents efforts en la lutte terrible que ses yeux ont roulé à terre, et qu'il est mort sur le champ. Et son compagnon de joug ne lui a point survécu.

C'est ainsi que les bœufs de Hu-Gadarn ont payé de leur vie la rançon de la terre.

Maintenant qu'il a sauvé les hommes et leur a enseigné l'art de vivre heureux, Hu-Gadarn est très las. Il va chercher le repos à Pen-Lenn, près de sa bien-aimée Koridwen.

Elle est femme et c'est une enfant; c'est la reine des heures joyeuses. Entre les fées si belles, elle est de toutes la plus belle, telle une rose au milieu des ronces, l'amante à l'éternelle jeunesse. Aux bosquets de Pen-Lenn, il est une source qu'elle aime. Hu l'atteint parmi les feuillages, et venu sans bruit, il s'arrête charmé. C'est elle, la bien connue; c'est elle, toujours

même et toujours nouvelle, la Koridwen de jadis, la
Koridwen de toujours. Elle a repoussé l'écharpe nua-
geuse, et, sûre de la solitude, s'est assise au bord du
ruisseau. Humiliant son éclat, le peigne d'or sillonne
lentement la chevelure d'or, puis la fée rejette en arrière le lourd manteau de ses cheveux.

Elle se retourne. Hu-Gadarn est devant elle. Et l'A-
mour prosterne la Force aux pieds de la Beauté. Le
front radieux de Hu s'appuie doucement sur les seins
parfumés, et le dieu reste longtemps ainsi, oubliant
dans l'Amour son immortalité.

L'enchanteresse s'écrie :

— Je suis donc toujours ta Koridwen, la seule aimée
du plus puissant des dieux ? Béni est le sort qui me
conserve l'amour de mon maître adoré. Au nom de cet
amour, écoute-moi, Hu-Gadarn. Les dieux, malgré leur
empire, doivent souvent recourir à ceux qui connaissent les charmes, à ceux qui possèdent la magie des
incantations. Et c'est pourquoi ils ne repoussent point
leur prière. Qu'importe mon pouvoir d'ailleurs ? et
quand je serais une fille de la terre, Hu-Gadarn se-
rait-il sourd aux désirs de sa Koridwen ? Ah ! mon
maître, tu me réponds par des caresses, encouragement précieux au cœur de ton amie..... Hu-Gadarn,
j'ai porté trois enfants dans mon sein ; hélas ! combien
ils sont différents ! Mor-Vran, guidant les navigateurs,
règne au loin sur les mers. Kreiz-Viou est plus belle
que ta Koridwen même. Dis-moi quel talent, quelle
grâce a reçu mon dernier né, le pauvre enfant Avank-
Du ? Mor-Vran, c'est ton fils, et Kreiz-Viou, c'est ma
fille ; mais il faut tout mon cœur maternel pour ne
point renier Avank-Du. N'es-tu pas touché de pitié au
spectacle de son infortune ? sa laideur et son ignorance ne sont-elles pas plus tristes encore qu'irritantes ?
Hu-Gadarn, n'accorderas-tu rien à ce déshérité ? Ordonne quel sera son lot, et permets que dans la Terre
du Repos, je prépare les talismans qui deviendront sa
dot.

— O suave fleur de Pen-Lenn, ma Koridwen, Hu-

Gadarn compatit à ta douleur. Va donc, ma douce fée; va dans la Terre du Repos et gagne la Cité du Juste. Gwion, gardien du sanctuaire, s'inclinera devant le signe de Hu. Va, et prépare l'eau de la divination. Dans un an et un jour, Avank-Du sera le Sage, s'il plaît à l'Inconnu.

Koridwen n'attend pas un instant. Elle se rend à la Cité du Juste. Bientôt, l'eau magique est placée sur le feu que Morda l'Aveugle entretiendra jusqu'à ce que le temps prescrit par les rites soit enfin révolu, et Gwion le nain, du haut de sa petite taille, préside à l'opération, ce, pendant que Koridwen cherche les plantes et observe les astres pour s'aider de leurs influences.

L'aube du dernier jour a lui sur la Terre du Repos.

— Encore quelques copeaux, Morda, crie Gwion. Tu te reposeras ce soir !

Et Morda jette une brassée de bois dans le brasier, et la liqueur se prend à bouillir avec tant de violence que trois gouttes sont projetées dans l'espace, trois gouttes brûlantes qui tombent juste sur le doigt de Gwion. Gwion pousse un cri de douleur, porte le doigt à sa bouche..... et le vase tombe et se brise au même moment, sous l'impulsion d'une force inconnue.

Or, voilà le prodige : à peine les gouttes consacrées ont-elles touché la lèvre du nain, qu'il perçoit distinctement l'avenir. Il lui semble qu'un bandeau vient d'être levé de ses yeux. Il est un nouvel être; il sent en lui un peu de la nature divine.

La première vision de son âme épouvantée, c'est Koridwen qui bientôt va revenir; c'est Koridwen qui l'accusera de tout le mal et dont la colère terrible voudra faire retomber sur sa tête le malheur fatal du misérable Avank-Du : car l'eau de la divination ne peut-être préparée qu'une seule fois pour chaque être. L'enchanteresse est au loin, et pourtant il la voit, souriante à la pensée de l'œuvre accomplie, puis, quand elle saura, furieuse d'être vaincue par un sort acharné.

Le nain croit entendre une voix :

— Gwion, il ne te reste qu'à fuir; abandonne l'heu-

reux temple et la calme Cité ; c'en est fait de toi si tu
ne cherches le salut dans la fuite rapide. Disparais,
Gwion, disparais aux yeux de ta mortelle ennemie.

A peine le nain est-il parti, que Koridwen franchit le
seuil du sanctuaire. Elle demeure pétrifiée en voyant
Morda tristement assis avec ses yeux éteints qui pleurent et sa poitrine qui sanglote, tristement assis auprès
des tisons fumants, auprès du foyer inondé de la liqueur
empoisonnée.

Elle crie :

— Morda, misérable maladroit ! Malheur à jamais sur
ta tête ! Tu ignores encore l'étendue de ton crime, mais
l'immensité du châtiment te la fera connaître ! ô aveugle maudit qui as arraché l'espoir de mon cœur !

Alors elle remarqua l'absence de Gwion :

— Et Gwion ! où est-il ? hélas ! tes yeux sans lumière,
ô Morda, ne pouvaient point le voir ! Le misérable a
fui !... Oui, il a fui... il est loin, se riant de mes peines ! Et c'est lui, maintenant je le comprends, c'est lui
le vrai coupable ! Ah ! le nain veut combattre la fée !
Soit ! Combattons ! Mais, Gwion, où que tu puisses être,
sache que je ne prendrai nul repos que tu ne sois
écrasé !

Grâce aux gouttes merveilleuses, Gwion entend les
imprécations de Koridwen, il fuit de toute la vitesse
de ses petites jambes, de ses inlassables petites jambes
de nain.

Tel le fauve découvrant la piste d'une proie convoitée,
l'enchanteresse poursuit Gwion, plus rapide que le vent
sur la lande. Chaque pas diminue la distance qui les
sépare. Elle va l'atteindre.....

Où est Gwion ? Il n'y a plus de Gwion ; mais un lièvre
détale dans l'herbe, et voici une levrette blanche sur
ses talons, une levrette prête à le saisir, prête à saisir
le pauvre lièvre arrêté par la rivière.

Or, les mâchoires de la chienne se referment sur le
vide, et seulement un poisson de plus nage dans l'eau,
se cachant dans les trèfles et les nénuphars. Horreur !

une loutre écarte les feuilles ; son museau flaire déjà
les écailles brillantes.....

Qu'importe la loutre à l'oiseau léger qui flotte parmi
les nuages ? L'épervier, je ne dis pas non ! Et l'épervier
lui donne la chasse ; ses grandes ailes battent l'air avec
un bruit sinistre.....

Plus d'oiseau ! L'épervier reste un moment étonné.
Mais il a vu un grain de froment tomber du ciel sur un
tas de blé dans la cour de la ferme. Et l'épervier sait
bien que ce n'est pas la coutume que les grains de froment descendent des étoiles. La coutume, c'est plutôt
que les poules mangent le grain, et voici justement
une grosse poule noire qui picore dans le tas.

Quelles terreurs, celles du petit Gwion à la merci du
bec de la vindicative Koridwen ! Elle s'approche, et
puis s'éloigne. Voilà qu'elle le retrouve, et avant qu'il
lui soit possible de se sauver sous une autre forme,
pik ! la poule noire l'a avalé !

Ainsi Koridwen s'est vengée du nain.

Celui qui cherche son plaisir dans le malheur des
autres, sa joie sera de courte durée. Kordwen à peine
a regagné Pen-Lenn qu'elle se trouve enceinte et le
dieu Hu voyant que l'enfant sera le fléau de sa race, le
condamne par avance à mourir.

Pourtant, Hu-Gadarn peut-être se trompe. Sera-t-elle
jamais, la mère qui sacrifiera son enfant ? Et Koridwen
prie encore Hu-Gadarn.

Le Dieu parle :

— Ne lui reprends donc point cette vie que tu vas
lui donner. Mais cet enfant, ô Koridwen, pour son
repos et pour le nôtre, cet enfant ne doit pas rester
parmi nous. Dès sa naissance, tu le placeras dans un
berceau solide à couvercle de cuir. Alors tu le dépo-
seras sur les flots.

Le terme est arrivé, et Koridwen agit comme a or-
donné Hu-Gadarn.

En ce temps-là, il était au pays d'Arvor un roi que
l'on appelait Gouydno. Or, Gouydno possédait un réservoir qui faisait sa joie, et un fils qui causait sa

peine. Le réservoir était au bord de la mer, et la mer le remplissait quand on ouvrait les écluses ; dans ce réservoir vivaient en foule innombrable les plus beaux poissons qui aient jamais été, ce qui faisait de la pêche annuelle une grande réjouissance dans les terres du roi Gouydno. Pour ce qui est du fils, il se nommait Elfin et le mauvais sort semblait le suivre, car il ne venait jamais à bout de rien, et toute entreprise à laquelle il s'intéressait échouait lamentablement.

L'époque de la pêche est venue, au temps où Koridwen a lancé le berceau à la mer. Et les conseillers de Gouydno l'engagent à charger Elfin de vider le réservoir dont l'eau magique donne la science. Voyez la malchance du pauvre petit prince : Pour la première fois depuis le commencement des âges, aucun poisson n'est pris ; le fond de l'étang étale aux yeux une boue verdâtre et les gens du peuple disent :

— Hélas ! la malédiction est vraiment sur le prince Elfin !

Et Elfin baisse la tête, accablé par l'injuste destin.

Mais il aperçoit dans la vase une caisse à couvercle de cuir et il l'a fait apporter au palais ; et quand on l'ouvre, un enfant si beau apparaît, que tous s'écrient :

— Taliesin ! Taliesin !

Ce qui signifie front radieux.

Et cet enfant, c'est le fils de Koridwen ; c'est le bon génie d'Elfin ; c'est le Barde des Bardes !

Il chante et tous l'écoutent. Il dit ses existences passées ; il dit aussi l'avenir. Et la bénédiction est avec lui, comme elle est et sera avec les grands dont la bonté réchauffe l'âme des pauvres chanteurs.

Ceux-là, qu'ils soient bénis à jamais.

IANN MORVRAN.

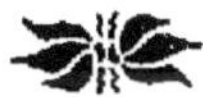

LES JOYEUSETÉS D'AIMÉ PASSEREAU [1]

XI

A François Coppée.

La petite Eugénie ouvrière en corsets
Quand on l'envoie en course, au loin, chez les pratiques,
S'arrête dans la rue à toutes les boutiques
D'orfèvrerie, où seuls les riches ont accès.

Tous ces bijoux, honneur des joailliers français
L'attirent comme d'une effluve magnétique;
Sur les feux de couleur, c'est toujours le classique
Diamant qui, pour elle, emporte le succès.

Collée à la vitrine, oubliant son fardeau,
Elle s'amuse à voir trembler la goutte d'eau
Enchassée au milieu de deux boucles d'oreilles.

Elle sent qu'elle aurait un faible pour celui
Qui lui dirait, des yeux montrant le rouge étui,
« Voulez-vous pas qu'on vous en paye des pareilles ? »

XII

A Lucien Hubert.

C'est une vieille; elle est tantôt octogénaire;
Elle marche alourdie au poids de son cabas,
Pour vivre, elle mendie au quartier militaire
Ce qui reste de la gamelle des soldats.

---

(1) Voir les numéros 4 et 11.

La douleur, dès l'enfance, attachée à ses pas,
En a fait cette loque épanouie à terre :
Son défunt homme la rouait à tour de bras.
L'un des fils est au bagne et l'autre est mort en guerre.

Elle passe sa vie à chercher le soleil.
Un vieux chien dont la gale a râpé les oreilles
Lui reste pour unique et fidèle soutien.

Leurs pauvres yeux muets se causent en silence,
Un sourire en revient à la vieille qui pense
Que le meilleur de l'homme est encore le chien.

<h3 style="text-align:center">XIII</h3>

A Albert Mérat.

Vous n'êtes pas maris, vous n'êtes pas amants.
Vous qui mal à propos, pour leurs têtes légères,
Avez imaginé des coiffures si chères
Qu'il faut y consacrer un mois d'appointements !

O jardins suspendus ! Chapeaux ! Clairs monuments !
Ne nous racolez plus sous l'éclat des lumières !
Si Claudine m'en prie, hé saurais-je comment
(Vous lui allez si bien) tenir tête aux prières ?

Puisque chez la modiste émigre tout mon or,
Je veux fuir en province où l'on se coiffe encor
D'un fruit économique ou d'un simple légume.

Adieu ! ville inhospitalière où l'on nous prend
Le gain d'un jour entier pour voir les seules plumes
Au théâtre, d'un feutre assis au premier rang !

AIMÉ PASSEREAU.

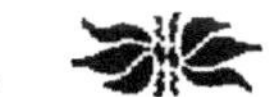

PAUVRE LÉLIAN [1]

(Pour faire suite aux « CONFESSIONS » de Paul Verlaine)

Au heurt violent des passions, à l'étourdissement de
« l'ivresse à mort » et de la « noire orgie » succédaient
l'apaisement, le silence et l'immobilité :

Je suis un berceau
Qu'une main balance
Au creux d'un caveau

. . . .

...Peu de temps avant, à Bouillon, devant deux amis
— dont Rimbaud qui souriait — Verlaine avouait avoir
éprouvé une première fois, vers l'âge de vingt-trois ou
vingt-quatre ans et au lendemain d'une forte « noce »,
le besoin d'une réaction sentimentale. Une église se
trouvant devant lui, il était entré, avait pénétré dans
un confessionnal, raconté ses fautes bien sicèrement et
sans rien omettre, s'était soumis docilement à la direction du confesseur qui, après une retraite de plusieurs
jours, voulut bien lui donner la communion. Cette robe
baptismale ainsi retrouvée par hasard, il déclarait l'a-
voir portée immaculée une bonne semaine avant la prochaine rechute...

Cette fois, ce n'était plus une fantaisie due à l'alan-
guissement du système nerveux surmené. Si le mot
conversion peut être appliqué à une révolution de sentiments et d'habitudes, c'est bien à celle qui se produi-
sait dans de telles circonstances. Le prêtre qui soigna

___

[1] Voir les numéros 5. 6. 7, 9. 10 et 11.

son âme était un homme habile et clairvoyant. Il considéra cette nature presque féminine tant elle était faible et délicate, ardente et sensible ! Il fallait y ramener la foi, orienter vers un point donné la force passionnelle, prévenir enfin les exagérations qui compromettraient tout.

— Oui, disait le prisonnier, vous êtes bon ; la religion est belle ; mais... Qu'essayez vous ? J'ai tant de raison pour ne pas croire ! J'ai tant d'objections !...

— Mon pauvre enfant, vous n'avez rien du tout...

Et devant son argumentation les objections ne tenaient pas, les raisons tombaient. La passion pouvait jeter le néophyte dans les excès de la crainte ou du mysticisme. Il lui donne une morale sage et prudente. Il l'empêche d'aller trop vite, selon le système de saint François Xavier dans son *Introduction à la vie dévote* ; — l'oblige à se contenter du peu qu'il a gagné, lui montre seulement *l'orgueil* comme ennemi implacable et toujours là —

> *Ah ! surtout terrasse*
> *Ton orgueil cruel ;*
> . . . . (1)

— lui fait craindre les dangers que court un esprit même ardemment chrétien, s'il devient la proie du sophisme déguisé sous l'apparence du scrupule et de l'austérité ; lui dénonce la peste janséniste ; lui affirme qu'il peut, qu'il doit aimer la communion fréquente, ne craindre que le péché et ne pas reculer devant l'approche de Jésus ; qu'on n'est pas indigne quand on adore, quand on se repent...

Puis la violence romanesque du poète, son besoin de tendresse agenouillée, il les tourne vers une femme : la vierge Marie, consolatrice des douleurs, couronnée d'étoiles.

La semence était bien jetée. Elle fut féconde, elle s'enracina profondément, car malgré les défaillances de

—————

(1) *Sagesse.*

beaucoup plus tard, Verlaine n'eut jamais plus un seul retour en arrière, jamais une négation, un doute ; il resta désormais et mourut croyant.

Et rigoureusement orthodoxe. Les passionnels et les révoltés sont les grands autoritaires. Le catégorisme du dogme catholique fut ce qui séduisait le plus Verlaine. Il s'en délectait, parfois avec une sorte de férocité enfantine. Le poète absolu qu'il était adorait le mystère et s'y soumettait avec délice. Sans compter la tendresse et l'amour immenses, marques évidentes de raison et de vérité, dont la religion romaine est imprégnée plus que toute autre.

Ce n'est pas à Mons, pourtant, qu'il écrivit la partie la plus importante de l'œuvre qu'il le place, très en avant, à la tête des poètes catholiques français.

Son temps de captivité, consacré principalement à des lectures graves dans des livres de piété ou d'instruction religieuse et dans les Pères de l'Église, est représenté littérairement par certaines pièces de *Parallèlement* et de *Jadis et Naguère* [1], qui ont une portée plutôt sentimentale, prolongement, sous une autre forme, des personnalismes de « Birds in the night ».

Sur la souffrance, sur la colère s'épand progressivement une morale douloureuse, de plus en plus calme et large, qui voit de haut, édifie des conclusions, revoit, prévoit : philosophie du malheur, en attendant l'élan définitif vers une intellectualité nouvelle.

C'est une germination qui produira un peu plus tard la fleur et le fruit. La conversion est du cœur, d'abord, et des sens. L'homme est devenu catholique ; mais le *poète catholique* ne s'épanouira qu'après le temps qu'il faut....

(A suivre.)   L. DELAYAYE — F.-A. CAZALS.

---

[1] Ces pièces, ajoutées à quelques poèmes de *Sagesse* devaient, dans la pensée de Verlaine, être réunies sous ce titre : *Cellulairement*.

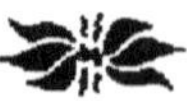

BIBLIOGRAPHIE

La Culture des Idées, pas Remy de Gourmont. (1 vol. Société du *Mercure de France*.)

Nous sommes un peu en retard pour parler du livre de M. Remy de Gourmont. Il est vrai qu'il est de ceux dont la portée dépasse l'heure présente. Bien qu'il soit à la tête d'une œuvre déjà considérable, l'auteur est encore presque ignoré du grand public. Cela tient, sans doute, à une sorte de dandysme intellectuel qui ne saurait condescendre à quelques compromissions pour gagner la faveur du vulgaire. L'intelligence devant, selon lui, « aspirer à l'état de noblesse dédaigneuse ». Mais la qualité spirituelle de l'atmosphère où se meut cet esprit de haute tenue y est aussi, j'imagine, pour quelque chose.

M. Remy de Gourmont est, par excellence, un spéculatif. Il voit haut et loin. Le monde des idées lui est familier et il y évolue avec aisance. Si l'habitude de l'analyse n'a pas étouffé en lui, certes, la puissance imaginative, celle-ci n'en est peut-être pas moins gênée du voisinage. Le subconscient ne faisant pas toujours très bon ménage avec le conscient, comme il le note lui même. Aventure commune à nombre de bons esprits, Hello, entre autres, avec qui M. de Gourmont n'est pas sans analogie, bien que leurs tendances intellectuelles soient, d'ailleurs, aux antipodes. C'est pour cela, sans doute, que chez l'auteur de la *Culture des Idées*, le logicien et l'analyste me semblent supérieurs à l'imaginatif.

Dans une génération où chaque écrivain se pique d'être doublé d'un esthète, M. Remy de Gourmont est parmi les premiers. Et lui, du moins, a le mérite de toujours savoir ce dont il parle. C'est déjà une supériorité sur tels petits pédants dont la cuistrerie n'égale que l'ignorance, et qui vont esquissant leurs grimaces à l'ombre de Fichte ou de Nietzsche, comme des singes accroupis derrière les génies. M. de Gourmont n'aime pas les chemins battus et les lieux communs ressassés. Familier avec les méthodes rigoureuses et précises de l'exégèse et de la psychologie, soit qu'il traite d'une question d'esthétique pure, ou de la dissociation des idées et de la morale de l'amour, il y apporte la même dialectique lumineuse et sagace. Nous sommes toujours sûrs avec lui d'aboutir à une conclusion originale. Car, fidèle au principe cartésien, le critique pense par lui-même, et n'accepte que sous bénéfice d'inventaire les idées qu'on lui présente et les préjugés qu'il trouve sur sa route. Tant pis si, chemin faisant, il froisse quelques sentiments ou effeuille quelques illusions. Et le plus curieux est que sentiments ou illusions finissent presque toujours par concéder à cette logique implacable l'inanité de leur existence.

La langue, saine et probe, ne cherche pas à en imposer par de vains colifichets, ou des tarabiscotages simulant la profondeur. Et il est tel chapitre, la *Dissociation des Idées*, par exemple, ou le *Paganisme éternel*, qui sont des modèles d'analyse et de haute portée philosophique. Un tel livre mérite, certes, de ne pas passer inaperçu. Et si nous vivions en un temps où chacun est fêté selon son talent, la foule honorerait l'auteur comme un de ses guides préférés.

A. DELAROCHE.

Camisards, Peaux de lapins et Cocos, par G. Dubois-Desaulle ; (1 vol. à la *Revue Blanche*).

Voici un livre de justice et de pitié qui n'aura pas été inutile. — M. Dubois-Desaulle, en racontant les atrocités commises par les chefs dans les corps disciplinaires de l'armée française, a ému l'opinion publique. Sous la poussée générale de l'indignation publique, M. le Ministre de la Guerre a dû promettre des réformes. Qu'en adviendra-t-il ?

Il ne pourra plus du moins se targuer d'ignorance. Son inaction deviendrait de la complicité. Pour que les atrocités commises par les gradés sur les hommes ne soulèvent pas l'incrédulité, M. Dubois-Desaulle, qui a réussi à s'introduire par surprise dans le bagne d'Oléron, en a rapporté des photographies qui scellent ses dénonciations d'un caractère d'irréfragable authenticité. On y voit des disciplinaires à la barre de justice, d'autres aux poucettes ou à la crapaudine, obligés de se traîner pour saisir leurs gamelles avec leurs dents, d'autres auxquels on a introduit dans la bouche, en guise de baillon, un énorme morceau de bois maintenu par des cordes. — Il faut mettre ce livre dans toutes les mains. Je recommande, d'une façon toute particulière à qui veut s'éclairer sur l'état d'âme des « chaouch », l'interview que l'auteur rapporte à la page 290. — Il y a de quoi reculer épouvanté devant un tel abîme de sottise et d'ordures. Quoi de plus cynique que ce sergent-fourrier de la 1re Compagnie du corps des disciplinaires avouant à un inconnu qu'il « s'envoie des Cocos faute de femmes potables ». Et comme l'autre se récrie, le répugnant sous-off ajoute. — *Vous allez me dire peut-être que vous n'en feriez pas autant, si vous étiez à ma place...!!! On les prend comme ordonnances!!! Ce sont les habitudes aux colonies: les officiers ne se gênent pas non plus. allez!*

— Et si un disciplinaire ne marche pas?

— Ne marche pas! bien trop heureux de marcher... On les fait passer auxiliaires du cadre armé: ça leur évite la tôle, la ferraille et les poucettes. Quand on en a soupé, si ils rouspètent. on s'en débarrasse en les faisant tourniquer... c'est pas long.

D'ailleurs, les gradés ont leur galerie. Les noms sont marqués au fer rouge. Il faut voir dans le livre même jusqu'où peut aller la férocité de ces brutes. Le général Galliéni lui-

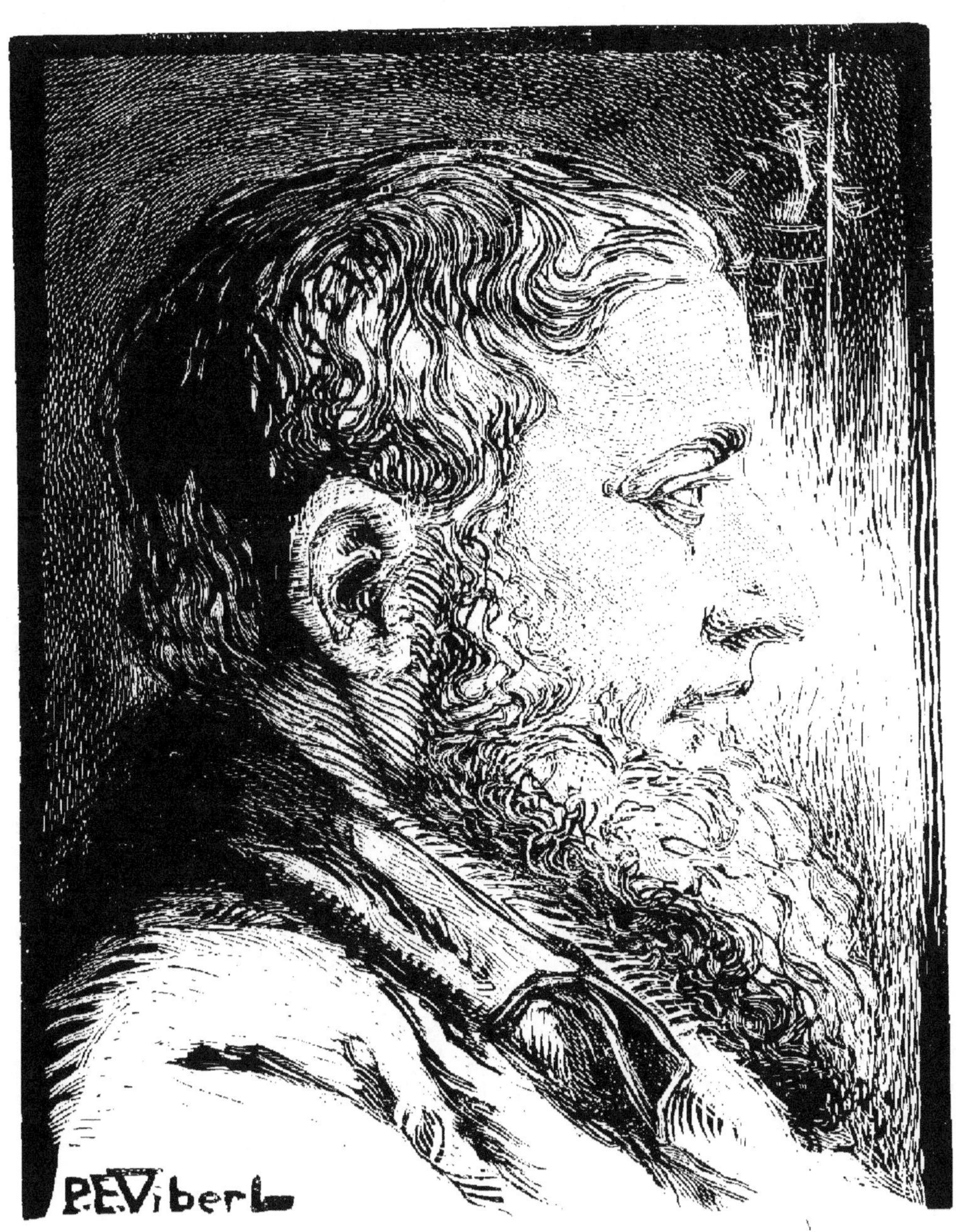

PORTRAIT DU SCULPTEUR JAMES VIBERT

Gravé par PIERRE-EUGÈNE VIBERT

même, que Jules Lemaître essaye de faire passer pour un héros, figure dans la collection. On lit page 288 :

Le général Galliéni disait un jour négligemment au capitaine Legros :

— Il ne faut pas les (les disciplinaires) ménager. Quand j'étais capitaine au Sénégal, j'en brûlais un, à ma porte, tous les samedis.

Lors d'une inspection, Galliéni trouva le camp des disciplinaires en désordre et mal tenu. Legros se plaignit des hommes. Galliéni lui répondit : — J'ai parfois commandé des compagnies de COCOS au Sénégal, lorsqu'ils ne voulaient pas marcher comme je voulais, je leur flanquais d'abord huit jours de prison, puis trente, puis soixante. S'ils continuaient à faire la forte tête, je les privais de manger et après, dame... J'en ai tué cinq ou six...

Que pense de ces paroles M. Jules Lemaître ? — E. J.

Livres reçus dont il sera rendu compte. — *Yolaine*, par JEHAN MAILLART ; *en Marge de la Vie*, par FERNAND BAL-DENNE ; *Cahiers mensuels*, de MÉCISLAS GOLBERG : *dans le Jardin*, par LUCIEN JEAN ; *Escarmouches*, par MADELEINE LÉPINE ; *l'Es-carpolette*, par TRISTAN KLINGSOR ; *En Pleine Epopée*, par JEAN CARRÈRE ; *l'Haleine du Désert*, par JEAN POMMEROL ; la *Légion étrangère*, par D'ESPARBÈS (Flammarion) ; *Noa-Noa*, par CHAR-LES MORICE et GAUGUIN.

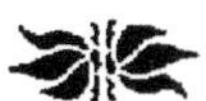

ÉCHOS

A propos de son beau livre les *Femmes de Shakespeare*, Théodore Maurer a reçu la lettre suivante, entre mille autres :

« Cher et excellent Poète.

« Très touché du témoignage d'estime et bien honoré de la dédicace, je vous remercie. Votre recueil est remarquable. Les préoccupations d'esprit qu'il atteste, avec un art si pur, si noble, si gracieux, ici et là ; si élevé et si élégant, ailleurs, le mettent au premier rang. C'est de la haute et délicate poésie, en paroles exquises, et choisies avec un goût ardent.

« Les « sujets » des poèmes sont d'un lettré raffiné, d'un chercheur de beauté suggestive ; Vous les traitez avec un talent qui est d'un maître ès-expressions.

« Le parfait ami Mérat vous dira que je ne suis pas un complimenteur irréfléchi : Votre livre est bon et frais. Il m'a infiniment plu.

« Et puis, que de charme, de souplesse, de subtilité vous savez déployer avec cette vieille et étroite prosodie (si mé-

prisé à présent) et qui reste, malgré les dévergondages du
« modern style », la sûre et vraie prosodie de toujours, celle
de Ronsard et d'Hugo, dont les Maîtres sont les esclaves
triomphants et féconds ; dont les poétereaux du jour sont
les déserteurs infertiles.

« Je vous serre la main affectueusement, cher et vrai poète.

9 Mai 1901   « *ERNEST D'HERVILLY.* »

*   *

Le *Cri de Paris*, en parlant de la façon dont l'Académie
française a décerné le grand prix de poésie, pense que ce
prix devait revenir à Jean Moréas « dont la haute pensée et
l'admirable effort littéraire en font une des gloires les plus
pures de l'art contemporain ». Et il ajoute :

« M. Sully Prudhomme, dit-on, a mené une campagne ac-
« tive contre Jean Moréas. Cette campagne fait peu d'hon-
« neur à l'auteur du *Prisme*, et lui enlève les quelques va-
« gues sympathies dont il jouissait encore parmi les jeunes.

« Et Moréas n'en reste pas moins un très grand, et très
« noble poète, sinon le plus grand de notre temps. »

Voilà qui est fort bien dit, et nous sommes très reconnaissant à MM. Coppée, de Heredia, Gaston Paris et Hanotaux
d'avoir élevé la voix en faveur de Moréas ; mais pourquoi
l'auteur de l'entrefilet juge-t-il à propos de faire passer sa
légitime indignation sur Albert Mérat qui n'en peut mais.
M. Mérat n'avait nullement sollicité le prix Archon-Depey-
rouse. Il fut l'homme le plus étonné de France en apprenant la nouvelle, et justement parce qu'il n'est pas un poète
« médiocre » et qu'il apprécie mieux que personne les mérites de Moréas, il n'aurait pas voulu entrer en concurrence
avec lui. Il a donc le droit de se montrer étonné de cette
attaque imprévue du *Cri de Paris*. Il ne faudrait pas que
l'injustice de l'Académie fut le prétexte d'une autre injustice
aussi criante.

M. Mérat est en tous points digne de la sollicitude des
pouvoirs publics. Nous savons qu'il est question en haut
lieu de lui attribuer la rosette qu'il mérite tout autant que
M. Haraucourt par exemple : Et ce sera justice.

*   *

Dans notre prochain numéro, nous publierons la critique
des Salons, par notre collaborateur Jules Laloue. De son
côté, M. Ernest Raynaud prépare deux études très docu-
mentées, l'une sur le peintre A. Séon, l'autre sur l'enlumi-
neur Marcel Lenoir.

LA SAGETTE.

Le Gérant : F.-A. CAZALS.

LES ÉCOLES LITTÉRAIRES [1]
Le Parnasse

Une évolution marquée vers la réalité objective ; un souci plus grand, d'aucuns disent exagéré, de la forme, — bien qu'il ne soit jamais exagéré de vouloir plus parfaite la réalisation de l'œuvre ; — un retour, sous l'influence d'André Chénier, à un néo-hellénisme classique : telle paraît être, en général, la caractéristique des poètes qui succèdent immédiatement aux Romantiques. Mais si la couleur, la précision, le pittoresque, la plastique viennent enrichir un rythme plus raffiné, en revanche, l'idée, sauf comme nous l'avons vu chez Baudelaire, devient de plus en plus absente de cette versification. On cisèle avec amour les flancs du vase, qui figure ainsi une précieuse pièce d'orfévrerie, on n'oublie qu'une seule chose : y verser l'élixir subtil et puissant qui enivrera les âmes.

Le Romantisme était mort de l'insuffisance de sa psychologie, de son incuriosité scientifique et morale. Le théâtre de Victor Hugo ne nous offre guère que des fantoches sans grande vérité humaine. Et la philosophie générale du poète dépasse peu celle de Voltaire : catholique d'abord, elle se résout définitivement en un déisme humanitaire et apocalyptique. Lamartine se contente du sentimentalisme chrétien, mis à la mode par Chateaubriand, auquel se surajoute un vague platonisme. Avec Musset, qui ne sut jamais choisir entre son épicurisme

(1) Voir les numéros 10, 11 et 12.

1

natif et la doctrine traditionnelle — la lutte eût pu être intéressante, — nous arrivons à l'absence absolue d'idées générales. A qui lui suggère l'observation du cœur humain :

« Le cœur humain de qui? Le cœur humain de quoi? » répond-il, avec espièglerie. Alfred de Vigny, seul, semble avoir eu la claire notion des besoins et des aspirations de l'âme moderne. Rien de plus tragique et de plus poignant que le combat qui se livre, chez lui, entre la pensée et le fatalisme ambiant : combat qui ne tourne pas à l'avantage de la première. Mais, soit lassitude morale, soit impuissance à « empoigner, comme dit Baudelaire, les crins de la Déesse », le poète ne tarde pas à déserter la lutte, pour s'enfermer dans le pessimisme douloureux de sa Tour d'Ivoire.

Le Romantisme avait, d'ailleurs, introduit dans son esthétique un élément réaliste qui, en dénaturant le principe, devait hâter sa propre fin : je veux dire *la couleur locale*. Mise en œuvre par Victor Hugo, d'une façon, il est vrai, fantaisiste, dans les ORIENTALES, cette nouveauté souleva un scandale parmi les critiques, en même temps que l'enthousiasme des *Jeunes France*. Le livre pourrait être considéré comme le point de départ de toute l'évolution poétique moderne. Essayer de sortir du classicisme sec et abstrait des dix-septième et dix-huitième sièles pour entrer dans le monde des réalités concrètes était, certes, une tentative intéressante, pourvu toutefois qu'on n'en fît pas une des conditions essentielles de la poésie. Mais c'était un leurre de croire donner ainsi à l'art plus de vérité. En tout cas, le Romantisme déviait par là de sa route première. Et au lieu d'édifier l'idéalisme panthéistique et transcendantal que faisaient prévoir ses débuts, il glissa peu à peu du thème personnel primitif à un objectivisme purement formel et décoratif, sans qu'il y eût corrélation nécessaire entre les deux termes, mais par pure lassitude du Moi.

C'est aussi au nom de la vérité objective, c'est-à-dire, avec ses propres armes, que Leconte de Lisle va essayer de le battre en brèche. Malheureusement celui-ci tombera dans la même erreur que ses devanciers, ou plutôt dans l'excès contraire. Et c'est par un illogisme qui paraîtrait singulier, s'il n'était fréquent chez les penseurs et les esthètes, qu'ayant admis la réalité du monde sensible, il n'accorde aucune valeur morale à sa représentation idéale, et s'évertue à concilier le pessimisme psychologique d'Alfred de Vigny avec le naturisme des mythologies anciennes. Bien qu'il se soit défendu aussi de toute passion et de tout sentiment, Leconte de Lisle n'en a pas moins ouvré quelques chefs-d'œuvre, tels que le *Manchy*, la *Fontaine aux Lianes*, etc., qui sont d'exquises élégies, un peu, il est vrai, à la manière sensuelle des Grecs et des Latins. Il est, d'ailleurs, le véritable maître des Parnassiens.

Nés au moment où la philosophie positiviste commençait à briller d'un vif éclat, où les méthodes des sciences expérimentales allaient renouveler tous les modes de la pensée contemporaine, ceux-ci furent tout de suite séduits par la manière large et sonore de cet art impersonnel, précis et descriptif. S'ils admettent avec Théophile Gautier que la poésie doit être autonome, distincte de l'éloquence et du sentimentalisme; s'ils essaient de ravir à Banville la prosodie brillante de son vers aux rimes d'or; s'ils reconnaissent avec lui la nécessité d'une langue, ou mieux, d'une phraséologie poétique; nul n'atteindra à la fantaisie imaginative du premier, ni à la richesse de son vocabulaire; pas plus qu'au prodigieux don de féerie et de merveilleux du second. Seuls, quelques esprits inquiets se hasarderont timidement dans le royaume de mystère où officie la muse étrange de Baudelaire.

Celui-ci, qui réalisa l'œuvre que Musset eut pu nous donner avec plus de passion et moins d'ironie, s'il eut été un artiste et un penseur, mérite, ainsi que nous l'avons vu, une place à part dans notre littérature. Il représente éminemment l'inquiétude de l'au-delà, la lutte entre les appétits charnels et le mysticisme religieux. La doctrine du Christ, en introduisant dans la conception païenne de l'amour et de la beauté, la notion du péché, semait là un ferment de dissolution, un élément d'analyse qui devait, tôt ou tard, faire éclater ce que d'aucuns nomment volontiers le *Paganisme éternel,* et dont, bien que nous en ayons, nous ne pouvons, artistes ou penseurs, nous désintéresser ; car il a la valeur positive d'un fait. La transformation multiforme de ce thème, depuis le *Faust* de Gœthe, jusqu'aux *Fleurs du Mal,* jusqu'à Swinburne, en passant par Novalis-Hardenberg, et les *Chimères* de l'étonnant et malheureux Gérard de Nerval, sans qu'on puisse inférer une imitation quelconque, prouve que cette anxiété fut générale parmi les âmes modernes. On voit donc quelle tout autre direction eut pris la poésie parnassienne, si Baudelaire eût été suivi. Mais il apportait plutôt, comme je l'ai dit, un état d'âme nouveau qu'une théorie nouvelle, et si une poétique, une esthétique sont susceptibles de faire école, un état d'âme ne s'imite pas. Et Paul Verlaine est, je crois, le seul poète contemporain qui ait été à la fois le héros et la victime d'un pareil dualisme moral et artistique.

Dans l'étude qu'il consacre à cette école, à la fondation de laquelle il eut une si large part, *la Légende du Parnasse,* où il essaie d'en fixer les traits, avant qu'ils aient été dénaturés par la critique indifférente ou hostile, M. Catulle Mendès se défend et défend ses amis d'avoir voulu être des novateurs. Ils étaient réunis, dit-il, dans l'admiration des maîtres : non point celle de Lamartine, un chantre de romances, selon lui. — On en sait, pourtant, qui ne sont pas méprisables ; et la littérature française a commencé de cette humble façon, par la *Cantilène de Sainte-Eulalie,* la *Romance de Belle-Erembor,* de *Belle-Doette,* etc..., chansons qui recèlent quelque poésie et dénotent même un certain talent. Alfred de Musset, non plus, ne saurait être agréé par M. Mendès. Musset, cet enfant sublime, ce jeune dieu qui ne consent pas à rester sur l'autel dans l'attitude hiératique qui sied pour recevoir l'encens des foules idolâtres. Mais Hugo, voilà le maître, le père, la source de toute poésie, l'alpha et l'oméga de l'art contempo-

rain. Et M. Mendès pense que le nouveau cénacle eut
été mieux désigné sous le nom de *Néo-Romantisme* que
sous celui de *Parnasse* qu'on lui décerna par ironie. De
son côté, M. Faguet ne veut pas que l'on donne aux
Parnassiens le titre d'école, mais plutôt celui de groupe,
sous prétexte que ces écrivains auraient fait preuve de
tempéraments fort divers. Voilà, je crois, une objection
spécieuse, et c'est jouer sur les mots. Peu importe, en
effet, le thème mis en œuvre par chaque poète et sa
vision particulière. Ce qui caractérise une école littéraire, ce sont les principes, c'est la méthode. Il s'agit
donc fort simplement de savoir si, dans leurs diverses
manifestations, ses adhérents obéissent aux mêmes
préoccupations esthétiques. Je crois avoir montré que
l'art des Parnassiens est un art réaliste et descriptif.
Qu'ils chantent le *Petit Épicier de Montrouge* ou l'*Épée
d'Angantyr*, c'est toujours, couleur locale à part, le
même procédé, le même parti pris de ne tenir compte
que du décor extérieur, de peindre le phénomène en soi,
au détriment de sa signification idéale. Au point de vue
purement prosodique, pour le vulgaire comme pour la
critique, le mot *parnassien* évoque immédiatement à
l'esprit le vers aux arêtes rigides, à la rime toujours
riche et privé de presque toutes les libertés dont voulut
le doter le Romantisme ; une certaine phraséologie poétique ; enfin, souvent, la mise en œuvre des sujets des
mythologies anciennes.

Mais admettons que le Parnasse ne soit pas une école,
au sens original du mot ; qu'il n'ait fait que donner la
consécration artistique aux idées flottantes dans l'atmosphère de son temps. Accordons à M. Mendès que ses
compagnons et lui n'aient pas essayé de réagir contre
cette influence du milieu ; qu'ils se soient contentés de
cristalliser la forme, de fixer les résultats positifs du
Romantisme ; — grave symptôme qu'un tel manque
de personnalité, tout poète digne de ce nom ayant le
devoir d'être original : ce qui n'implique pas, d'ailleurs,
que la réciproque soit vraie. Il n'en reste pas moins
que les Parnassiens ont représenté éminemment une

époque de notre littérature, une manière d'art, et qu'il peut être intéressant d'étudier comment ils ont voulu parfaire une forme qu'ils n'avaient pas créée. Heureux, si nous parvenons à découvrir, malgré la modeste déclaration de principes de leur biographie, que les meilleurs d'entre eux, nourris dans la même discipline, ont réussi à dégager la note originale de leur tempérament.

(*A suivre.*)   *ACHILLE DELAROCHE.*

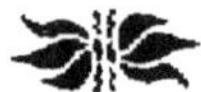

LOUISE

A Gustave Charpentier

Je suis amoureux de Louise.
Poète de lumière épris,
Qui notes en musique exquise
La vie et l'âme de Paris.

Ce n'est pas vu de l'Empyrée,
Mais de Montmartre l'on peut voir,
Dans la ville démesurée.
L'amour facile ou le devoir.

Le père ouvrier, la fillette,
Dont l'aiguille a marqué les doigts,
Qui s'éprend d'un vague poète
Chantant en face sur les toits.

C'est bien simple comme donnée :
La loi de l'amour éternel,
L'ambiance simultanée
De la tâche sombre et du ciel.

Ta broderie aux mille trames
Varie, ardente à le saisir,
Ce cri : « *Voilà l'plaisir, mesdames* ».
Cette obsession du désir.

Et c'est juste ! C'est la jeunesse
Jolie et sans beaucoup de cœur,
Comme il faut que la fleur renaisse
Et que Mai du froid soit vainqueur.

Parmi cette fête des choses,
En des trouvailles de valeurs,
On entend des sons bleus et roses
S'accorder comme des couleurs.

Charmeur, j'ai bu ta poésie,
Et joyeux, je reconnaissais,
A sa belle saveur choisie
L'excellence d'un cru français.

25 mai 1901   ALBERT MÉRAT.

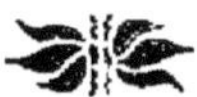

PETITES SCÈNES DE LA VIE MILITAIRE

LA MORT DE "LA MARNE"

Les chevaux ont leurs fantaisies et leurs mensonges. Ils tirent au flanc aussi bien que les hommes. Plus d'un canonnier avait pu en juger quand, au départ de la manœuvre, telle monture se mettait à tiquer d'effroyable façon dans l'intention de rester à l'écurie. La tentative vaine, après quelques cinglements de fouet, le malaise disparaissait par enchantement.

La petite jument de Pascalin avait des boiteries soudaines. Le sous-officier n'y prenait garde, sachant la mener droit aux bons endroits, et redresser ses membres fantaisistement secoués. On l'appelait La Marne. De robe bai cerise, avec une liste en tête, de bons gros yeux bien clairs, elle avait l'allure pimpante d'une jeune villageoise. Pascalin l'aimait en camarade, la rudoyant peu, avec une caresse chaque matin, un mot amical, un appel de langue. Il ne prenait garde à ses velléités de paresse, çà passerait au premier temps de galop.

Or un matin Ferré, de semaine, dit à Pascalin :
— « La Marne boite et refuse le service, je l'ai portée malade. » — « Bah ! répliqua Pascalin, sa blague ordinaire, ce n'est qu'un moment de flemme ! »

Mais voilà bien autre chose. Le nouveau vétérinaire, frais émoulu d'Alfort, M. Lougre, avait trouvé cette boiterie très grave. Après un trot de la jument qui persé-

vérait dans son mensonge, il la palpa, retourna, exa-
mina l'écurie, les auges en pierre, et conclut que la
bête s'était brisée une esquille d'os au membre anté-
rieur droit, probablement contre son auge. C'était
l'abattage sans phrase. Pascalin blémit, secoué d'une
horrible angoisse. Sa jument, son amie !...

Il courut au vétérinaire. M. Lougre, rageur, achevait
sa visite journalière. — « Que voulez-vous, maréchal des
logis ? » — « Je veux vous dire, Monsieur, que mon
cheval a des boiteries chaque matin, depuis trois ans
que je l'ai, et qu'il ne s'en porte pas plus mal. » —
« Et bien ? » demanda le vétérinaire d'un ton féroce.
— « Et bien, il n'est pas malade, balbutia Pascalin,
intimidé, et il n'y a pas lieu de l'abattre. »

M. Lougre tourna la tête avec un haussement d'épaules intraduisible. Le sous-officier jeta un regard éperdu
autour de lui, cherchant un encouragement, une arme
à plonger dans le cœur de cet homme. Il ne vit que
l'indifférence. Il courut à l'écurie, oubliant que la soupe
venait de sonner. La Marne eut un hennissement joyeux
à son aspect. — « Tu ne l'emmèneras pas ! » cria-t-il
au maître maréchal qui pénétrait en même temps dans
l'écurie. Fontaine était l'exécuteur des basses-œuvres
du vétérinaire. « Fontaine, je t'en supplie, je te jure
qu'elle n'a rien, je vais la faire trotter, tu verras... »

Larmes, injures, menaces, rien n'y fit. Il aurait fallu
se battre et Pascalin aurait eu le dessous. Il se demanda
s'il ne vaudrait pas mieux se faire mettre en prison de
suite. « Ne boîte donc pas ! » criait-il à sa jument, avec
des pleurs de rage. La Marne ne comprit pas. M. Lougre
était parti déjeuner. Pascalin courut comme un fou au
mess des officiers, le supplier encore, tenter de le flé-
chir. Ce fut vainement.

Quand il revint, La Marne gisait, le front troué, dans
une mare de sang. Fontaine l'avait abattue d'un coup
de mousqueton mal dirigé, et la bête vivait encore. A
chaque haleine, qui soulevait péniblement ses flancs, un
jet rouge jaillissait de ses naseaux. Elle fixa ses yeux
vitreux sur son ami, et râla. Alors l'homme s'agenouilla

près d'elle, souleva la pauvre tête rouge voilée par la mort, l'embrassa. Puis l'œil sec, longtemps, une heure peut-être, il demeura à la contempler.

Au régiment, la faim a de grandes dents, on n'oublie jamais la soupe. Les camarades de Pascalin pensèrent qu'il avait été déjeuner en ville. Le vétérinaire ayant fait l'autopsie de La Marne, pour trouver l'esquille d'os prévue par lui, en fut pour sa peine, le membre était sain et valide. Mais M. Lougre n'en dîna pas plus mal ce soir-là...

LÉON RIOTOR.

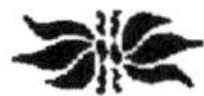

QUARÈ POSUISTI ME CONTRARIUM TIBI

JOB.

Tu peux brandir la foudre et, suant dans ta forge,
Troubler encor la cendre où, dort l'éternel Feu,
Dieu jaloux qui jouis de délice au milieu
Des râles et du sang des Vierges qu'on égorge.

Toi que j'ai vu tranquille et bardé de rigueur
À l'heure où le ciel vide engloutissait ma plainte,
Ainsi qu'un vil fardeau j'ai rejeté ta crainte :
La haine de ton nom s'est ruée en mon cœur.

Jadis je suppliais : Mes jours sont peu de chose ;
Épargne-moi, Seigneur, les traits de ton effroi ;
Ta présence m'oppresse et ton œil est sur moi ;
Recule un peu ta face, afin que je repose.

Mais, peu à peu sorti du long aveuglement,
J'ai secoué ton joug : cherche d'autres victimes.
Pour moi, je pèserai ma faute avec les crimes
Et je veux te soumettre au juste jugement.

Il est vrai, j'ai péché. La fange emplit mon âme,
L'orgueil a dévoré la moelle de mes os ;
J'ai placé sur un trône, au prix de mon repos,
Celle qui par ton œuvre est stérile, la Femme ;

Mais réponds à ton tour, de mon iniquité
Je veux savoir la masse et la scélératesse ;
Pourquoi donc l'éloigner dans la fausse tristesse ?
Dès que j'ai dit ton nom, pourquoi m'as-tu quitté ?

Parle, j'attends ta voix. Pourquoi cacher ta face
Au firmament livide où résonne ton pas ?
Pourquoi manifester la force de ton Bras
Contre une feuille morte et que ton souffle efface ?

Pourquoi d'un long regard par la haine blêmi
Frapper ainsi ton œuvre, ô Sagesse suprême ?
Qui donc a pu pétrir mon cœur, sinon toi-même,
Et qui dois-je accuser, s'il est ton ennemi ?

Pourquoi m'avoir fait croître et vieillir sous les armes ?
Pourquoi m'avoir donné la vie et le tourment ?
Pourquoi suis-je si las de moi-même et comment,
Si tu m'as fait, peux-tu triompher de mes larmes ?

Quelle chose est-ce donc que l'Homme, ô Dieu jaloux,
Si tu daignes ainsi sur sa chair criminelle
Fixer un seul instant ta pensée éternelle
Et s'il n'est pas trop vil pour la grâce ou les coups ?

Et pourtant, suis-je rien qu'un peu de pourriture
Qui rentre dans la terre et fond entièrement,
Et qu'une souche morte ou qu'un vieux vêtement,
Des vers silencieux innommable pâture.

Au moins, si ton regard veut demeurer sur moi,
Ne m'épouvante plus du fracas de ta gloire.
Sois un Père. Tu vois, j'ai peur ; laisse-moi croire
Que le cri de ma peine est monté jusqu'à Toi.

Dissipe mes péchés ; efface ma souillure,
Toi qui fis la chair faible, hélas ! et l'esprit prompt !
Que les flots de la grâce et du divin Pardon
Baignent mon corps abject ainsi qu'une onde pure !

Mais tout-à-coup, voici qu'au lieu du clair jardin
Où vont ceux qui sont morts dans la Paix de leurs âmes,
J'ai vu le rougeoiement des éternelles Flammes,
Et les Damnés, tes Fils qui consument sans fin.

Toi, pardonner devant mes pleurs et ma détresse ?
Tu préfères dicter des châtiments amers
Et m'accabler sans fin pour les sentiers pervers
Où j'ai trouvé la joie, au temps de ma jeunesse.

Je te vois à l'affût. Tu surveilles mes pas,
Tu préviens ma pensée et tu graves ma trace ;
Tu m'as déjà marqué pour ton enfer vorace,
Tu me veux, Tu me veux. Mais Tu ne m'auras pas !

Car voici que je vais dormir dans la poussière,
La mort va m'engloutir, et la nuit sans réveil.
Et Toi qui vas rodant pour troubler mon sommeil,
Tu creuseras en vain la face de la terre.

VICTOR GAULT.

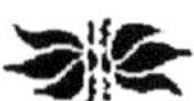

JAMES VIBERT [1]

Sculpteur

Et cette fusion des choses détestées, obligatoires et quotidiennes, *pâtisseries* d'occasion, figures en staff pour le *Casino de Paris*. Vibert, protagoniste du *Casino de Paris !* Ironie ! — et le désir de comprendre et de pratiquer le langage infini de l'Idée, et la volonté de toujours ajouter à ses aptitudes de statuaire, combien n'eussent pu résister à ces chocs divergents, et eussent passé les heures du jour dans une douce mollesse, reposante et sensuelle ? Pour lui, les champs, les conversations fécondes, les maquettes qu'il instaurait, tout n'était que distraction. Distraction d'un être puissant que sa robuste carrure, son imposant système musculaire pouvait solliciter à des fréquentations moins réfléchies.

Son assiduité au travail lui paraissait si naturelle qu'il n'en parlait pour ainsi dire jamais, se réservant pour attirer l'attention sur son *Vita in Morte*, œuvre dont il avait marqué d'un trait significatif la haute portée humaine, et qui doit faire partie d'une conception gigantesque : l'*Autel à la Nature*. Pourtant, il eut pu se montrer et se faire valoir dans maintes circonstances. Il était alors un des fervents des Soirées de la *Plume*

Ces soirées, fameuses, qui renouvelèrent avec plus d'intensité et plus d'étendue intellectuelle les groupements des *Hirsutes* et des *Hydropathes* - car, non-seulement les artistes jeunes et valables, à quelque genre qu'ils se fussent voués, y fréquentaient assidûment,

---

(1) Voir notre numéro de mai-juin 1901.

mais nombre de penseurs, de libertaires, d'orgueilleux
ascètes d'habitude réfractaire, s'y montraient également,
— permettant à chacun bien des confidences aux voisins vers qui des affinités vous poussaient à la sympathie. Mais par un sentiment très juste de son équilibre,
il ne mettait en valeur dans ce milieu que ce qui y cor-
respondait exactement.

Un jour, au *Salon des Cent,* que je venais de fonder à
la *Plume,* et dont Vibert avait été un des adhérents
immédiats, y envoyant sa maquette de *Vita in Morte,*
nous eûmes la joie d'apprendre que notre cher Auguste
Rodin voulait bien nous confier plusieurs de ses œuvres, et notamment un *Enfant Prodigue,* que nous avions
longuement admiré dans son atelier. Nous l'attendions
avec impatience, quand enfin, vers midi, une charrette
vint apporter cette pièce importante dans le vestibule
de la rue Bonaparte, où les conducteurs la laissèrent.
Devant cette masse, que pouvions-nous faire, Léon Deschamps et moi? Le bonheur voulut que Vibert vint
s'enquérir si l'expédition était arrivée sans avarie ; nous
savions bien qu'il était élève de Rodin, mais dans quelles
conditions touchait-il à l'atelier fameux, nous l'igno-
rions ; sa venue nous réconforta. Avec autant d'aisance
que s'il se fût agi d'un objet léger et commode, il eut
tôt pris toutes ses dispositions, embrigadé Deschamps
et moi sous ses ordres, et en fort peu de minutes, la
statue de pierre dans son geste magnifique d'implora-
tion fut dressée sur son socle. — Quel biceps! quelle
herculéenne dépense d'énergie, nous en étions subju-
gués. Ce fait si simple, amena les confidences non
encore faites, et beaucoup d'estime vint s'adjoindre à
notre affection.

Il pouvait alors avoir vingt ans, étant né en 1872, à
Carouges (Genève), d'une famille ayant beaucoup de ses
membres dispersés, car les enfants étaient nombreux
et le travail la loi obligatoire. C'est ainsi que dès les
premiers ans, il devient forgeron-ferronnier à l'École
des Arts Industriels, pour y percevoir le sens du métier
de Quentin Mattys. La rude matière devient flexible,

et le fer, de plasticité robuste, dégage ses modelés sous
le frappement du marteau. L'apprenti alors peut être
considéré comme un maître. Le temps d'exode est venu.
Et à dix-sept ans il s'en va. Il commence par Lyon, et
comme les compagnons de jadis, il s'embauche chez un
serrurier indiqué. Il tombe bien, celui-ci est chargé
d'un travail d'importance, la grille en fer forgé de la
nouvelle Préfecture; il s'acharne à sa besogne et, la
tâche accomplie, en ayant développé ses acquisitions
volontaires par des études très serrées de modelage et
de dessin, il se met en route pour Paris.

Là l'attendent les effroyables jours de misère et de
luttes renaissantes.

(A suivre.)   *LÉON MAILLARD.*

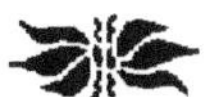

ABJURATION [1]

A LOUIS BONAPARTE, A LAMARTINE

Et tu quoque, fili ! (CÉSAR.)

Hélas ! et vous aussi, tous deux vous trahissez,
O Bonaparte ! ô Lamartine !
C'est quand la nation vous a divinisés
Que vous concertez sa ruine !

[1] Extrait de *Amour et Liberté*, œuvre posthume en préparation.

Pourtant l'Europe entière a d'un cri généreux
Salué notre République !
Elle voyait déjà se lever dans les cieux
Le jour d'une ère évangélique !

Ce jour où cessera le plus grand des fléaux,
Où les peuples, vivant en frères,
Feront du glaive un soc, de la lance une faux,
Aboliront entre eux les guerres !

Où l'enfant, le vieillard n'iront plus mendier,
L'opulence a l'âme si dure !
Où la fille du pauvre, au sein d'un atelier,
Pour son époux restera pure !

Où les déshérités, dans leurs destins divers,
Pourront vivre sans être esclaves ;
Où la Justice enfin, dans ses temples ouverts,
Sera pour tous libre d'entraves !

Avec la liberté les rois composaient tous,
Heureux de sauver leur couronne !
Tout peuple allait jouir en paix, ainsi que nous,
Des biens que le travail lui donne.

Mais hélas ! par l'orgueil aveuglés, mis à mal,
Vous trahissez et le sang coule !
Et l'Europe est livrée au sabbat infernal,
Et les martyrs tombent en foule !

Des bouches du Danube aux rivages romains
Dieu voit se massacrer des frères,
Au nom de quelques rois, de prêtres inhumains,
Riant entre eux de ses tonnerres !

Ils tombent, ces martyrs, sous le feu des canons,
Aux gibets, dans les forteresses,
Sur la terre d'exil, dans d'étroits cabanons...
Partout dans d'horribles détresses !

Peu vous importe, hélas! le deuil l'affliction
  De l'orphelin et de la veuve :
C'est par un droit divin que la Réaction
  Dans le sang se plonge et s'abreuve !

Et pour mieux décimer le camp républicain,
  Vos chevaliers d'ignominie
Suspendent les travaux, organisent la faim,
  Versent à flots la calomnie !

Mais l'Europe nous juge !.. Il faut bien des bourreaux
  Pour servir le droit monarchique !
L'honneur et la vertu, les lois et les héros
  Servent seuls une République !

Vous portiez en vos mains la coupe des malheurs
  Et celle du salut du monde ;
Et sur lui vous versez et les maux et les pleurs !..
  Ah ! que l'Histoire vous confonde !..

Par amour de la gloire, oui, vous me fûtes chers :
  Mais cent fois moins que la Patrie !
Et quand vous rejetez les peuples dans les fers,
  Moi, j'abjure l'idolatrie !

Oh ! derrière la nuit que font sur nous les rois,
  Frères, quelle aurore s'avance !
Le drapeau social, qu'à ses lueurs je vois,
  Est déjà planté sur la France !

1849   AUGUSTE BEAUMONT.

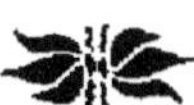

LES JOYEUSETÉS D'AIMÉ PASSEREAU

L'après-midi de mon gantier

A F.-A. Cazals.

Dire qu'on peut aller le dimanche en banlieue,
Cueillir l'ombre, aspirer l'air salubre, s'asseoir
Dans l'herbe ou traverser des bois longs d'une lieue,
Et qu'il préfère en ville arpenter le trottoir !

De l'Opéra jusqu'au Gymnase où l'on fait queue
Haut grimpé sur faux-col, sanglé d'un veston noir,
Il se promène avec sa canne à pomme bleue,
Joyeux, non pas d'être en rupture de comptoir,

Non pas d'avoir imaginé quelque nouvelle
Combinaison pour mieux voler sa clientèle,
Mais d'avoir constaté dans la glace en passant,

Que sa cravate à la façon mil huit cent trente
Trois fois torse et serrée à son cou grandissant
Au pur chic de Monsieur Le Bargy l'apparente !

Deux épigrammes dans le goût ancien

I

A Catulle Mendès.

Avec grâce, nouant leurs bras souples et lents,
Elles mirent leur double image à la rivière ;
L'artiste nous les fait admirer par derrière,
Une belle clarté joue à leurs jeunes flancs.

O corps joyeux d'être affranchis de vos barrières ;
Reins fermes où la Vie afflue en frémissant,
Votre gloire opulente où bondit la lumière
En fanfare de cuivre éclate dans les sens !

Et toi logeais tu donc, ô peintre, un cœur de pierre,
Que tu pus sans faiblir affronter des paupières
Ce couple déchaînant l'incendie en plein bois ?

Moi, je l'avoue, o dieux ! si déchirant les nues,
Vous m'en faisiez pleuvoir de telles splendeurs nues,
Le pinceau ne tiendrait pas longtemps dans mes doigts.

II

A Anatole France.

Ces bergers que tu vois, au long torse bruni,
D'un doigt mélodieux font soupirer l'écaille.
Tous deux, de Renommée égaux, d'âge et de taille,
Un dieu les a tirés d'un seul bloc de granit !

Cyprine a d'un œillet brodé leur ventre uni ;
Syracuse à leur sein pointe en double médaille,
Et leur pas fraternel agite la broussaille
Mélodieuse, où l'alouette a fait son nid.

Enfance ! évite-les comme on fuit un reptile
Qui pour mieux vous surprendre est caché sous les fleurs !
Eros laisse souvent pendre une arme inutile,

On vient sans méfiance, il a repris vigueur.
On écarte la branche, il a dressé la tête.
Son arc sonne et le fer est entré dans ton cœur !

Baffier s'en va-t-en guerre !

*Le sculpteur Baffier vient d'adres-
ser une protestation a nos conseillers
municipaux contre le projet d'orner
les jardins du Champ-de-Mars de
galeries a l'italienne... Il demande
à ce qu'on n'y plante que des arbres
d'essence française... mais ce farouche nationaliste n'a pas pris garde
que sa protestation était rédigée sur
du papier anglais...*
(LES JOURNAUX.)

A Émile Zola.

*Baffier ne se tient plus ! La France est en danger.
Voilà-t-il pas qu'on veut emprunter des arcades
A l'Italie afin d'orner nos promenades,
Et couvrir nos jardins d'arbustes étrangers !*

*Laissons son pain Viennois pour compte au boulanger,
La choucroute à Berlin ! aux Russes leur salade !
Le riz, c'est japonais, ça nous rendrait malade !
Et que l'eau de Pullna renonce à nous purger !*

*Grandir, c'est Espagnol ! restons de petits hommes !
Bas la force ! c'est Turc ! et pour qu'on ne surnomme
Nos gosiers Polonais, n'y versons rien dedans !*

*Fais-nous de la sculpture auvergnate à ton aise,
Baffier, mais ne sens-tu qu'avec ta plume anglaise
Tu nous cherches sans rime un début d'allemand ?*

AIMÉ PASSEREAU.

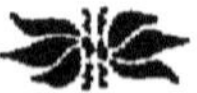

AUX CHAMPS-ÉLYSÉES

Le Salon de 1901

Après des pérégrinations comparables à celles de la Comédie-Française, le Salon est revenu aux Champs-Élysées, dans ce merveilleux cadre que la percée de l'avenue Nicolas a modifié sans le détériorer. Le public a repris avec joie sa route habituelle, et, sans nul doute, le nombre des entrées aura, cette année, atteint un total plus respectable que lors de l'installation du Salon aux anciens abattoirs de Vaugirard.

Le Grand Palais, nouvel asile des productions de nos artistes, leur offre une large hospitalité. Le jardin est vaste, les salles sont spacieuses et claires ; la seule critique à faire concerne l'unique escalier donnant accès au premier étage. Quand on se trouve dans les salles réservées à la gravure, on est contraint de faire tout le tour du bâtiment pour pouvoir redescendre au jardin ; la construction d'un second escalier serait assurément nécessaire.

Mais laissons ces questions accessoires pour en venir au principal. Que vaut l'Exposition de la Société des Artistes français ?... La réponse reste la même depuis plusieurs années : honorable, sans plus, le Salon nous offre un fort grand choix de morceaux appréciables, mais sans qu'aucun d'eux frappe par sa supériorité, même relative. Il y a beaucoup de bon et d'excellent, il n'y a rien d'éminent. J'ai, au cours de mes promenades dans les trente-sept salles de peinture, noté de fort belles choses ; j'ai vu aussi des erreurs (soyons poli) dont l'admission par le jury constitue un de ces problèmes dont la solution échappe au simple bon sens ; mais cette constatation se fait chaque année, et il est à croire que les artistes ont, eux aussi, une raison d'Etat qui clôt toute discussion et devant laquelle il convient de s'incliner sans murmure.

Promenons-nous donc, si vous voulez, et voyons ensemble ce qu'il y a de remarquable dans cette exposition. Dans le salon d'entrée, les plafonds de **Bonnat** et de **Marioton** font contraste ; le premier accuse les contours de ses personnages par un trait brun qui n'est guère gracieux, le second semble peint à la vaseline. Puisque je parle de M. Bonnat, je dois signaler son *portrait du président Loubet* qui, malgré la maîtrise et la renommée du peintre, est à coup sûr, la pire des images présidentielles exposées au Salon. Le nez, empâté, n'a aucun relief et sa coloration rubiconde est plutôt malheureuse. Le *Caligula* de M. **Surand** est sombre, mais un tigre bondit superbement sur la foule des prisonniers terrifiés. Les *Sirènes* de M. **Lalyre** sont excessives : les sirènes avaient, dit-on, un corps de poisson; mais étaient-ce des baleines ?

M. **Benner** idéalise sous les traits de deux superbes femmes : l'*Alsace et la Lorraine*. M. **Achille Cesbron** semble, avec la *Lyre*, avoir voulu, dans un mystérieux symbole, réaliser toute la gamme des tons. M. **Bail**, maître chaudronnier, continue sa reconstitution fidèle d'ustensiles culinaires dans le *Repas des Servantes*. Les deux paysages de M. **Biva** s'opposent l'un à l'autre et se font valoir. Il faut bien convenir, à ce propos, que les paysages sont tous les ans plus nombreux et meilleurs. Si le tableau d'histoire est assez négligé, comme le tableau de genre, le portrait et surtout le paysage prennent dans les expositions une place de plus en plus grande et prépondérante. Doit-on en conclure que l'imagination faiblit chez nos peintres, et que leur art se borne maintenant à une reproduction exacte et frappante de la figure humaine ou des beautés de la nature? Ce serait hasardeux peut-être; mais il est certain que le public s'arrête maintenant avec complaisance devant les œuvres des paysagistes, et que d'elles se dégage la meilleure impression artistique. Malheureusement, en raison même de leur nombre, nous avons à contempler tant de soleils levants, tant de couchers de soleil, tant de bords de fleuves, ou de sentiers sous bois, qu'il se produit, pour les yeux de l'esprit, une regrettable confusion; et le vocabulaire manque de variété pour signaler, comme elles le méritent pourtant, des œuvres dignes d'être distinguées, mais qui se recommandent toutes par des qualités analogues, que les mêmes mots seuls pourraient exprimer.

Ceci dit, en route. Voici *Madame Weber*, drapée comme elle elle a le talent de le faire, et bien peinte, par M. **Zier**. Les portraits d'acteurs ne sont pas très nombreux cette année : je citerai celui de *Madame Delphine Renot*, par Mme **Bourrillon-Tournay**, excellent de vérité, celui de *Mademoiselle Cécile Sorel*, un peu maniéré, par M. **Guinier**.

Signalons en passant la vérité d'expression des *Mendiants* de M. **Denis-Valvérane**; l'artiste a très bien saisi, notamment, cette teinte couleur « pauvre » que prennent, quelle qu'ait été leur coloration première, les loques des gueux.

Vous reconnaissez dans cet *Amour voltigeant sur les eaux*, la façon de M. **Bouguereau**. Mais prenez garde : au cours de la promenade, nous rencontrerons une bonne douzaine de tableaux que vous attribuerez au même peintre; même finesse de membres, même coloration tendre, même transparence des chairs; ce n'est pas du Bouguereau, c'est le travail de la cohorte de ses élèves qui, fidèles disciples, renoncent à toute personnalité pour imiter, et pas si mal, la manière du patron. M. **Seignac** offre un bel exemple de cette docilité d'écolier.

Nous traversons la salle 24 : un, deux, trois, quatre, cinq *intérieurs d'église* : c'est beaucoup dans une seule salle. Mais

l'administration semble avoir fait un jeu de ces rapprochements. J'ai remarqué qu'une autre salle était celle des
chiens, une autre celle des bœufs, une autre celle des troupeaux de moutons. Cela pousse à comparer entre eux ces
tableaux aux sujets identiques et il en est peu qui aient à
gagner à ces comparaisons.

Les deux figures de M. **Piot,** *Sérénité* et *Fleur de Paris*
se font vis-à-vis et, sont toutes deux superbes : la première
avec ses cheveux châtains sur un fond olive, la seconde,
blonde éclatante illuminant d'un reflet doré le fond de velours rouge sur lequel elle se détache. A propos de *fonds*,
on a eu quelque surprise à voir celui qu'a donné M. **Henner**
à l'un de ses portraits : c'est une tranche de ciel bleu, tout
unie, c'est original et ça n'est pas laid.

M. **Lecomte du Nouy** exprime très heureusement la
Tristesse du Pharaon, que le spectacle des beautés les plus
fines laisse indifférent. Le triptyque de M. **Rochegrosse,**
évoquant l'histoire de la *Reine de Saba,* est chatoyant
comme un étalage de joaillerie.

De M. **Jules Breton,** nous admirons le *Foin* et la *Mauvaise Herbe,* tableaux rustiques avec un sentiment exquis
de la nature.

Très amusante, la *Première au Théâtre Montmartre,* de
M. **Devambez.** Mais quelles bonnes caricatures il nous
présente, comme spectateurs : c'est de la charge, fort bien
réussie, mais un peu violente. Après tout, j'ai entendu un
gros, un très gros fonctionnaire de la préfecture de la
Seine dire à un ami, devant ce tableau : « Eh bien, mon
cher, ce n'était pas mieux à l'Hôtel de ville, à la fête donnée pour les collaborateurs bénévoles des municipalités !... »

Le portrait qu'envoie M. **Paul Buffet** est, à tous égards,
excellent : décor, attitude, vêtement, tout en cette œuvre
est harmonieux, et une grande impression d'art s'en dégage ; les portraits de M. **Schommer,** notamment celui de
Madame Eames, méritent aussi de justes éloges. Puisque
nous parlons de portraits, qu'on nous permette une légère
critique à l'adresse des peintres qui, par un sentiment,
louable en soi, de piété filiale, soumettent au jury le portrait de papa ou de maman, auquel ils ont donné tous leurs
soins. Si excellents que soient les « parents de l'auteur »,
ils ne réalisent pas tous un idéal esthétique et la contemplation de leurs traits n'est pas toujours un régal pour les
yeux. Faisons toutefois une exception pour le portrait de
Madame Jacomins par son fils.

Le tableau de M. **Chaperon,** l'*Outrage,* appelle et retient
l'attention ; la conception en est très heureuse, le mouvement et les attitudes des personnages sont des mieux
trouvés.

M. **Checa** nous donne une illustration pour un épisode
de *Quo Vadis?* Sur un coursier lancé dans un galop furieux, Vinicius mourant d'anxiété, gagne Rome incendiée,
que signale au fond du tableau une lueur empourprée. On
sait avec quel art M. Checa saisit les mouvements des
chevaux ; celui-ci est un des mieux réussis.

M. **A. Le Dru,** fidèle aux sujets historiques, a représenté
cette année la *Mort de Desaix* sur le champ de bataille de

Marengo. Son tableau est très bien peint, très lumineux et documenté avec un soin scrupuleux. M. **Le Dru** a, me semble-t-il, été moins heureux dans le choix des attitudes qu'il a données aux différents personnages et qui m'ont paru trop conventionnelles. J'ai eu, devant son tableau, l'impression d'être au théâtre, au moment où, dans une pièce militaire, le rideau se baisserait sur « la mort de Desaix ». Tous les acteurs prennent leur pose et la conservent, immobiles, pour former un tableau vivant dont l'œuvre, fort bonne au demeurant, de M. Le Dru, donne une excellente reproduction.

Les *deux marines* de M. **Masure** sont fort intéressantes. De coloris varié, elles rendent à merveile le jeu chatoyant des rayons solaires sur les flots.

La salle 32 est assez loin du buffet; pourtant elle offre aux gens affamés, par un de ces rapprochements que j'ai critiqués déjà, toute une série de victuailles : jambons, fromage de Roquefort, pommes, etc... Il n'y manque que le *Bocal de Cornichons* et les *Harengs saurs* que M. **Pipard** a envoyés : les *gendarmes à deux pour trois sous*, comme dit Courteline, valent du succès au peintre pour l'exactitude minutieuse de sa reproduction; ses harengs saurs sont *vivants*. Le même artiste expose, dans la section de gravure, une élégante lithographie : l'*Homme à la Collerette*.

Restons un instant dans les salles de gravure, en arrêtant là ce compte rendu de la section de peinture, que le format du journal nous oblige à restreindre.

Parmi les cinq cents gravures exposées, il est bien difficile de signaler celles qui se distinguent particulièrement : la supériorité des œuvres apparaît moins à qui n'est pas du métier. J'ai toutefois constaté la tendance marquée des artistes à présenter au public des gravures originales et non plus des reproductions, et je mentionnerai particulièrement le *Soleil d'Automne*, de M. **Garen**, la *Pointe sèche* de Mlle **Lemaitre**, le *Moulin de Jarcy* de M. **Tattegrain**, et le *Souvenir de Bois-le-Roi*, eau-forte délicatement traitée par l'un des doyens de l'art de la gravure, M. **Aglaus Bouvenne**.

Il est temps de descendre au jardin, pour terminer notre visite par la sculpture. Incontestablement c'est là qu'est maintenant le succès de l'Exposition. Si dans les salles de peinture, les non-valeurs restent encore trop nombreuses, il n'en est pas de même ici, et presque tout serait à citer. Mais il faut se borner, et faire un choix.

Mentionnons le buste d'*Harpignies*, en chêne, sculpté par M. **Theunissen**. M. **Savine** sculpte aussi le bois, et de plus il le peint : Sa *Reine des Mers* est, de ce fait, doublement intéressante.

Je n'aime pas beaucoup les « grandes machines » en sculpture. Celle que M. **Guillot** a consacrée à la glorification du travail nous montre une série d'ouvriers qui, chose bizarre, diversement vêtus ou coiffés, se ressemblent comme des frères, effet peut-être voulu.

Les bustes et les portraits sont, comme à l'ordinaire, très nombreux. M. *Loubet* se retrouve là, naturellement. M. *Botrel* nous est présenté deux fois, tantôt rêveur, tantôt gras, suivant que c'est M. **Ricolage** ou M. **Ogé** qui évoque ses traits. M. **Capellaro** mérite une mention particulière pour son envoi, doublement cher au *Sagittaire*, puisqu'il expose, avec un buste de notre cher *Eugène Ledrain*, celui de la gracieuse et svelte *Madame Raynaud*, tous deux supérieurement exécutés. Le buste de *Lalo* par M. **Feinberg** est d'une excellente facture. Celui de *Madame Saurin* révèle une sérénité de cœur et une droiture de caractère certaines : des traits aussi purs ne peuvent envelopper qu'une belle âme.

L'envoi symbolique de M. **J.-M. Boucher**, *Antique et Moderne*, est conçu avec beaucoup de bonheur. M. **Fernand-Dubois** expose la *Femme*, splendide de jeunesse éclatante. M. **Louis Demaille** a réalisé, avec ses *Sauteurs*, un curieux effet d'équilibre, mais en soi, ce sujet n'est pas des mieux choisis. L'*Echo* de M. **Fernandez Patto** crie trop fort : à mon sens, l'écho semble toujours avoir quelque ennui à s'éveiller. La *Romance d'Avril* de M. **Salières** mérite les plus sincères applaudissements; c'est l'éclosion récente d'une fleur fragile et qui sent bon la jeunesse et l'amour. L'*Amour*, M. **Allouard**, avec son incontestable maîtrise et son souple talent, l'évoque sous son double aspect de légitimité et de liberté, dans l'ornement de deux vases très décoratifs et d'ailleurs heureusement placés au haut d'un petit escalier; la *Jeune Mère* du même auteur est d'un mouvement très harmonieux. M. **Amy** a réuni en deux panneaux des masques et profils aux expressions les plus diverses, truculentes, gracieuses ou terrifiantes, dont l'effet est fort bizarre. M. **Leconte du Nouy** idéalise la *Mort de Gavroche;* M. **Chapuy** a fait une statue d'Alcibiade pour y joindre son chien, dont la queue est naturellement coupée : œuvre assez terne d'ailleurs.

M. **Marquet de Vasselot** fait défiler sous nos yeux les types de la *Comédie Humaine* de Balzac; ce bas-relief n'atteint pas le but qu'il se propose et je ne trouve pas qu'il égale en vérité et en force d'expression les portraits que Balzac lui-même nous fait de ses personnages. Le *Paradis Perdu* de M. **Nalin**, c'est une vieille femme aux chairs épaisses et tombantes : quel dommage de perdre du marbre à une si triste évocation !

Que de choses encore à citer, si je ne devais mettre quelque mesure dans l'accaparement des colonnes du *Sagittaire* !

Un tour à la section d'*Art décoratif* s'imposerait : mais chacun des objets mérite une description particulière, et un numéro du journal ne suffirait pas au compte rendu. Aussi bien, puisque parmi les salles de peinture on a réservé à MM. **Falize** et à M. **Lalique** une place pour l'Exposition de leurs bijoux en matières précieuses diverses, contentons-nous de mentionner les noms de ces artistes, qui sont les meilleurs représentants d'un art, parfois subtil et contourné, mais toujours intéressant.

JULES LALOUE.

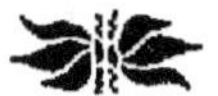

BIBLIOGRAPHIE

Escarmouches, poésies de Mme Madeleine Lépine.
Bibliothèque de l'Association.

Castigat ridendo mores, telle est la classique formule que l'on donne au but du théâtre, et cette phrase latine, outre qu'elle eut l'honneur de se voir peindre sur le rideau du Palais-Royal, fit assez souvent les frais de questions à développer pour les compositions françaises de classe de rhétorique. Lecteurs, respirez, je ne veux point disserter sur ce noble sujet, mais je viens vous prier purement et simplement de me permettre d'ajouter ces quelques mots romains, en frontispice, au charmant volume de Mme Madeleine Lépine.

Mme Lépine est, à l'heure où les littérateuses et surtout les poéteuses croissent et se multiplient incessamment et en raison absolument directe, une des rares femmes auteurs qui ne sont pas bas-bleus. Elle écrit parce que c'est son instinct, c'est un besoin chez elle de produire des œuvres et nous avons toujours été récompensés en lisant ses notes, car nous y avons chaque fois trouvé — fruit rare — quelque chose. La poéteuse a pensé, elle a senti, elle a mûri son travail et elle nous a fourni du vrai, chose qui se rencontre si peu à l'instant même ou tout s'applique à être faux, creux, et j'ose dire enfin stupide dans son incompréhension ; et cela, elle l'a fait contrairement à ses confrères de sexe qui font des pièces, des romans ou des poèmes parce qu'elles ne savent trop quoi faire, et qu'il serait trop sot au sexe de s'occuper de son intérieur. Et il faudrait ajouter : ces divers essais, les écrivent-elles ou ne font-elles que de les signer ? Je laisse pleine liberté de réponse à son insatiable développement, ô Réclame.

Après nous avoir chanté la muse, la bien-aimée ; l'amour et les poésies ; après nous avoir fait cheminer dans l'ombre où le cœur tout de douleur et de désespoir n'a point même un rayon de soleil régénérateur ; après nous avoir fait gravir les sentiers étoilés de l'Idéal, après nous avoir terrifié tour à tour dans ce Jour prédit, Azraël et Rosemonde, Mme Lépine a voulu nous montrer qu'elle était capable de manier agréablement le stylet à pointe si vite émoussée de l'ironie ; mais cette ironie ne veut être que celle qui sait sans cesse se tenir en garde contre le manque de distinction, et c'est pour cela qu'elle nous donne aujourd'hui un de ses plus beaux volumes : *Escarmouches.*

Les escarmouches font souvent beaucoup de bruit, il y a de nombreuses balles qui sifflent au-dessus des têtes ou

viennent se terrer à quelques centimètres des pieds, le
sang y est rarement épandu. Ici, aussi, la griffe passe et ne
marque pas, car l'esprit s'en vient comme un baume pour
guérir ce qui put être une blessure. Et d'ailleurs ce n'est
point la première fois que notre poète s'adonne à ce genre;
il écrivit, il y a quelques années, une plaquette fort courte
mais où l'on ne pouvait noter de défaillance en aucune
page ; je veux parler des *Poèmes badins*, petites strophes et
vers tout courts, qui vous forçaient à sourire à la peinture
si profondément exacte des mœurs du siècle. Maintenant ce
n'est plus un petit recueil qui nous est offert, mais bel et
bien un véritable livre où l'on raille gentiment et sans
parti pris, et dans lequel on retrouve les qualités du véritable esprit français, cette satire gauloise si éternellement
ancrée en nous et qui, flirtant de droite, papillonnant de
gauche, ne sut jamais s'écarter du Beau sincère et de la
tolérance permise.

Vouloir citer quelques poésies serait reproduire chaque
vers sans en omettre un seul, le numéro du *Sagittaire* serait trop vite plein, et nous devons, à notre grand regret,
nous en tenir à l'analyse sèche et succincte de ce qui nous
a si longtemps attaché. La lecture de semblables morceaux
de littérature est une de ces récréations dont on voudrait
avoir l'incessante permission, on ne se lasserait point de
feuilleter pour refeuilleter encore et l'on se prendrait à la
même émotion joyeuse ce soir qu'hier et demain que ce
soir.

Tout notre esprit classique, tant du seizième que du dix-
septième et même du dix-huitième siècles, se rencontre en
abondance dans ces fables lestement contées, dans ces
contes espièglement fabulisés. Si nos auteurs et nos académiciens modernes ont eu le loisir de porter leurs regards
vers ces pamphlets gamins, ils n'ont pu s'empêcher de
trouver l'instantané frappant et le style clair et limpide
modelant à merveille la ressemblance.

Jusqu'à présent je m'étais toujours surpris à croire que
l'esprit était une qualité passée malgré les tentatives parfois heureuses, souvent grotesques, de nos auteurs-gais
contemporains ; mais je dois, et ce devoir est pour moi une
obligation fort douce, m'incliner devant le succès acquis.
Spectateurs de Cyrano et du vieux jeu, auditeurs de toutes
nos folâtries, fin aurore de siècle, parcourez *Escarmouches*,
et je suis persuadé que dans votre exode vers les stations
balnéaires ou les petits trous fort chers, vous n'oublierez
point parmi les nécessités de vos deux mois, les croquis
vrais et plaisants de Madeleine Lépine.

CHARLES LE BRETON.

Les Cartons verts, roman contemporain, par GEORGES
   LECOMTE. 1 vol. in-18 Librairie Fasquelle.

Avez-vous le loisir de regarder à votre fenêtre ? — Oui.
— C'est tant mieux, car nul spectacle n'est plus amusant
que celui de la rue, de cette foule qui va, vient, muse, s'es-
soufle pour un omnibus qui passe : complet !

Ce n'est pas tout. A certaines heures : tard dans la matinée, tôt dans la soirée, des hommes sans âge, corrects, soignés, une serviette sous le bras, passent. Ce sont des employés ; des employés du gouvernement.

Ils vont avec une exactitude d'horloge et l'on peut régler sa montre sur la régularité de leur passage.

Ainsi observés, en façade, combien monotone paraît leur vie : un appartement petit, mais propre, tenu par une femme qui a de menues, oh ! bien menues rentes, un journal pour rendre moins longue la soirée. C'est tout.

M. Georges Lecomte a eu l'idée d'examiner de plus près ces êtres, de noter les tempêtes qui agitent contre toute apparence ces existences calmes, les passions qui font que ces hommes souffrent la vie douloureuse de tous les autres hommes.

Son enquête a été poussée très loin, et il en est revenu plein de pitié pour ces gens que les artistes et les ouvriers envient, mais plein de mépris aussi pour l'existence qu'ils consentent à mener.

Afin de donner à cette enquête toute l'intensité nécessaire, il a choisi la forme du roman et nous raconte le passage d'une intelligence d'élite dans l'Administration des Voies et Communications.

Autour de ce personnage qu'un jugement sain, une activité incessante et des relations utiles protègent de toute chute, tout un monde de gratte-papiers aussi nombreux que divers s'agite. Il y a la note comique avec M. Potron-Lafleur, père noble édenté, amollissant sous son séant le pain de son déjeuner, tout en calligraphiant des expéditions ; avec Noël Flageollet, poète jadis hirsute, candidat aux fonctions de sous-chef de bureau ; avec Numa Veyrac et bien d'autres types pris sur le vif que les employés d'un certain ministère, sis rue de Grenelle, reconnaissent facilement. Il y a également la note sympathique, soit par l'esprit, soit par les sentiments du cœur.

La vie des employés a été jusqu'ici l'une des moins étudiées. En dehors des amusantes charges de Courteline, on ne pouvait guère citer que deux livres sincères et véridiques : un de Balzac, l'autre, introuvable, de Gaboriau. M. Georges Lecomte aura l'honneur d'être le troisième écrivain qui ait fouillé, étudié, et mis au jour avec une singulière netteté, les conditions d'existence, les passions et les joies du monde qu'il a fort bien défini par ce mot : la *Paperasse*.

Enfin le mérite littéraire du présent roman est extrême, et l'on retrouve la phrase vigoureuse de l'écrivain qui a signé au théâtre : la *Meule*, et dans le roman : les *Valets*. — *CHARLES SAUNIER*.

Livres reçus dont il sera rendu compte. — *Le Vigneron dans sa Vigne* de JULES RENARD ; *Byzance* de JEAN LOMBARD ; *les Fragments de la Vie radieuse* de HENRI AIMÉ ; *Poèmes* de Le Milca traduits par CHABERT.

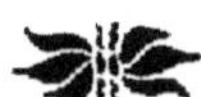

ÉCHOS

Le maire du VIIe arrondissement, M. Risler, ayant réuni dernièrement, dans un banquet, le personnel de la Mairie et celui du Bureau de Bienfaisance, pour fêter sa vingtième année d'exercice des fonctions municipales, notre collaborateur Charles Beaumont lui a porté un toast curieux en ce qu'il y est parlé d'une façon poétique de choses purement administratives et qui, à ce titre, nous a paru mériter d'être reproduit. Le voici :

MESDAMES, MESSIEURS,

Je vous demande la permission de vous rappeler une anecdote classique, un trait de bienfaisance, qui me revient naturellement à la mémoire ici, où l'exemple de nos hôtes n'inspire que de généreuses pensées.

Au bel âge de l'ancienne Grèce, un bon vieillard, habitant la campagne de Delphes, voulut faire encore du bien longtemps après sa mort et réalisa ce projet d'une façon extrêmement simple : sur une colline de sable, brûlée par le soleil, il planta un bosquet touffu au milieu duquel chantait le murmure continu d'une fontaine ; l'eau était claire, le gazon fin, l'ombre épaisse ; des fruits pendaient à portée de la main ; il n'en fallut pas davantage pour charmer les voyageurs qui s'y reposaient avec délices, en regardant au loin la ligne bleue de la mer.

Les poëtes furent également séduits par ce bienfait posthume ; ils le célébrèrent comme une chose admirable et jetèrent ainsi le nom d'Amyntas à l'immortalité.

Que dirait aujourd'hui ce doux philanthrope, s'il pouvait quitter quelques heures l'éternel printemps des Champs-Élysées pour examiner les œuvres de bienfaisance du septième arrondissement ?

Il verrait quantité de nourrissons souffreteux, d'enfants émaciés par la misère, venir chercher en deux maisons spéciales le lait, les remèdes, les pansements nécessaires à la guérison de leurs maux.

Il verrait, à la lisière d'une forêt immense, une villa où séjournent successivement, l'été, de pâles théories de jeunes filles et de jeunes garçons, qui reprennent vite, au grand air, un teint frais et rose.

Sa surprise, devant ces établissements nouveaux pour lui, serait profonde, et plus profonde encore son admiration en apprenant ceci : qu'on les doit tous trois au même fondateur, et que cet homme, après avoir défendu son pays par l'épée, le sert depuis vingt ans comme maire avec une sagesse, une impartialité, un dévouement auxquels tous ses administrés rendent hommage.

Réfléchissant alors à l'importance sociale de pareils services :

— « Hélas ! s'écrierait-il, qu'elle est minime la part de bien que j'ai pu faire, qu'elle est minime, comparée à celle de l'éminent citoyen qui a créé ces maisons de secours, cet asile champêtre ! Je n'ai jamais songé, moi, à l'instruction de mes pauvres ; lui ne cesse, au contraire, de surveiller celle que reçoivent ses petits protégés ! Chaque jour, il donne à maints solliciteurs ses conseils, son appui, son obole ! Ce n'est pas de ma vie qu'il faut dire, comme le porte l'inscription gravée sur mon tombeau, qu'elle fut tout entière une chaîne de bienfaits, c'est de la sienne, et son nom mérite infiniment plus que le mien le souvenir reconnaissant de la postérité ! »

Voilà, j'en suis certain, comment ce philosophe apprécierait l'œuvre charitable de notre vénéré maire, voilà de quelle récompense il la jugerait digne.

Cette récompense suprême est due, en effet, à Charles Risler, comme à tous ceux qui, dans une branche quelconque de l'activité humaine, ont su se faire une place à part. Sans aucun doute son nom brillera d'un vif éclat au livre d'or des grands hommes de bien qu'aura produits notre époque.

En attendant, je lève mon verre en son honneur et en celui de sa charmante famille, qui le seconde si gracieusement dans la noble tâche à laquelle il s'est consacré.

Inutile d'ajouter que ce toast a été particulièrement goûté de l'assista ce qui l'a fort applaudi.

* *

Le XVe arrondissement a fêté, le samedi 29 juin, le trentième anniversaire de la nomination de son maire, M. Sextius Michel. Un banquet fut offert à cette occasion dans la salle des fêtes de la mairie. M. Maurice Faure, vice-président de la Chambre des Députés, présidait, assisté de M. de Selves, préfet de la Seine, et de M. Lépine, préfet de police.

Ce banquet aurait ressemblé à tous les autres si la personnalité littéraire de M. Sextius Michel n'y avait apporté un élément plus relevé. On y a célébré les Muses et ça n'a pas été le moins curieux de la fête que de voir des hommes graves comme les deux préfets susvisés venir rendre hommage à la Poésie. M. de Selves a dit des vers ; il est vrai que c'étaient des vers de Sextius Michel, mais c'est toujours ça. M. Lépine s'est excusé de n'en point faire. Mais on l'a félicité de compter dans son Administration une pléiade de beaux esprits. N'a-t-il point les romanciers Martin-Videau et Maygrier ? le chansonnier Michaud ? le vaudevilliste Bureau ? le poète Simand ? d'autres encore.

Le député Chauvière, dont le discours a électrisé l'assistance, a prononcé ces nobles paroles : *« C'est la Poésie qui « a été l'auxiliaire béni de nos officiers municipaux. L'Ad- « ministration est par essence dure, impitoyable ; elle a ses*

« *règles et ses formes absolues. Heureuse si on l'orne de grâce,*
« *si elle devient sous la main du poète bonne et pitoyable.* »

Ces paroles ont été d'autant plus remarquées que parmi les assistants se trouvaient, à titre de fonctionnaires, les poètes Ernest Raynaud, Jean Court et Alcanter de Bhram auxquels, d'ailleurs, M. Sextius Michel n'a pas manqué de faire allusion dans son discours comme pour les associer à son triomphe qui fut le triomphe des Muses.

Ce fut en réalité la fête de la Poésie, et c'est pour cela que les *Poètes* se doivent de remercier tout particulièrement l'organisateur de cette fête, M. Chautard, l'une des lumières du Conseil municipal, esprit intelligent et averti, qui fut d'ailleurs le seul à songer à Baudelaire lorsqu'il fut dernièrement question de baptiser des rues nouvelles.

** **

Dans la *Plume* du 1er juillet 1901, notre collaborateur Ernest Raynaud annonce en ces termes le *Jardin des Ronces*.

La *Plume* prépare la publication prochaine du *Jardin des Ronces*, poèmes et chansons de F.-A. Cazals. Je viens d'en feuilleter les épreuves et j'ai revécu là quelques bonnes soirées de ce temps déjà lointain où Deschamps conviait au *Soleil d'or* le peuple tumultueux des symbolistes et des décadents. Cazals fut l'une des gloires de ces réunions peu banales où toute la jeune littérature a figuré. Qui ne se le rappelle dressant au milieu du brouillard des pipes, dans le vacarme des soucoupes, sa silhouette mil-huit-cent-trente et chantant d'une voix réfractaire, sans trop se soucier du piano, *Struggle for life* ou *Les Bigorneaux de l'École Romane ?*

Ses chansons variaient peu, car il s'avoue lui-même le plus indolent des hommes, incapable d'un long effort, et il lui suffit d'en avoir amassé de quoi fournir un volume ; mais elles plaisaient par leur persiflage léger, leur malice sans fiel et leur tour d'esprit bien parisien.

Cazals n'œuvre point dans le sentimentalisme niais ni dans la rosserie à la mode. Il se garde précieusement de ces deux excès.

C'est un esprit averti qui passe à travers les événements, armé d'ironie et sans leur accorder plus d'importance qu'ils n'en méritent. Il n'a point assez d'illusions pour s'indigner. Il y a toujours place chez lui pour une pointe de bonne humeur.

C'est sans aigreur qu'il constate que

> *Quand on n's'appelle' pas Camondo*
> *Il n'y a pas beaucoup d' monde au*
> *Cimetière !*

et que pour « *bien vivre* » dans ce monde « *il faut s'y prendr' d'avance !* »

Il se console, avec un bon conseil, du lien peu sûr des amitiés courantes :

> *Si vous avez besoin d'amis*
> *Commencez par avoir des louis.*

Il sait la valeur du mot Progrès et quand Barrès, député, parle de l'avènement d'une République honnête, il lui répond, sur l'air de *Cadet-Roussel* :

> *Ah ! Ah ! Ah ! oui vraiment*
> *Barrès en a pour un moment !*

Les scandales de Panama ne l'émeuvent juste assez que pour lui inspirer cette réflexion profondément judicieuse :

> *Si les enfants sont corrompus,*
> *O France, il ne faut plus en faire !*

D'ailleurs la politique n'est pas son fait. Il est plus à son aise dans l'épigramme littéraire. Il a chanté le *Bonnet à poil* de Coppée, les *Pieds* de Péladan, le *Rhum et Eau* de Verlaine, le monocle et les cigares de Moréas, la jaquette de Du Plessys, le *Geste* de Laurent Tailhade, etc.

. . . .

L'actualité lui fournit assez de sujets pour qu'il ne se donne point la peine d'aller en chercher ailleurs. Mais c'est un attrait qui passe vite. En relisant quelques-uns de ces couplets j'étais amené insensiblement à leur restituer la vie de l'heure, l'atmosphère du *Soleil d'or* chargée de bière et d'alcool, le grouillement et l'entrain de la foule, l'éclat des lumières, le ronflement et les cris de la rue voisine. N'importe, ces chansons gardent une valeur documentaire indiscutable. Elles forment un recueil instructif, une petite histoire anecdotique des mœurs des Cénacles du Quartier-Latin. Elles expliquent et complètent l'œuvre artistique de ces quinze dernières années. On y suit pas à pas l'évolution des esprits. Elles marquent une époque curieuse dans l'histoire des Lettres depuis le moment où tout Saint-Denis, révolutionné, se mettait aux fenêtres pour voir passer « les décadents » jusqu'au moment où le vagabond Verlaine recevait, dans un galetas du quartier Saint-Jacques, au milieu de l'élite de la Jeunesse, par l'organe du comte Robert de Montesquiou-Fezensac, les hommages de la Noblesse de France.

Et cela seul serait pour justifier l'impatience des souscripteurs. »

LA SAGETTE.

Le Gérant : F.-A. CAZALS.

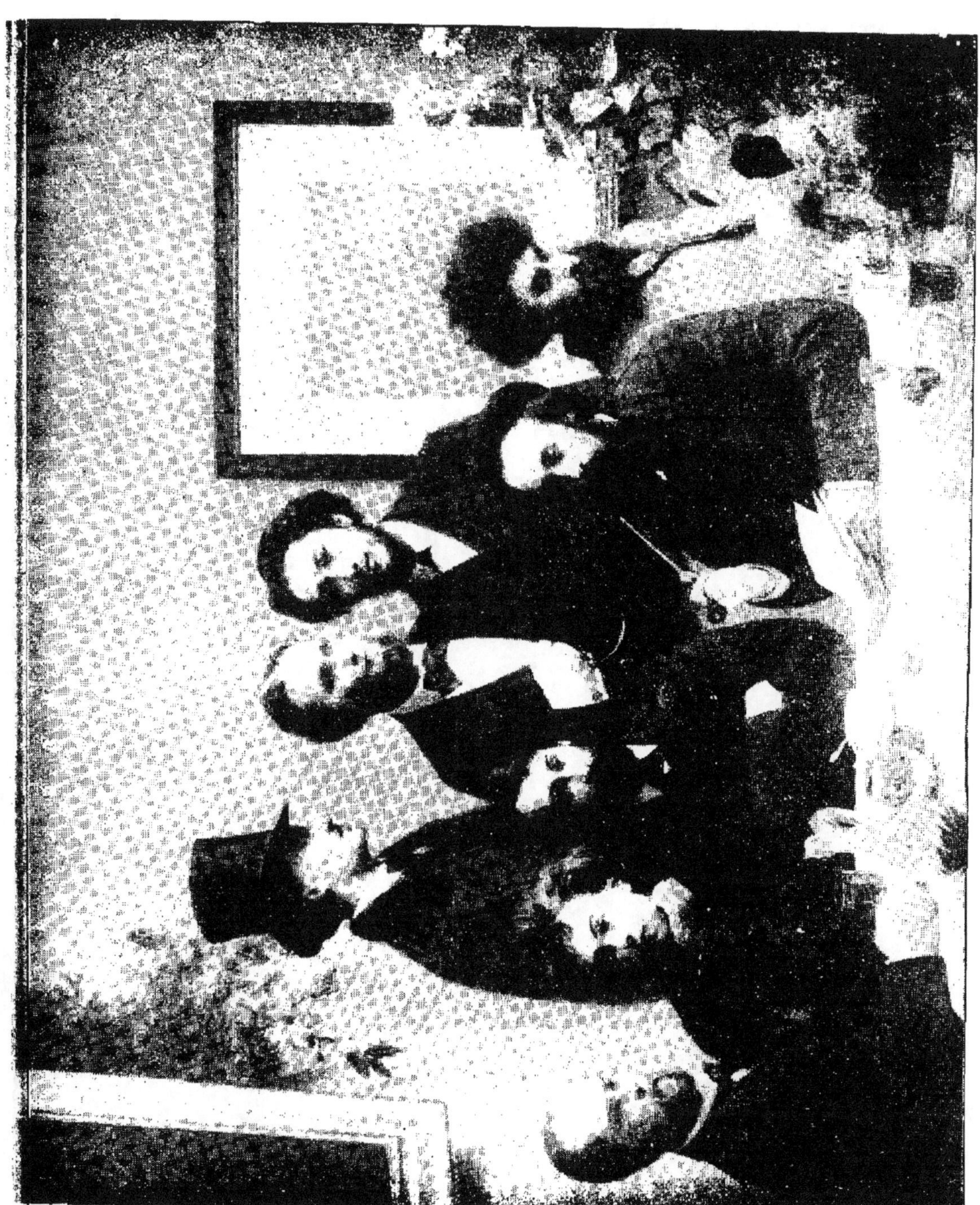

Paul Verlaine Arthur Rimbaud Léon Valade Elzéar Bonnier Émile Blémont Jean Aicard Ernest d'Hervilly Camille Pelletan

COIN DE TABLE, par FANTIN-LATOUR.

L'INAUGURATION [1]

DU

MONUMENT ARTHUR RIMBAUD

DISCOURS DE M. GUSTAVE KAHN

Monsieur le Maire,

Au nom du comité Arthur Rimbaud, au nom des poëtes français qui sont redevables à Arthur Rimbaud d'ineffaçables impressions d'art, au nom des admirateurs du génie qui ont voulu que leurs offrandes se fondissent en ce beau bronze avec celle du sculpteur-poète Paterne Berrichon, je remets, à vous et à la belle cité que vous représentez si dignement, le monument d'Arthur Rimbaud.

Par un bel essor de bonnes volontés, Arthur Rimbaud se dressera ici « tel qu'en lui-même l'éternité le change », comme l'a dit, à propos du grand Edgard Poé, Stéphane Mallarmé, grand poète aussi, dont le nom s'évoquera toujours, par le jeu des analogies quand on parlera d'Arthur Rimbaud.

En acceptant ce buste, Charleville devient une seconde fois, d'une façon pour ainsi dire défini-

---

(1) Nous donnons plus loin le compte rendu détaillé de cette inauguration. Auparavant nous avons la bonne fortune de publier les importants discours qui ont été prononcés par Gustave Kahn, Alfred Bardey et Jean Bourguignon, et qui constituent de véritables études sur Arthur Rimbaud, poète ou explorateur.

3

tive, la patrie d'Arthur Rimbaud. Après lui avoir
donné le jour, sa ville l'adopte et lui donne la naissance immortelle. Elle admet que la gloire d'un de
ses enfants soit radieuse, elle place son effigie sous
la lumière de son soleil, et les deux gloires se so-
lidifient l'une par l'autre, de la jeune cité qui s'é-
tend si belle au bord de la Meuse et de l'enfant
errant et vagabond dont son paysage calme fut la
vision de paix et de retraite, parmi les rues pleines de foules de Paris, et parmi la solitude immense de l'Afrique.

Oui ! dans son périple à travers le monde, dans
Paris clair et bruyant, dans Londres enfumé et
triste, dans Chypre étincelante, au rocher d'Aden,
dans le désert calcinant, dans les forêts profondes
d'Ethiopie, croyez-le, Rimbaud pensait avec dilec-
tion à sa verte Ardenne, toute proche de la forêt
des légendes, aux champs du pays paternel et aux
peupliers de vos routes.

Si loin qu'aille l'homme aventureux, dans les
espaces du pays noir, dans les grouillements des
pays jaunes, sur les mers où les steamers ne font
que l'humble tache d'un grain de poussière sur
l'étendue de la plus immense des forêts, aux minutes d'espoir, aux instants de fortune heureuse,
comme à l'heure des pires tribulations, c'est la
petite rue silencieuse, c'est la tranquille maison
natale qui se peint à ses yeux fatigués. C'est le
souvenir de la maison natale qui hante son rêve,
alors que le soir, la lourde tâche ajournée, pour
recommencer plus pénible encore le lendemain,
l'homme d'avant-garde, le pionnier s'abstrait de sa
vie de lutte et se recueille. C'est le petit coin de la
zone tempérée où il veut revenir et se bercer après
l'effort d'un tiède repos près des siens, qui demeure
fixé au regard de l'explorateur devant l'infinité
poudroyante et les flamboyantes visions des plaines solaires.

J'ai prononcé, à propos d'Arthur Rimbaud, le

mot : pionnier. C'est sa caractéristique. Né plus
tôt, sous d'autres cieux, il eût été, avec les Cortez
et les Pizarre, un laboureur de la mer sans limites
et un découvreur de terres inconnues, et il eût
rapporté de la conquête de l'Or, une chronique
toute chantante, toute sonore des aurores nouvelles.

Cette essence de sa nature, il la réalise sur les
routes neuves de la civilisation.

D'autres, instruits par leur expérience de ces
durs travaux, vous diront, mieux que je ne le
pourrais faire, ce que Rimbaud jalonne d'avenir.

Mais, littérairement aussi, Rimbaud fut un pionnier.

Rimbaud vint au monde littéraire dans une
époque dure. Il faisait des vers d'enfant sublime à
l'heure où l'Empire bâillonnait la presse et le livre.
Il fit ses vers de jeune homme alors que tout près
de vous, la canonnade terrible annonçait les bra-
voures et les désastres de la Patrie. Son cœur battit d'accord, avec ceux de la phalange sacrée qui
lutta jusqu'au bout, jusqu'à la mort, pour la République, pour la liberté, pour la révolution sociale. Des poèmes de Rimbaud nous ont légué le
souvenir de sa haine contre tout ce qui est routine et oppression.

D'autres, plus beaux, comme le *Bateau Ivre*
disent son vouloir, de filer loin des routes battues,
loin d'un monde troublé, et réduit à la sagesse,
aux prudences d'une longue et difficile convalescence.

La Poésie, à qui Rimbaud devait donner de brefs
et immortels éclairs, était alors trop sagement ad-
ministrée par les Parnassiens. Leur Pégase cara-
paçonné avec élégance franchissait coquettement
des obstacles prévus.

Ce n'était point l'art qu'il fallait à ce fougueux,
à ce génial intuitif que fut Rimbaud. Il n'écrivit,
ni pour le gros public à qui il faut beaucoup expli-

quer, ni pour ses confrères a qui il eut fallu expliquer plus encore. Il écrivit pour lui, et pour ceux
qui viendraient. Comme Stendhal, toute sa vie,
Rimbaud, pendant les quelques années que sa jeunesse donna à l'art, avant qu'il ne s'enlevât dans
l'action, Rimbaud pensa à la Postérité. L'analogie
s'arrête là. Stendhal prépara par des publications,
par un dépôt judicieux de ses manuscrits, sa gloire
à venir. Rimbaud, lui, jeta, négligent, sur des bouts
de papier, des poèmes d'essor, des visions d'avenir, des fleurs pourpres de rêve qu'il appelait de
ce nom juste, évoquant les flammes des fêtes populaires, et le flamboi des bûches de bonne nouvelle
aux faîtes des collines, les *Illuminations*.

Des phrases radieuses, des concisions extraordi-
naires, des indications où s'allument des horizons,
tel est ce bref recueil. Quand tout au commencement du symbolisme, alors que nous voulions à la
littérature plus de réalité poétique, plus d'intensité fondamentale, que nous voulions voir l'idée
monter triomphale parmi plus d'images, plus de
fleurs, plus de prismes, plus d'étoiles, que nous
l'exigions plus dotée de musique, plus pénétrante
et moins rhétorique, nous rencontrâmes ces essais
antérieurs, cette belle œuvre abandonnée, et nous
la recueillîmes pour la mettre avec des œuvres de
Paul Verlaine et de Stéphane Mallarmé, sur le fron-
ton du temple littéraire que nous voulions édifier.

Dans un autre jardin que celui-ci, au Luxembourg, où se dressent les bustes de quelques
poètes, dans les allées duquel ont passé et passe-
ront toujours les poètes, une jeunesse éprise d'art,
une jeunesse qui livrait ses premières luttes, citait
les belles phrases des *Illuminations* et les strophes
éclatantes de lumière d'arc-en-ciel du *Bateau Ivre*,
et aujourd'hui, auprès de ce buste d'un homme qui
s'il vivait aurait à peine cinquante ans, c'est un
aîné que nous commémorons.

De ces admirations, de ces discussions aussi, qui

s'élevèrent passionnées autour de cette œuvre hautaine, le poète ne sut rien. S'il était revenu sain et sauf, au lieu de ne traîner en Europe qu'une terrible agonie, il eût vu, il eût su. Peut-être se fût effacée la mauvaise impression qu'il eut vers 1872, vers 1875, de parler seul dans une ouate de silence, de tenir seul pour vraies, sans pouvoir presque le dire, des vérités qu'à notre tour nous sommes venus promulguer.

Si, au lieu de l'indifférence qui l'avait accueilli dans le passé, il avait trouvé, à son retour, son laurier commençant à verdir, il eût continué, et la littérature française lui eût dû toute une floraison d'œuvres magnifiques. Il se serait rendu compte que certaines visions des *Illuminations*, si l'on en oublie un instant la forme féerique, et si on les réduit à la prévision seulement de l'usuel, contenaient des vérités sur l'art, sur l'architecture, sur les dispositions nouvelles de nos villes, qui ont trouvé des échos.

Il a vu des hardis s'élancer sur sa route d'Afrique. Il en aurait vu dont l'art défrichait des régions voisines de ses jardins de rêve. Il aurait été sûr que l'éclair ardent de sa vision de jeunesse avait brillé juste, et que parmi ses hypothèses il en était qui étaient d'accord avec la marche du monde.

C'est pour cela, c'est parce qu'il a chanté, qu'il a peiné, qu'il a deviné, qu'il a conquis, qu'il a ouvert des mains de vérité, que, réunis autour de l'effigie de ce qui fut sa face éphémère, nous saluons sa grande mémoire.

C'est aussi parce qu'il a souffert. Tous ceux qui aiment l'effort littéraire des années qui viennent de se muer en un siècle nouveau, porteront une grave attention au livre où ses œuvres sont réunies, à son histoire si fortement écrite, aux commentaires intelligents et subtils que des écrivains que je vois ici lui vouèrent.

Vous avez à Charleville la gloire, et elle est

grande, d'avoir reconnu un poète. Ce n'est pas
indifférent dans l'histoire d'une cité. Le monde
pensant aujourd'hui félicite Charleville d'inaugurer
parmi la beauté de l'été, parmi l'éclat des vers et
de la musique, l'image d'un grand écrivain. Les
poètes s'énorgueillissent de cet accueil à l'art ; en
honorant un poète, vous les honorez tous ; et, cette
consécration de Rimbaud, je vous loue hautement,
de ne l'avoir point fait attendre, d'en avoir frappé
la médaille de bonne heure.

Vous ne vous êtes point laissé devancer, par le
vœu de l'élite, représenté par les foules. Vous avez
dressé le monument à l'heure qu'il fallait, au premier degré du siècle, à la première des cent marches que la gloire de ceux qui sont morts vont
avoir à gravir.

Les poètes, Monsieur le Maire, vous remercient,
et ils vous applaudissent, et au nom d'Arthur Rimbaud ils vous serrent la main.

GUSTAVE KAHN.

DISCOURS DE M. ALFRED BARDEY

Permettez-moi d'abord de remercier de tout
cœur la famille d'Arthur Rimbaud, notre Comité
et la Municipalité de Charleville d'avoir bien voulu
me permettre d'apporter mon souvenir à l'enfant
des Ardennes que vous glorifiez aujourd'hui et
que j'ai bien connu pendant plusieurs années soit
à Aden, en Arabie, soit au Harar en Afrique.

On a voulu rendre mystérieuse la vie que Rimbaud a passée en ces pays. Elle a été, au contraire,
claire et nette comme un cristal et les nombreu-

ses personnes qui l'ont connu pendant cette période peuvent l'affirmer.

Cette vie toute de travail, d'initiative et de courage, peut servir d'exemple au jeunes gens qui, par manque d'énergie, végètent ou traînent leur ennui dans nos villes.

La résumer brièvement me semble un des meilleurs hommages que l'on puisse rendre à Rimbaud.

A vingt-cinq ans, dégoûté (c'était son expression) de la vie d'Europe, se reconnaissant incapable d'aucune subordination directe, il partait pour les pays d'outre-mer.

Sa fortune le menait d'abord à Chypre où il s'employait dans une exploitation minière ou forestière anglaise.

Il n'y restait que quelques mois et en juillet 1880 s'embarquait à Suez sur un navire faisant les escales de la mer Rouge et séjournant quelques jours dans chacun de ses ports : Souakim, Massaouah, Djeddah et Hodeïdah avant d'arriver à Aden.

Débarqué dans cette ville, il s'engageait dans une maison de commerce française qui, la première, venait de créer des comptoirs à Berberah et Zeilah sur la côte du Somal et au Harar, capitale d'un petit royaume musulman du même nom (occupé alors par les troupes égyptiennes), qui fait aujourd'hui partie de l'empire de Ménélick.

Envoyé au Harar, Rimbaud, reconnu par tous comme un homme exceptionnellement intelligent, d'une grande activité et d'une puissance de travail extraordinaire, devenait un explorateur audacieux.

Sur sa demande, il lui était accordé d'aller créer des marchés en dehors de l'étroite zone que protégeaient les troupes égyptiennes comprimées dans la ville. Malgré la protestation du gouverneur assurant qu'il y périrait, il réussissait dans l'exécution de son projet.

Plus tard, il envoyait une expédition dans l'Oga-

den (où aucun Européen n'avait encore pénétré)
sous la conduite de Soltiro, employé de l'agence
dont il était devenu le directeur.

Grâce aux précautions prises, cette expédition,
après avoir atteint Galdoa, point qui n'a pas encore
été dépassé, revenait saine et sauve tandis qu'une
expédition parallèle tentée dans le même pays par
des Italiens venus depuis peu au Harar, était mas-
sacrée.

Si on consulte les cartes et les bulletins des sociétés savantes de cette époque, on verra combien
on avait peu de connaissances sur ces pays alors
très dangereux et combien ces explorations étaient
méritoires.

C'est alors que Rimbaud écrivait le rapport sur
l'Ogaden que la Société de géographie de Paris pu-
bliait et après elle presque toutes les sociétés simi-
laires étrangères.

Plus tard et devenu tout à fait indépendant,
Rimbaud, alors en Abyssinie, parcourait dans la
compagnie du célèbre explorateur Borelli la route
d'Antotto au Harar.

La Société de géographie a publié également
l'itinéraire de Rimbaud. C'était la première fois
que des Européens allaient directement du Choa
au Harar, et Lucereau, voyageur français, qui à la
fin de 1880 avait voulu faire cette route dans le
sens inverse avait été asssassiné.

En 1887, Rimbaud préparait une grande explo-
ration ayant pour objectif une région située au
sud-ouest de Harar où des grands lacs lui avaient
été signalés, mais il abandonnait son projet parce
que l'aide financière qu'il demandait ne pouvait
lui être accordée.

Depuis, ces lacs ont été en partie découverts et
leur situation, ainsi que leurs contours, à peu près
fixés.

Cet état de services indique que Rimbaud, qui
connaissait tout à fait les langues des pays dans

lesquels il voyageait, qui savait se bien faire voir des principaux chefs en prenant et suivant leurs conseils, en marchant selon les coutumes politiques et religieuses et le caractère des indigènes, aurait fait encore de belles explorations si la mort ne l'avait enlevé si prématurément.

Son œuvre a déjà été importante, et à mesure que le temps s'écoulera on l'appréciera davantage.

Le monument élevé à la mémoire de Rimbaud n'est donc qu'un juste hommage rendu à son intelligence et à son énergie. Et c'est aussi le prix du sang généreusement risqué.

ALFRED BARDEY,

Correspondant du Ministère de l'Instruction publique
dans l'Afrique Orientale

DISCOURS DE M. JEAN BOURGUIGNON

Dans son discours, tout vibrant d'un beau lyrisme de poète, notre collègue et ami, M. Gustave Kahn, vient de faire remise à la ville de Charleville, au nom du Comité Rimbaud, de ce monument qui perpétuera par le bronze la figure d'un de nos plus illustres compatriotes.

Je voudrais maintenant exprimer d'une façon plus précise les titres incontestables de Rimbaud à cette glorification légitime, je voudrais rappeler dans son ensemble la vie du poète comme celle de l'explorateur, et, pour tenter l'esquisse d'un pareil sujet, je n'ai sans doute pas de meilleur titre que celui d'avoir été (avec mon ami Charles Houin) l'un des premiers à révéler l'auteur du *Bateau Ivre* et le hardi voyageur de l'Afrique orientale.

En effet, la gloire de Rimbaud est toute récente,

et, il n'y a pas bien longtemps encore, son nom
n'était guère connu que des hommes qui ont débuté
dans les lettres à la fin du Second Empire. C'est
depuis quelques années seulement que son étrange
personnalité a été mise en pleine lumière. D'un coup
sa réputation est devenue presqu'universelle et on
en retrouve l'écho jusque dans les revues les plus
considérables des Deux-Mondes, jusque même dans
les Universités les plus reculées d'Amérique. La
plupart des langues ont servi à conter son existence fantastique en dehors des conventions sociales, son extravagante destinée toute coupée d'a-
ventures folles, d'excessifs malheurs, et les légendes les plus grossières n'ont pu entraver la
montée lumineuse du poète dans l'intégrale admiration des lettrés.

Dès son enfance, d'abord à l'Institution Rossat,
puis au collège de Charleville, il s'était montré
un esprit merveilleusement doué, un cerveau
d'élite, épris de poésie et accusant un génie précoce
par la production d'œuvres curieuses et déjà presqu'originales. « Rien de banal ne germe en cette
tête, avait pu dire le principal du Collège, M. Des-
douets. Ce sera le génie du mal ou celui du bien. »
Il venait d'avoir quinze ans quand il composa ses
premières œuvres personnelles dans la manière romantique et parnassienne, comme les *Etrennes des
Orphelins*, *Sensation*, *Soleil et Chair*, *Ce qui retient
Nina*. Quelques-unes de ces pièces : *Le Forgeron*,
Le Mal, *Rages de Césars*, *Le Châtiment de Tartuffe*
indiquent aussi qu'il avait subi les influences répu-
blicaines répandues à la fin du Second Empire par
le *Rappel* des Hugo, la *Lanterne* et la *Marseillaise*
des Rochefort et des Flourens.

Au sortir du collège, à seize ans, il voulu vivre
en poète. Mais cette vie, il ne la rêvait qu'à Paris
dont le foyer intellectuel l'attirait invinciblement
et il fit plusieurs tentatives vers la capitale qui
aboutirent à la liaison avec Verlaine.

Verlaine avait reçu, en septembre 1871, des vers
de Rimbaud qui lui parurent « d'une beauté
effrayante » et le frappèrent « par leur extrême
originalité ». Il envoya aussitôt à leur auteur une
lettre enthousiaste, en lui disant qu'il ne pouvait
avoir d'autre demeure que la sienne. « Venez, chère
grande âme, lui écrivit-il, on vous attend on vous
désire. » C'est ainsi que Rimbaud put aller à Paris
la ville de ses rêves, non plus comme tant d'autres,
inconnu, sans appui, sans recommandation, mais
appelé avec enthousiasme, impatiemment attendu,
presque comme un roi, et précédé par la renommée
de tels poèmes : *Les Effarés, Les Premières Com-
munions* qui lui mettaient une auréole de gloire
dans l'entourage littéraire de Verlaine.

Accueillis successivement par les maîtres de la
poésie parnasienne, — Verlaine, Charles Cros,
André Gill, Théodore de Banville, — Rimbaud souleva partout la plus vive admiration par ses œuvres
précocement géniales. Victor Hugo le salua du mot
célèbre de « Shakespeare enfant », et les milieux
littéraires lui furent grands ouverts, en particulier
le « Dîner des Vilains Bonshommes » où se rencon-
traient tout ce que la littérature et l'art comptaient
alors de représentants connus.

Malgré ce prodigieux succès, le charme de Paris
fut vite usé et Rimbaud délaissa la capitale devenue
pour lui pareille au « vulgaire bazar d'illusion »
dont parle Mallarmé. Ce furent alors avec Verlaine
des pérégrinations en Belgique, en Angleterre, jusqu'au moment où le poète ardennais, faisant un
autodafé de son œuvre dernière, se mit à renoncer
à toute littérature.

Ainsi c'est de seize à dix-neuf ans (1870-1873) que
Rimbaud avait composé son œuvre littéraire. La
partie la plus belle et la plus originale date du
temps des voyages à Paris et de la vie commune
avec Verlaine. Pour ne citer que les pièces principales, il faut lire : *Les Effarés, Roman, Le Dor-*

meur du Val, Ma Bohème, Les Assis, surtout Les Chercheuses de Poux, et le puissant et tumultueux Bateau Ivre, cette « allusion » aux nostalgies de l'âme humaine, qui fut la première tentative de Rimbaud pour réaliser une langue poétique nouvelle. Car ce poète voulut enrichir et assouplir la langue française par tous les modes imaginables ; il rêva d'une langue neuve, d'une poésie supérieure à tout ce qu'on avait produit jusqu'alors. Il pensa enfin à éprouver des sensations nouvelles, toutes les sensations : vertiges, délires, hallucinations, et il les chercha dans les diverses excitations sensorielles à la disposition de l'homme, dans l'ivresse de l'alcool, du tabac, de l'opium, dans les voyages aux étranges et multiples aventures. Le produit de ses hallucinations et de ses vertiges fut précisément ses fulgurantes « Illuminations », qui sont écrites dans une prose spéciale, où Anatole France reconnaît « le nombre, le rythme et le charme mystérieux des plus beaux vers. »

Par cette recherche des sensations rares, comme par sa fameuse théorie de la couleur des voyelles, Rimbaud avait donc opéré dans l'esthétique et la poétique une réelle transformation. Créateur du vers libre et précurseur de poètes aujourd'hui connus, il avait aidé à surgir l'originalité de Verlaine, en la détachant à jamais de l'influence parnassienne, et il avait commencé de nous rendre la poésie dont parle quelque part l'écrivain anglais Carlyle : cette « musicale, inarticulée et insondable parole, qui nous amène au bord de l'infini et nous y laisse par moment plonger le regard ».

Mais arrivé à l'entière éclosion de son génie, au moment où « le lieu et la formule » enfin trouvés semblaient l'annonce des chefs-d'œuvre attendus, Arthur Rimbaud avait assouvi déjà son instinct lyrique et il avait abandonné la littérature avec l'amer dégoût de tout ce qui l'avait d'abord tant passionné. « J'ai créé toutes les fêtes tous les triom-

phes, tous les drames, écrivait-il dans son *Adieu*
de la *Saison en Enfer*. J'ai essayé d'inventer de
nouvelles fleurs, de nouveaux astres, de nouvelles
chairs, de nouvelles langues. J'ai cru acquérir des
pouvoirs surnaturels. Eh bien ! je dois enterrer
mon imagination et mes souvenirs ! Une belle gloire
d'artiste et de conteur emportée. »

Rimbaud était en effet le pur *sensationnel*, avide
d'impressions toujours neuves et immédiates, pour
qui l'espérance même se changeait en désir douloureux. Dans sa hâte de vivre et de jouir, il semblait
rappeler ces insectes dont l'éphémère existence,
en une chaude journée lumineuse, équivaut à un
siècle et embrasse un monde de sensations. Dans
sa haine des entraves il semblait vouloir échapper
à la condition humaine. Aucune règle fixe de travail ne convenait à son tempérament qui réclamait
la marche perpétuelle pour tout voir et tout savoir.
Aussi l'activité physique et la curiosité satisfaite
étaient-elles devenues seules capables de consti-
tuer pour lui le mode de vie le plus logique et le
moins insupportable.

Durant les six années qui suivent l'abandon de
la littérature (1873-1880) le poète et l'artiste avaient
fait place au polyglotte et au savant. Après la
grande crise littéraire, ce fut la « fièvre philomati-
que », l'étude acharnée des langues et des sciences ;
mais ce fut aussi la soif inapaisée des aventures, le
besoin d'horizons inaccoutumés, d'espaces jamais
parcourus.

De dix-neuf à vingt-cinq ans, pèlerin infatigable,
découvreur audacieux, Rimbaud parcourut la plupart des pays civilisés, roula sur toutes les mers,
sacrifiant le bien-être matériel à l'obsession de l'inconnu : existence prodigieuse qui dénote une endu-
rance exceptionnelle, une énergie surhumaine à
vouloir mater la destinée ; et, si l'on réfléchit à la
jeunesse de ce vagabond, si l'on considère ses marches aventureuses à travers monts et plaines, les

yeux obstinément rivés sur de mystérieux horizons, si l'on se représente les privations, les soucis,
les périls que comportait chacune de ses pérégrinations, les déboires qu'amenait chacune de ses
expériences, Rimbaud apparaît alors comme le
héros moderne d'une odyssée nouvelle et il prend
l'envergure d'un vrai conquistador.

Au cours de ces voyages, où il avait connu tous
les pays d'Europe et touché quatre parties du
monde, Rimbaud semblait avoir été effleuré par
« une avant-brise du Levant », et il avait ressenti
de bonne heure la nostalgie des pays orientaux, le
désir lancinant de cette nature puissante et colorée
où naquirent dans l'azur et le soleil, les peuples,
les religions et les civilisations. Ainsi que Baudelaire, épris de la Divinité exotique, la Vénus noire,
il avait subi le charme magique de l'Orient, comme
son précoce génie poétique avait subi l'attrait du
Paris littéraire, irrésistiblement.

Dans cette séduction, du reste, il n'y avait rien
de mystérieux, ni d'imprévu, si l'on évoque le
visionnaire prophétique de la *Saison en Enfer*, qui
voulait échapper à l'Occident pour « retourner à
la sagesse première et éternelle de la patrie primitive », et qui avait comme le pressentiment de
lointains départs, quand il voyait « des plages sans
fin couvertes de blanches nations en joie, un grand
vaisseau d'or au-dessus de lui, agitant ses pavillons
multicolores sous les brises du matin. »

A partir de 1880, jusqu'à sa mort, en 1891, Rimbaud put enfin réaliser ce rêve par un séjour définitif dans les régions qui s'étendent de la mer
Rouge et du golfe d'Aden jusqu'aux rebords du
gigantesque massif éthiopien. Il se livra dans ces
pays à des opérations commerciales. Mais il avait
l'âme trop haute pour tout sacrifier aux intérêts
mercantiles ; il ne voyait dans l'argent qu'un
moyen et non une fin. Pendant les accalmies de
son existence agitée, au milieu des courts répits

que lui laissaient les tracas de ses entreprises commerciales, de plus nobles ambitions durent maintes fois le hanter, de grandioses conceptions durent germer en son cerveau. Un certain nombre de faits épars, quelques indications tirées de lettres et de récits, révèlent chez lui toute une série de préoccupations étrangères à son activité de trafiquant.

Rimbaud, en effet, ne fut pas en Abyssinie qu'un agent zélé et un négociant d'une activité infatigable. En sa qualité de commerçant, il eut mainte occasion de visiter des contrées peu ou mal connues des Européens et il eut le désir et le goût de faire œuvre savante, de contribuer pour sa part à l'avancement de la science géographique.

Les travaux de la Société de géographie de Paris permettent de résumer d'une façon précise les résultats obtenus par Rimbaud dans ses expéditions. On lui doit la découverte du plateau de Bubassa, à l'ouest de Harar, une étude détaillée sur la région de l'Ogadine, le premier itinéraire commode d'Eutotto à Harar. Sans mériter à Rimbaud le titre de grand explorateur, ce bagage est suffisant pour qu'on puisse dire de notre compatriote qu'il a été un des premiers pionniers au Harar, l'un des plus utiles et des plus courageux, comme notre éminent collègue, M. Alfred Bardey l'a montré tout à l'heure au nom de la Société de géographie de France.

Au reste, les explorateurs de toutes nationalités qui ont parcouru l'Afrique Orientale, — depuis le français Jules Borelli, jusqu'au russe Maskhow et au savant autrichien Paulitschke — ont apprécié le haut intérêt des découvertes géographiques d'Arthur Rimbaud et je suis personnellement autorisé à joindre à l'hommage que nous rendons aujourd'hui, celui des personnalités les plus considérables de la région abyssine : le Ras Makonnen, gouverneur de Harar, et M. Léon Chefneux, qui

représente actuellement à Paris, l'empereur Mé-
nélik, le « Roi des Rois d'Ethiopie ».

A notre époque, où l'on est atteint de la manie
du piédestal, et où chaque petit grand homme
reçoit les honneurs du marbre ou du bronze,
Arthur Rimbaud méritait mieux que bien d'autres
un monument pour perpétuer son souvenir, et les
Ardennais ne doivent pas considérer comme une
médiocre gloire d'avoir pour compatriote celui qui
fut un précurseur français en Abyssinie, après
avoir été l'un des promoteurs du mouvement
poétique contemporain. Au moins, grâce à Rimbaud, leur pays ne méritera plus qu'on lui applique ce que Pline disait de la malheureuse Frise :
« L'Ardenne ne chante pas ! »

JEAN BOURGUIGNON.

POUR ARTHUR RIMBAUD

Un jour que les lilas avaient mal à la tête,
Un gamin insolent mit ses mains dans ses poches
Et siffla, le nez haut, les jambes écartées.
Puis il donna à sa toupie un coup de pied.
Puis, voyant des papillons posés sur des roses,
Il dit aux papillons : « Venez vous amuser ? »
Comme ils ne venaient pas, il cracha sur leurs ailes.

J'évoque ainsi Arthur Rimbaud enfant. Ou bien
L'œil abîmé d'azur et ne répondant point
A quelque gronderie, tenant entre ses poings
Déployée et froissée l'image d'Epinal
Où sous les cocotiers dansent les cannibales.

Et c'est dès lors, enfant mutin longtemps bercé
Dans les hamacs de rosée d'argent bleu dressés

Au fond mystérieux de vergers invisibles,
C'est dès lors, qu'Empereur d'un Empire terrible,
Aux cothurnes de cuir par la pluie éculés,
Nous te vîmes trôner aux bornes des chemins.

... Nous te vîmes trôner aux bornes des chemins,
O Roi mendiant chassé, comme nous, des Royaumes,
Roi mendiant poursuivi, comme nous, par les chiens,
Que tu chassais avec ton sceptre en bois de corme,
Roi dont le glaive était un vieux couteau de corne,
Roi mendiant qui n'avait pour suprême couronne
Que le vol des frelons sur le bord des fossés.

Viens avec moi. Entrons dans quelque verte auberge
D'où l'on voit les bateaux osciller sur la berge
Assieds-toi. Ecoutons gémir la pompe à bière.
Mettons nos coudes sur la table, et regardons,
Les yeux dans le tabac de nos pipes de terre,
La gouge aux seins pesants qui porte des torchons.

... Que ce Marbre reconnaissant, ô toi qui sous
Ta tête, pour oreiller avais la pierre ;
Que ce Marbre reconnaissant le chanteur fou
Qui s'endormait sur lui dans le désert des rêves ;
Que ce marbre du moins se lève et qu'il te plaigne
Mendiant mort dont les chiens mordent les pieds qui
                                        [saignent.

FRANCIS JAMMES.

AU POÈTE ARTHUR RIMBAUD

Rassemblez en bouquets la rose et le lilas,
Nouez-les en guirlande à cette architecture
Où — loin des monuments dressés par l'Imposture —
Va se perpétuer un los qui ne ment pas !

O lumières du ciel ! flambeaux ! vous, Dioscures !
Témoignez que Rimbaud, innombrable en ses pas,
D'une noble dépouille enrichissant son bras,
A bien su de Jason égaler l'aventure !

Aujourd'hui que s'expie un tragique abandon,
La foule et le poëte échangent leur pardon
Et la Muse honorée en coule plus fertile.

Rimbaud, reçois ce bronze et, pour juste loyer,
Eternise en retour le nom de Charleville
Qui sur le tronc de France ente un nouveau laurier !

ERNEST RAYNAUD.

LA FÊTE D'INAUGURATION

Les Carolopolitains, habitants de Charleville, sont maintenant dans la joie. Ils ne possédaient jusqu'ici, pour orner leur cité, que la statue du duc qui la fonda, érigée, au dessus d'un bassin, sur la Grand'Place : maintenant ils ont, dans leur minuscule jardin public, devant la gare, un second monument, le buste du poëte Arthur Rimbaud.

Il y a un an à peine, il s'était formé, pour glorifier l'auteur du *Bateau Ivre*, un Comité parisien qui comprenait :

Alfred BARDEY, Alexandre CHARPENTIER, Félix FÉNÉON, Paul FORT, René GHIL, Francis JAMMES, Gustave KAHN, Pierre LOUYS, Charles MARTYNE, Octave MAUS, Stuart MERRILL, Jean MORÉAS, Edmond PICARD, Louis PIERQUIN, Ernest RAYNAUD, Laurent TAILHADE, Emile VERHAEREN ; Alfred VALLETTE, directeur du *Mercure de France* ; Alexandre NATANSON, directeur de la *Revue Blanche* ; Karl BOÈS, directeur de la *Plume* ; Edouard DUCOTÉ, directeur de l'*Ermitage* ; Tristan KLINGSOR, directeur de la *Vogue*.

Ernest DELAHAYE, trésorier.

Jean BOURGUIGNON, Auguste BRUNET et Henry-J.-M. LEVEY, secrétaires.

Grâce à une importante subvention du Ministère des Beaux-Arts, grâce au concours dévoué de la Presse et des amis ou admirateurs de Rimbaud, ce Comité a pu atteindre le but poursuivi; et, le dimanche 21 juillet dernier, on a inauguré l'œuvre commémorative due au ciseau de M. Paterne Berrichon qui jadis rimeur, conteur et anarchiste, est devenu rentier et sculpteur.

J'ai crainte cependant que les paisibles commerçants de Charleville ne soient un peu effarés par le poète que la gloire consacre aujourd'hui. L'auteur du *Bateau Ivre* et l'inventeur de la couleur des voyelles ont de quoi les effrayer et les remplir de stupeur et je doute qu'ils aient lu ses étranges poésies, malgré les efforts de nos amis Jean Bourguignon et Charles Houin pour faire connaître aux Ardennais leur célèbre compatriote. Ils pourront se consoler en pensant que le « poète maudit » révélé par Verlaine, fut

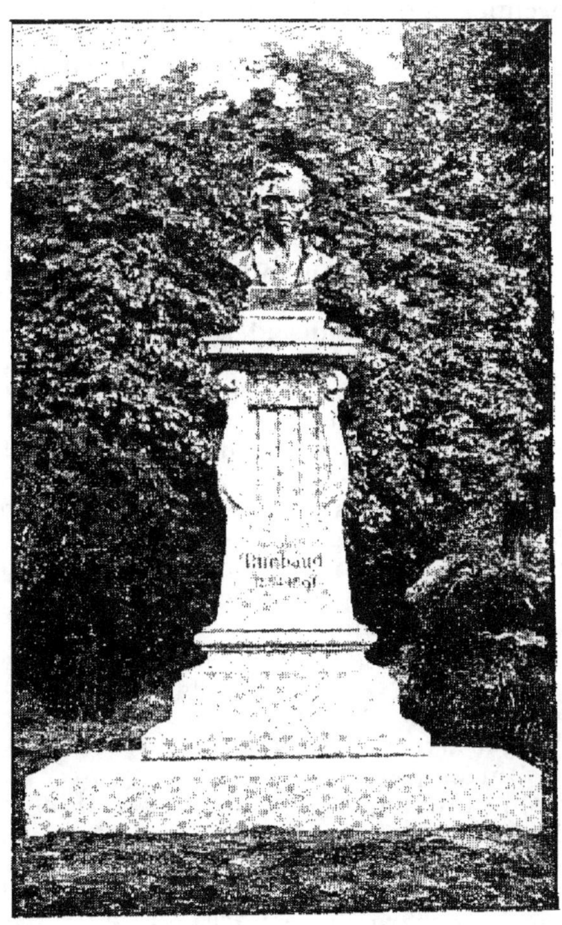

Monument Rimbaud
Square de la gare à Charleville

surtout un intrépide et utile explorateur dans l'Afrique Orientale.

Mais ces choses-là ce sont celles qui ont été dites excellemment par MM. Gustave Kahn, Alfred Bardey et Jean Bourguignon dans leurs discours, publiés plus haut, et je dois en venir au compte rendu de la fête d'inauguration.

. .

Le dimanche 21 juillet, dès deux heures de l'après-midi, la foule se rendait au square de la gare, où, recouvert d'un voile, se dressait le monument; tandis qu'à la mairie, la municipalité de Charleville recevait les membres du Comité.

Autour des tables dressées où pétille le champagne, nous remarquons : MM. Bouchez-Leheutre, maire de Charleville, et son premier adjoint M. Descharmes, avocat; Mme et Mlle Kahn ; MM. Gustave Kahn, président, et Jean Bourguignon, secrétaire du Comité Rimbaud ; Alfred Bardey, membre de la Société de Géographie de Paris ; Ernest Raynaud ; Ernest Delahaye, attaché au Ministère de l'Instruction Publique ; Paul Rameau, du théâtre de l'Odéon ; E. Laudner, du Théâtre Libre ; Charles Houin, directeur de la *Revue d'Ardenne et d'Argonne ;* F.-A. Cazals, rédacteur en chef du *Sagittaire ;* Paterne Berrichon, le sculpteur, et Petitfils, l'architecte du monument ; Ratez, directeur du Conservatoire de musique de Lille ; Maignier, chef de musique du 91e de ligne; Louis Pierquin ; Gissinger, proviseur du Lycée Chanzy ; Emile Thomé, de Nouzon, président de l'Association des Anciens élèves de l'Institution Rossat ; Edouard Jolly, administrateur de la Société des Anciens élèves du Collège et du Lyc e de Charleville; Leroy-Mailfait, libraire; Bestel, président de la Société d'Histoire naturelle des Ardennes ; Charles Puel, secrétaire de rédaction du *Petit Ardennais*; une Délégation des Francs-Gallois, des Sauveteurs, des Sapeur.-Pompiers, de l'Harmonie municipale ; enfin de nombreux Conseillers municipaux et les Représentants de la Presse locale.

Le Maire adresse quelques paroles de bienvenue au Comité et lève son verre en l'honneur des dames présentes et du Comité. Puis il fait part à l'assistance des lettres d'excuses qu'il a reçues de MM. Moranvillé, de Wignacourt, le général Durand, etc.

L'Harmonie municipale, durant la réception, fait entendre ses meilleurs morceaux.

Il est deux heures et demie : c'est l'heure de l'inauguration. Précédés de l'*Harmonie*, la municipalité et le Comité se rendent au square de la Gare, où se trouve une foule compacte, qui malgré les rayons brûlants du soleil, veut assister à cette cérémonie imposante.

Le voile, qui recouvre le buste tombe, et la musique du
94e de ligne entonne la *Marseillaise*.

Devant le monument se trouvent réunis le Comité, la
municipalité, la famille et les amis de Rimbaud, auxquels
vient se joindre bientôt M. le préfet des Ardennes.

C'est notre ami, M. Gustave Kahn qui a pris le premier
la parole, au nom du Comité, pour faire remise du monument à la ville de Charleville. Il a prononcé un remarquable
discours, « tout vibrant d'un beau lyrisme de poète »,
comme l'a dit justement Jean Bourguignon, et son éloquence émue et d'une puissante envolée a profondément
impressionné l'assistance, qui n'a pas ménagé les applaudissements.

Le maire de Charleville, avec amabilité et courtoisie, a
répondu à M. Gustave Kahn. Voici son discours :

« Monsieur Gustave Kahn,

« J'ai le très agréable devoir de prendre possession, au
nom de la ville de Charleville et de sa municipalité, du
monument élevé par les poètes à la gloire d'Arthur Rimbaud, et que vous venez de me remettre dans une langue
admirable et avec une grande élévation de pensée.

« Votre merveilleux discours qui met si bien en relief le
poète tant regretté et nous le montre sous son véritable
jour avec ce bonheur d'expressions dont vous avez le secret, est si haut, si haut qu'il plane dans le firmament, au
milieu des étoiles dont quelques-unes se sont détachées
pour venir, comme des diamants, éclairer et poétiser votre
prose.

« Nous autres que j'appellerai les administratifs, engoncés
dans la raideur obligatoire comme dans des faux-cols trop
étroits, ayant la préoccupation du fonctionnement quotidien des rouages publics, le recroquevillement du terre à
terre et l'horizon par trop borné des bureaux, nous n'a-
vons pas, Monsieur, de ces envolées superbes ; et quand,
par hasard — j'en ai fait personnellement l'expérience —
un audacieux s'avise de sortir de la vieille routine et des
sentiers battus, il n'y a pas assez de foudres pour l'écraser.

« C'est vous dire combien je suis personnellement heureux de participer à la cérémonie d'un poète fêté par des
poètes, c'est-à-dire des hommes qui, voyant les choses d'ici-
bas avec un prisme lumineux et sous un bienfaisant mirage, ont les idées larges, l'esprit ouvert et le cœur généreux.

« Je n'ai pas l'intention, croyez-le bien, d'essayer même
une esquisse d'Arthur Rimbaud. Le littérateur, vous l'avez
dépeint de main de maître ; l'explorateur, M. Alfred Bardey,

le très distingué membre de la Société de géographie, nous
le fera connaître brillamment tout à l'heure.

« L'honneur de ce monument dû, pour le buste, au ciseau
du beau-frère de Rimbaud, M. Paterne-Berrichon, l'aimable
poète-sculpteur, et, pour le socle, aux plans de l'architecte
distingué, M. Petitfils; l'honneur, dis-je, de cette commé-
moration revient au Comité si parisien composé surtout de
poètes appartenant à la pléiade de ces hardis symbolistes
qui, un peu comme les impressionnistes en peinture, ont
révolutionné la poésie en lui donnant plus de relief et de
coloris. »

Le 9 septembre 1900, le trésorier du Comité, M. Ernest
Delahaye, mon cher et ancien condisciple, m'envoyait la
lettre que voici :

> « Paris, le 9 septembre 1900.

> « MONSIEUR LE MAIRE,

> « Le Comité constitué à Paris en vue d'ériger à la mé-
moire d'Arthur Rimbaud un monument qui, par ses amis
et ses admirateurs, sera offert à votre ville, me charge de
solliciter de votre bienveillance un emplacement pour l'édi-
fication de ce monument.

> « Nous vous serions reconnaissants, Monsieur le Maire,
de prendre notre demande en considération et de la soumettre le plus tôt possible au Conseil municipal, en rappe-
lant à MM. les conseillers que Jean-Nicolas-Arthur Rimbaud, né à Charleville en 1854, mort en 1891, est le précoce et génial poète auquel on doit le *Bateau Ivre,* le sonnet
des *Voyelles,* les *Illuminations,* la *Saison en Enfer,* celui
enfin que Victor Hugo nomma « Shakespeare enfant » et
qui fut, dans la dernière période de sa vie, l'un des héroï-
ques explorateurs dont l'action ouvrit en Ethiopie des voies
à la civilisation.

> « Veuillez agréer, Monsieur le Maire et cher compatriote,
l'expression de mon profond respect.

> « Pour le Comité :

> > « *Le Trésorier,*
> > « ERNEST DELAHAYE. »

« Le 11 septembre, le Conseil municipal prenait la déli-
bération suivante :

« Le Conseil, heureux de s'associer à l'hommage rendu à
« l'un des distingués enfants de la ville, met à la disposition
« du Comité l'un des massifs du Square de la Gare » et la
ville, voulant s'associer plus efficacement encore à l'hommage rendu à Rimbaud, prenait à sa charge les dépenses de
terrassement et de fondation du monument. Les bourgeois
carolopolitains qu'Arthur Rimbaud, dans une jolie boutade

d'ailleurs, a quelque peu malmenés (mais tout n'est-il pas
permis aux poètes!) ont donc pu prendre une éclatante
revanche.

« La municipalité de Charleville, en s'unissant au Comité
pour perpétuer la mémoire d'Arthur Rimbaud dans un de
ses jardins publics, a voulu offrir à notre remarquable et
regretté concitoyen, hélas! trop tôt disparu, son tribut d'admiration.

« Arthur Rimbaud, le brillant élève d'abord de l'Institution Rossat et ensuite du Collège qui, dans les concours
généraux, remportait de hautes récompenses, — Arthur
Rimbaud, le génial enfant-poète dont mon ami, M. Louis
Pierquin, a placé dans une charmante plaquette comme dans
un écrin quelques-unes de ses jolies pièces de vers et qui,
à l'âge où les autres commencent à peine à penser, avait
accompli son œuvre littéraire, — Arthur Rimbaud qui, dans
ses œuvres si colorées et d'une singulière puissance, a su,
à côté de ses hommages passionnés à la femme et de certaines excentricités, se faire le champion du faible et de
l'opprimé et s'attendrir sur les petits; — Arthur Rimbaud,
l'un des précurseurs de l'Ecole nouvelle, le pionnier, comme
l'appelle si bien M. Gustave Kahn; — Arthur Rimbaud, le
trafiquant et l'explorateur qui, au milieu d'une vie tourmentée et dans ses courses vagabondes, après s'être assimilé, avec une facilité stupéfiante, une dizaine de langues, a
su, tout en se créant une belle situation, faire aimer la
France dans l'Est africain et lui préparer des relations dont
elle recueille les fruits depuis quelques années; — Arthur
Rimbaud, enfin, que rend plus touchant encore sa longue et
poignante agonie quand il revient, mutilé, expirer à Mar-
seille.

« Il méritait sans aucun doute l'hommage qui lui est rendu
par les poètes et par ses amis et concitoyens, et ce sera pour
sa famille et spécialement pour sa brave et digne mère une
consolation à sa fin si cruelle et si prématurée.

« Vous avez, Monsieur, en terminant votre beau discours,
félicité Charleville d'avoir honoré les poètes en la personne
d'Arthur Rimbaud et vous m'avez, en leur nom, serré la
main. Laissez-moi, au nom de notre chère cité, au nom du
Conseil municipal et en mon nom personnel, vous remercier
de tout cœur et vous adresser le salut cordial que méritent
les poètes, avant-garde généreuse et brillante de l'esprit
français. »

Après le discours du Maire, on se rend dans un kiosque
qui occupe le centre du Square et où se tient la musique
du 91e de ligne. Autour du kiosque, les autorités prennent
place sur des chaises qui leur sont réservées.

C'est alors que M. Alfred Bardey monte sur le kiosque, et prononce, au nom de la Société de Géographie de France et des explorateurs de l'Afrique, un précis et intéressant discours que nous avons eu le plaisir de reproduire plus haut.

Notre confrère et ami, Jean Bourguignon, a succédé à M. Alfred Bardey, et dans un long discours, a esquissé en ses grandes lignes, la vie du poète ardennais. Notons, en passant, que le sympathique secrétaire du *Comité Rimbaud* était désigné mieux que personne pour rappeler la vie aventureuse du poète et de l'explorateur. C'est lui qui a publié, en collaboration avec Charles Houin, la première et la plus complète étude sur l'auteur des *Illuminations*. Le regretté poète, Stéphane Mallarmé, a dit de cette étude qu'elle était « une définitive, minutieuse, et tout à la fois belle, large et intelligente évocation d'Arthur Rimbaud, où puisera dans l'avenir quiconque a du goût pour l'extraordinaire compatriote de Jean Bourguignon. » D'autre part, M. Charles Maunoir, l'éminent vice-président de la Société de Géographie de Paris, M. Gauthiot, de la Société de Géographie commerciale, et M. Alfred Bardey, le hardi explorateur du Harar, ont apprécié le haut intérêt de cette même étude au point de vue géographique : car elle oppose la vérité à la « fantaisie délirante » et à la « théorie ahurissante » de certains critiques et biographes. — Ajoutons encore que Jean Bourguignon, en ce moment, termine son roman intitulé : *Monsieur Paterne*, et qui n'est pas sans rapport avec ce qu'on pourrait appeler l'histoire posthume d'Arthur Rimbaud.

La série des discours était terminée. M. Rameau, de l'Odéon, est venu réciter le *Bateau Ivre*, et sa voix puissante a remué vivement le public très attentif. — M. Ed. Laudner, du Théâtre Libre, n'a pas montré ensuite moins de talent pour dire les pièces de vers de Francis Jammes et Ernest Raynaud, qui précèdent ce compte rendu.

Enfin, la musique du 91e a exécuté (première audition) l'œuvre de M. Ratez, directeur du Conservatoire de Lille, inspirée du poème « Bateau Ivre » et transcrite pour harmonie par le brillant chef de musique du 91e, M. Maignier.

Après cette imposante cérémonie, le cortège s'est rendu rue Thiers, devant la maison portant le no 12, où est né le poète ardennais, pour découvrir la plaque commémorative qui a été placée au premier étage.

Un dernier morceau de l'Harmonie municipale a terminé, devant l'ancienne demeure d'Arthur Rimbaud, cette fête, qui fait honneur à la jolie cité de Charleville, et le soir, avant de regagner Paris, les membres du Comité, les poètes et les artistes se trouvaient réunis chez un aimable Carolopolitain, M. Maurice Bourguignon, dans un joyeux et cordial dîner d'adieu.　　　　　*TRILBY.*

P.-S. — Après l'inauguration, la plupart des personnalités
parisiennes ont été reçues dans le coquet hôtel Renaissance
du *Petit Ardennais*, par M. Georges Corneau, le sympathique
directeur-propriétaire de cet important journal régional, à
qui nous sommes heureux d'exprimer le bon souvenir que
nous gardons de son gracieux accueil. M. Georges Corneau
est le frère de notre distingué confrère, M. André Corneau,
qui, après avoir fait la critique musicale à la *Revue Blanche*,
est chargé, au *Matin*, de cette rubrique. — Tous nos remer-
ciements à M. C. Meunier, l'intelligent et actif directeur de
l'Imprimerie du *Petit Ardennais*, qui nous a fait visiter
l'installation toute moderne de ses ateliers où l'on sait que
Le Sagittaire reçoit le jour.

Remercions enfin M. Marc, le sympathique directeur de
l'*Illustration*, à l'obligeance duquel nous devons le cliché
du monument Rimbaud. — *T.*

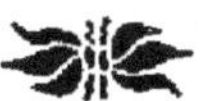

UN PORTRAIT D'ARTHUR RIMBAUD

Longtemps l'effigie d'Arthur Rimbaud resta impré-
cise. Peu l'avaient connus. Force fut donc, pour beaucoup des tard-venus enivrés de ses vers, de le supposer
conforme au type irréel que telle songerie intime avait
espéré possible.

Parfois, cependant, de lui, quelque dessinateur guidé
par la mémoire du pauvre Lélian, essayait un portrait.
Sans succès ! Parfois aussi, le dévoué E. Delahaye traçait
sur une feuille, un coin de lettre ou de table de café
un profil du camarade disparu. Parti où ? Dans l'éther
bleu ou les sables d'Afrique : on ne savait encore au
juste. — Et c'était là, le meilleur, le plus fidèle souvenir que l'on eût du poète de la *Saison en Enfer*.

Tandis qu'on regrettait, une nouvelle se répandit.
Un portrait véritable, œuvre d'un grand artiste, existait
de Rimbaud. Le poète n'était pas seul, il se trouvait
au milieu d'un de ces groupes exquis de poètes et d'artistes qu'aime à peindre notre cher Fantin-Latour.

A côté de lui, c'était, bien entendu, Verlaine et puis encore Camille Pelletan qui se reposait volontiers, aux temps lointains (1872) où le tableau avait été peint, des obligatoires chroniques politiques, en écrivant des critiques d'avant-garde d'une saveur véritable, et encore Pierre Elzéar, Emile Blémont, Jean Aicard, Léon Valade, Ernest d'Hervilly. Tous gens, très jeunes alors, qui ont marqué diversement, mais dont aucun n'est indifférent.

On sut que ce tableau, longtemps en Angleterre, venait d'être racheté par l'un des portraicturés : Emile Blémont. Oh alors ! que de jeunes enthousiastes allèrent frapper à la porte du nouvel acquéreur ! Quelle chapelle miraculeuse eut jamais de pèlerins plus fervents ! Aussi E. Blémont ne put-il se dispenser de le prêter à l'Exposition de 1900 où les timides et les hardis purent l'admirer à loisir (1).

Tous : amis de naguère et gens du temps présent s'arrêtèrent devant la juvénile figure ébouriffée, aux yeux d'intelligence du visionnaire de génie qui avait écrit le *Bateau Ivre*. Et quel contraste offrait cette figure enfantine, toute de fougue et de premier mouvement avec celle de Verlaine, déjà grave, aux traits tourmentés, avec son large front, dénudé en dépit de l'âge.

On pensa : oh ! la fortune de ces autres, gens de talent certes, mais cela et rien de plus, d'avoir participé à ce groupement, d'être là, ainsi que les apôtres autour de Jésus !

Cependant dans cette œuvre forte, bien dessinée, bien peinte et si bien ordonnée, les fleurs du côté gauche

---

(1) La première reproduction de ce tableau a été donnée en janvier 1907, d'après une eau-forte de Lerat, par la *Revue d'Ardenne et d'Argonne*, où elle accompagne (hors texte) l'étude biographique de Jean Bourguignon et Charles Houin sur Arthur Rimbaud. Elle se trouvera reproduite encore prochainement dans le livre que ces mêmes auteurs vont faire paraître sur la vie et l'œuvre de Rimbaud, avec une préface de Gustave Kahn et des illustrations de Forain, Paul Verlaine, Luque, F.-A. Cazals, E. Delahaye. Celle que nous donnons aujourd'hui nous a été communiquée par l'aimable directeur de la *Plume*, M. Karl Boès.

semblent masquer une place laissée vide par un absent.

On sait aujourd'hui que ce coin fleuri était réservé au poète Albert Mérat qui, à la suite d'une altercation survenue au dîner des « Vilains Bonshommes », s'abstint de paraître chez le peintre où il était attendu.

Ses amis du *Sagittaire* ont un regret extrême de cet incident qui les prive de retrouver dans ce tableau devenu célèbre un visage qui leur est entre tous sympathique.

CHARLES SAUNIER.

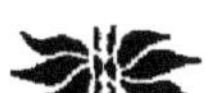

A LA MÉMOIRE DES BONS POÈTES

Où sont les bons poètes
Qui furent mes amis ?
Leurs lèvres sont muettes
Et leurs yeux endormis.

Valade à la prunelle
Douce et fine à la fois,
Dont la voix fraternelle
Chantait avec ma voix ;

Verlaine, face étrange,
Lyre inconnue encor,
Qui crée, invente, change
Les lois des rythmes d'or.

Vicaire avec les fées
Qu'on voit dans l'air pàli,
De verveine coiffées,
Causait au Bois joli.

D'autres encore, d'autres,
Étés évanouis !
Doux comme des apôtres,
Ils marchaient éblouis.

Pauvres âmes dolentes,
Qui nous parlaient si bien !
Ces choses sont méchantes
Et ne servent à rien.

O Parque injurieuse !
Avant l'heure, il te faut
La tête radieuse,
Parce qu'elle est plus haut.

17 juin 1901   *ALBERT MÉRAT.*

SILHOUETTES PARISIENNES

Mlle N. Grimbert, lauréate du Conservatoire

Mlle N. Grimbert a dix-neuf ans. Elle n'est encore que boursière de première année dans la classe de M. Georges Beer au Conservatoire et elle vient déjà de remporter au dernier concours un deuxième accessit de comédie. C'est un beau succès plein de brillantes promesses. *Le Sagittaire* est d'autant plus heureux de le signaler, qu'il a déjà eu l'occasion de noter quelques-unes des qualités qui font le charme de Mlle Grimbert, à propos d'une récente conférence sur l'*Humour et les Humoristes* : on se rappelle que la future lauréate avait prêté son concours à M. E. Laudner pour illustrer, dans les mairies parisiennes, l'exposé que le sympathique conférencier faisait de l'Humour et des Humoristes français d'après les remarquables études de Paul Acker et de Jean Bourguignon. Ajoutons d'ailleurs qu'elle s'est toujours dépensée avec la meilleure grâce dans toutes les matinées et fêtes populaires de la ville de Paris et qu'elle y a connu bien des triomphes avant de recevoir la consécration méritée du Conservatoire.

Mlle N. Grimbert n'a pas la taille d'une tragédienne. Mais elle est délicieusement jolie, avec son visage bien souriant, sa bouche fine, ses yeux éveillés, ses cheveux drôlement ébouriffés sur le front et enfin l'air de fraîcheur et de gaîté qui est répandu sur toute sa gracieuse personne. Sa figure est mobile, oseuse comme Chérubin, hardie comme un page, pleine de fine malice et de bonne espièglerie. Quant à la voix, nette et vive, elle

enlève dès les premiers mots. On sent dans la manière
de cette jeune artiste une suite alerte d'intentions délicates, de choses bien dites, de grâces bien trouvées.
Mlle Grimbert est vraie, elle est naturelle : c'est sa caractéristique, en dépit de M. G. Larroumet, mon ancien
maître de Sorbonne. En un mot elle apparait déjà une
savante comédienne, et Théodore Dubois a pu même,
en parlant d'elle, évoquer la divine Reichenberg. A tous
ses rôles, en effet, elle sait donner un accent moderne,
profond et vrai : il suffit de la voir dans ceux qu'elle a
joués cette année à sa classe et au concours : Agnès de
Molière, Angélique de Marivaux.

Mon aimable confrère, M. Auguste Germain, à la veille
du concours, a noté dans l'*Echo de Paris* quelques détails précis sur Mlle Grimbert. Il a fait des compliments
souvent justes sans trop les restrictions habituelles. Il
paraissait du reste bien renseigné, puisqu'il nous apprend que la jeune lauréate a le souci extrême de son
art, mais fort peu la préoccupation de la carrière théâtrale.

« On la citera un jour dit-il, pour ses vertus domes-
tiques, comme la regrettée Jeanne Samary qui joua
Martine, mais qui fut Henriette et pouvait dire, elle aussi, en parlant de la vie :

> Les suites de ce mot, quand je les envisage,
> Me font voir un mari, des enfants, un ménage.

Enfant de Paris, Mlle N. Grimbert est en effet déjà
femme de cœur en même temps que soubrette de Molière : ou trouve en elle la vivacité, la verve, la bonté,
le clair bon sens et la droiture d'esprit de la Parisienne.
Elle joint enfin à beaucoup d'agrément dans les relations une sûreté de commerce qui est généralement
très rare chez les artistes de théâtre.

PHÜN.

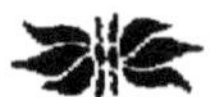

BALLADE
DES PORTRAITS DE VERLAINE

Bons décadents qui, ce jour de janvier,
Suiviez, unis à la fleur du symbole,
Notre cher Maître à son logis dernier,
Au cimetière étroit des Batignolles,
Doux névrosés qu'à Rome, V. Pica
A célébrés sur son harmonica.
Ce que j'annonce est pour calmer vos peines :
De son crayon, aux yeux de l'univers,
L'affranchissant de la poudre et des vers,
F.-A. Cazals nous a rendu Verlaine.

Soit qu'il s'échoue en plein François-Premier
Avec son feutre en guise d'auréole,
Ou soit qu'il boite avec son cornouiller
Au clair de lune, au quartier des Écoles ;
Soit qu'il s'esclaffe au refrain de Fathma
Tout en bourrant sa pipe de tabac,
A l'hôpital, en cache-nez de laine.
Soit qu'il se rue avec force à travers
Les bois dénudés que fouette un vent d'hiver,
F.-A. Cazals nous a rendu Verlaine.

J'ai vu partout ses traits multipliés,
A l'eau, à l'huile, à la cire, à la colle.
Tous les journaux l'ont eu sur leur papier,
Moine qui prie ou faune qui rigole.
Chez Valadon, c'est, sous un crâne ras,
Une façon de carme scélérat ;
C'est, chez Carrière, un Christ à bout d'haleine ;
Sans rien d'égal à ces Maîtres divers,
Mais plus fidèle, en tête de ses vers,
F.-A. Cazals nous a rendu Verlaine.

ENVOI

Pères conscrits, qu'on nous ôte de là
Ce faux Otto (peccavit Chantalat)
Et que vos murs, en échange, aient l'étrenne
De ces dessins où, avec plus d'éclat,
F.-A. Cazals nous a rendu Verlaine!

AIMÉ PASSEREAU.

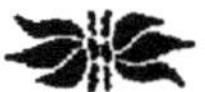

ÉCHOS

Sur la proposition de M. Henry Roujon, M. Leygues, ministre de l'Instruction publique et des Beaux-Arts (et, par *intérim*, président du Conseil, ministre de l'Intérieur), vient d'autoriser l'acquisition d'un dessin au crayon (portrait de Verlaine, par F.-A. Cazals), qui fut très remarqué au Salon de la « Société des Beaux-Arts » en 1899.

Félicitons l'artiste qui, si fidèlement, *nous a rendu Verlaine*, et rappelons qu'un autre portrait du poète, par le même, appartient au musée de Nancy.

L'abondance des matières nous oblige à remettre au prochain numéro la fin de l'étude de Léon Maillard, sur *James Vibert* et la suite du *Pauvre Lélian*, d'Ernest Delahaye et de F.-A. Cazals. Nous publierons également les articles de nos collaborateurs Théodore Maurer, Achille Delaroche, N. Quellier, Léon Riotor, ainsi que la *Bibliographie* et une *Revue des Revues*, par Charles Houin, Ernest Raynaud et Renucci.

Le prochain numéro du *Sagittaire* publiera une importante étude de Charles Houin sur l'*Iconographie d'Arthur Rimbaud*. C'est un chapitre inédit du volume que Charles Houin fera prochainement paraître en collaboration avec Jean Bourguignon.

Le Gérant : F.-A. CAZALS.

M. HENRY FOUQUIER

Depuis longtemps, la Presse quotidienne nous a
habitués à tous les partis pris, à toutes les ignorances,
à toutes les affirmations hasardeuses. Mais nul, je crois,
parmi ses protagonistes, n'a atteint, sous le couvert de
la sérénité du penseur, au degré d'incompréhension,
d'étroitesse d'esprit, de vilenie de M. Henry Fouquier.
Aussi est-il révéré comme un maître, un professeur en
journalisme, par la gent plumitive qui boit avidement
toutes les sottises solennelles et prudhommesques chues
de l'écritoire de ce péripaticien boulevardier, de ce
Nestor pour cocottes.

On s'étonnerait de trouver parmi les thuriféraires un
esprit tel que M. Paul Adam, si l'on ne savait, pour
parler la langue de M. Fouquier lui-même, combien le
milieu change les hommes. Je ne serais pas surpris
davantage — tant les préjugés se propagent vite — que
bon nombre d'âmes ingénues, parmi le public, ne fussent impressionnées d'une gloire philosophique si
prônée par la réclame. Rassurez-vous, bonnes gens, ce
n'est pas encore, quoi qu'on en pense au Pont des Arts,
la *Philosophie parisienne* qui détrônera le *Discours de
la Méthode* ou la *Critique* de Kant.

Que M. Fouquier consacre sa chronique falote aux
ébats de l'actrice callipyge ou au dernier crime sensationnel, passe encore. Mais que vient faire en art son
exhilarante et grotesque incompétence ? Au nom de
qui, au nom de quoi s'arroge-t-il le droit de donner
des leçons aux poètes ? Bien qu'il tienne une plume
depuis plus de trente ans, M. Fouquier ne compta
jamais parmi les écrivains. C'est une épave de la politique

qui crut trouver dans la publicité une compensation à ses déboires électoraux et administratifs. Il représente cette catégorie de folliculaires sans vergogne, de demi-lettrés, d'esprits superficiels et rétrogrades, hostiles d'instinct à toute innovation, à tout progrès ; mais aptes, comme feu Pic de la Mirandole, à disserter, au pied levé, avec une égale ignorance, *de omni re scibili et inscibili,* et qui malheureusement forment le noyau de cette opinion publique que l'Europe ne nous envie pas. A tous ces amateurs délicats, si difficiles pour les autres et si indulgents pour eux-mêmes, on est toujours tenté de répondre par le vers d'André Chénier que M. Fouquier connaît si bien :

Nul n'est juge des arts que l'artiste lui-même.

Chacun a sa bête noire, sa tête de Turc. Pour M. Fouquier, ce sont les écrivains nouveaux. Tandis que la plupart des mauvais vouloirs de la Presse se sont tus devant une tentative esthétique au moins digne d'intérêt, lui, en est resté à l'incompréhension malveillante du début. Pensez donc ! c'en serait peut-être fait du métier lucratif des scribes à scandale, des fabricants de vaudevilles diafoiresques, mélodrames mucilagineux, et autres *épiceries,* si le public venait à prendre goût aux productions de l'art vrai.

Dans sa récente mercuriale aux *Poètes,* M. Fouquier parle, assure-t-il, au nom « de lettrés trop timides pour dire franchement ce qu'ils pensent. » Vraiment ? Sont-ce aussi ces timides lettrés qui lui ont appris que Stéphane Mallarmé et Arthur Rimbaud avaient « désarticulé » le vers français ? qui lui ont transmis, sous le titre de *Vaisseau Ivre,* la pièce célèbre de ce dernier, le *Bateau Ivre* ? Qui lui suggérèrent, enfin, l'idée burlesque que Rimbaud fut le « matelot douteux » de ce bateau ? — Vous confondiez sans doute avec l'équipage de la *Belle Eugénie,* cher maître ? — A la place de M. Fouquier je me méfierais d'une information aussi fantaisiste. S'il eut pris la peine de lire les susdits poètes, il eut pu constater que nul n'a élaboré de vers à contexture plus classique ; et que s'ils se montrent novateurs, c'est pour d'autres raisons. Mais peut-être, le sévère Aristarque tient-il moins à comprendre ces écrivains qu'à déverser sur eux les flots de sa critique fielleuse et sans bonne foi.

Verlaine, surtout, en est la victime mémorable. Le débat remonte loin. Le poète, on s'en souvient, ayant eu l'audace grande de professer peu d'enthousiasme pour le génie de *Nestor-Colomba*, en le traitant, dans une de ses *Invectives*, de « cuistre sans orthographe », M. Fouquier se fàcha. Une chronique du *Figaro*, où l'insulte le disputait à la sottise, sans respect même pour la vie privée, nous servait des phrases dans le goût de celle-ci, écrite avec le jargon de charbonnier du coin : « Je ne tirerai d'autre vengeance que d'en citer le couplet final en *demandant excuse* (sic) pour des façons de dire d'une poésie un peu spéciale. » Et plus loin : la statue de Verlaine pourrait s'élever dans le Jardin du Luxembourg (sic) *sub amica silentia lunæ*. Prouvant ainsi surabondamment que l'*Invective* avait deux fois raison, puisque M. Fouquier ne manifestait d'orthographe ni en français, ni en latin. Après cela, peut-être était-il partisan de la réforme.

Bien qu'Edmond Lepelletier ait relevé, à l'époque, comme il sied, les outrages prodigués à la mémoire de Paul Verlaine par M. Fouquier, ce récidiviste endurci éprouve encore le besoin de s'aventurer sur un terrain aussi dangereux. Il reproche aux amis du *Pauvre Lélian* d'avoir voulu « donner en exemple et en modèle son existence platement aventureuse... la bohème intéressée qui s'est fait industrielle et joue la comédie de sa propre existence devant les bourgeois dont elle exploite la niaise curiosité. »

Les amis du grand poète n'auront pas à se défendre contre une aussi ridicule et odieuse accusation. S'il leur arriva de parler de la vie difficile créée à Paul Verlaine par des circonstances malheureuses, ce ne fut point pour la donner en exemple, mais pour répondre aux insinuations malveillantes des publicistes de l'école de M. Fouquier qui, mainte fois, lui en firent un grief. Et ils ont pu penser, certes, que c'était pitié de voir, dans notre société qui se prétend amie des arts et reine de civilisation, les Verlaine gémir misérablement sur un grabat d'hôpital ; les Mallarmé consumer, dans un labeur ingrat pour l'existence, le meilleur de leurs forces vives ; tandis que les Fouquier inondaient impudemment les journaux quotidiens de leurs plates élucubrations grassement rétribuées.

Il est bouffon, vraiment, de voir agiter cette question d'intérêt et de morale par le dreyfusiste peu désintéressé que nous représente M. Urbain Gohier ; l'ami d'Arton de Panama :

> Ne parle pas, Arton je t'en supplie,
> Car me trahir serait un grand péché !... »

Comme dit l'humoristique chanson de Cazals, le fondateur de la République, en 1870 — (version de M. Paul Adam) — République de la Cannebière et du fromage de Hollande, quand d'autres offraient leur peau aux balles teutonnes ; le publiciste généreux qui ne craignit pas d'attirer les foudres du Pouvoir sur le bibliothécaire écrivain, Rémy de Gourmont.

M. Fouquier se donne volontiers comme le représentant parmis nous de l'esprit hellénique et disciple de Renan. Excusez du peu. Ce serait faire gratuitement injure à la mémoire de l'illustre penseur, du lumineux écrivain, du prince de l'exégèse que d'abriter sous son autorité les banalités méchantes et sans style que charrie la prose de ce « Fouquier-Tinville » de la littérature nouvelle. Non, doux philosophe, qui ne nous avez donné encore ni l'*Histoire des Origines,* ni même *La Prière sur l'Acropole,* jamais, malgré le masque de Nestor, vos lèvres ne sucèrent le miel de l'Hymette et ne burent à la source de l'Hippocrène : Monsieur Homais fut votre père nourricier, et Francisque Sarcey votre maître d'école.

A. DELAROCHE.

LA PETITE CLASSE DE L'OPÉRA

(Exposition de l'Enfance)

Ce spectacle pour les familles
De Mademoiselle Subra
Nous suggère de voir nos filles
Dans les classes de l'Opéra.

Ces fillettes déjà jolies
Ont les coudes encore pointus
Et pronostiquent les folies
Que l'on fera pour leurs tutus.

Est-ce Paris, est-ce la Grèce ?
Montmartre fait des Tanagras.
L'œil ressent comme une caresse
A l'envol léger de leurs bras.

La jambe nerveuse et sculptée,
Sans trucage, d'un contour sûr,
Plus tard et plus haut exaltée,
N'aura pas de galbe plus pur.

C'est un travail opiniâtre
Qui plie et rompt ces petits corps ;
Mais c'est joli comme au théâtre
Cette suite juste d'accords.

Malgré la décence de l'âge,
J'ai parfois surpris un regard
Charmant, mais sans enfantillage :
On sait ce qu'on sera plus tard.

A deux ou trois ans de distance,
C'était un appel matinal.
— J'ai reconnu dans l'assistance
Madame et Monsieur Cardinal.

Ces boutons qui seront des roses,
C'est leur culture, c'est leur bien...
Et j'ai médité sur ces choses
Auxquelles nous ne pouvons rien.

ALBERT MERAT.

LE PATRE

A M. J.-J. Pendariès.

Oubliant les troupeaux confiés à sa garde,
Il écoute, les yeux fixés sur l'infini,
Les vieux chants d'autrefois, issus du sol béni,
Qui rappellent le temps où l'ancêtre était barde.

Chants sacrés, lieds d'amour, échos prestigieux,
Bruits confus du passé, la lande solitaire
Conserve pour lui seul le magique mystère
Dont le vague emplissait l'âme de ses aïeux.

Il se souvient, il voit, il entend. C'est l'histoire
De batailles sans fin tissant la trame noire,
Chocs meurtriers dont fut fécondé l'avenir...

Et dans l'aube lointaine où tout le passé vibre,
Absorbé dans son rêve, il regarde venir
Seul entre tous les serfs le pâtre à l'âme libre.

ED. MARTIN-VIDEAU.

LA MAUVAISE AVENTURE

A la Gloire de Waldeck-Rousseau.

« Lorsque M. Dausset, président du Conseil
« municipal, s'est présenté à Compiègne,
« M. le Président de la République était à
« table avec les ministres. Il n'a pu voir
« personne. » (Agence Havas.)

On festoie au château. L'Empereur de Russie,
Joyeux de recevoir l'encens républicain,
A son cousin Loubet montre qu'il apprécie
La bartavelle et l'ortolan au marasquin.

Sous les lustres flambants, par la vitre éclaircie,
On voit tournoyer l'or dans les plis du satin,
L'orchestre de Parès tonne avec frénésie,
Mais l'orage a chassé la foule des jardins.

Un homme sous la pluie erre, l'âme abattue,
Son bruit furtif traverse un sommeil de statue,
Hébé sursaute et crie « Hein quoi? qu'est-ce que c'est? »

« Il m'a semblé qu'un pas glissait dans la nuit sombre,
« Du grand Napoléon ne serait-ce point l'ombre? »
Ganymède répond : « Ce n'est rien; c'est Dausset! »

⁂

C'est Dausset, l'ennemi juré de Marianne.
« Hélas! soupire-t-il, nos affaires vont mal,
« Moi, l'élu de Paris! Waldeck me laisse en panne
« Comme il ferait d'un simple adjoint à Bougival. (1)

____

(1) A toi, Lepelletier !

« Il faut quitter l'espoir du ruban de Sainte-Anne.
« Maudit soit à jamais le nom de Grébauval,
« J'expie ici sa frasque au dernier festival,
« A n'être qu'importun sa faute me condamne !

« En vain, je m'humilie et me traîne à genoux,
« O Tsar ! quand j'ai voulu pénétrer jusqu'à vous,
« Le vide m'a chassé mieux qu'un poing de gendarme.

« Et loin des salles d'or où se tient le festin,
« Abandonné de tous, en attendant le train,
« J'ai dîné d'un morceau de pain trempé de larmes ! »

AGÉNOR.

EVOCATION

Ma mère, je la vois obscure jeune fille,
Au cœur mal protégé des longs rêves du soir,
Recueillant au hasard des dîners de famille,
Les regards clairs et doux d'un jeune homme à l'œil noir.

A l'aurore des jours, voyant en son miroir,
Ses cheveux onduler libres de la résille,
Parfois elle sourit pleine de nonchaloir,
Aux roses de son teint pendant qu'elle s'habille.

Le souci n'a jamais encor plissé son front ;
Sa lèvre ne retient le rire familier
Qu'à l'instant où le père se prend à gronder.

Bientôt après l'hymen ses grâces s'éteindront !
Elle aussi a vécu l'ère du souvenir ;
Et c'est moi, fruit rongeur, qui la vint assombrir !

ARTHUR SIMAND.

SONNET

J'ai fondu l'or de mes baisers
Au creuset de ta chair troublante.
J'ai brûlé mon âme tremblante
Au bûcher de tes yeux grisés !

J'ai consumé ma chaude ivresse
Au tabernacle des seins nus
Ou j'ai, sur des tons inconnus,
Secoué ta haute paresse.

A tes genoux fiers, sur ton flanc
J'ai déchaîné le flot brûlant
Des oraisons énamourées !

Et j'emporte — divins accords —
En mon cœur le chant de ton corps,
Prêtresse des chansons dorées.

LUCIEN HUBERT.

Le Jardin des Ronces

De F.-A. CAZALS

> *Je lisais Platon. — J'ouvris*
> *La porte de ma retraite.*
> *Et j'aperçus Lycoris,*
> *C'est-à-dire Turlurette.*

Turlurette, la muse de Cazals. Une jolie fille aux cheveux en broussailles ; et qui, sans affectation de fausse pudeur, se laisse voir à la fois décolletée et court-vêtue. Sur l'abondante chevelure qu'elle arbore, toujours peignée à la diable, parce que rebelle aux froides ordonnances, pose un bonnet qui volontiers se modèle à la phrygienne, et que le moindre brin de brise fait virevolter par dessus les moulins, depuis celui du meunier Sans-Souci jusqu'à ceux de la Butte sacrée :

> *Sous votre petit blanc bonnet*
> *Blanc bonnet, bonnet blanc qu'on jette*
> *Par dessus — sautez et tournez ! —*
> *Tous les moulins de la Galette,*
>
> *Vous trottez et vous trottinez,*
> *Telle, en d'autres temps, Marinette,*
> *Souriant à quel Gros-René,*
> *Sous votre bonnet de soubrette ?*

Turlurette, de qui la belle voix n'est cependant qu'une « pâle copie » de celle dont a été doué notre poète, lequel, pour le velouté du timbre, le dispute aux flûtes les plus tibicines ; Turlurette, dis-je, voulut bien me chanter les chansons du « Jardin des Ronces » ; ce à quoi je pris autant de plaisir que si Peau-d'Âne m'eût été conté.

Dans ce jardin, Pégase — pour employer l'heureuse expression de Hugo — a été mis au vert. N'ayez nulle crainte de vous aventurer là ; ces ronciers sont tout fleuris ; l'épine s'y cache sous la corolle, visitée des abeilles, armées aussi.

C'est ce qu'a noté, et mieux que je ne saurais le faire, Albert Mérat, en des vers dédiés à Cazals, qui précèdent une ode à la Chanson d'une belle envolée lyrique :

> *Moqueuse, drôle, un peu gamine,*
> *Parigote du bataillon,*
> *Ta chanson est aiguë et fine :*
> *La pointe est parfois l'aiguillon.*

Une qualité maitresse des chansons de Cazals, c'est que,
écrites, pour la plupart, il y a une dizaine d'années, et
souvent sur des sujets alors d'actualité, elles ont gardé la
fraîcheur, le charme de verve, la saveur de sel qu'elles
eurent à l'origine ; on les dirait jaillies d'hier de la source
où elles sont nées.

Que « Moréas chante » :

> *Si je n'avais point de monocle,*
> *J'y verrais clair tout aussi bien.*
> *Au temps d'Homère et de Sophocle*
> *En portait-on ? Je n'en sais rien...*
> . . . .
> *Ça vous rehausse la figure,*
> *Et l'on plaît aux femmes ainsi.*

Ou que l'amant exhale ses plaintes :

> *Mon pauvre cœur, tu le sais bien,*
> *Lorsque l'on souffre, on ne veut rien*
> *Que ce qu'on aime.*
> *Le ciel est noir quand meurt l'amour ;*
> *Et je suis triste comme un jour*
> *De Mi-Carême.*

On croit entendre une chanson de ce matin ; le bon poète
Moréas et le « victimé d'Eros » étant toujours d'actualité,
de par l'éternelle jeunesse de la poésie et de l'amour.

De même, Avril :

> *Avril ! Avril ! il faut qu'on aime !*
> *Aimez-vous donc : c'est une loi.*

Et Cazals d'ajouter, avec une louable modestie que lui
envierait la violette, parangon d'humilité :

> *Si je ne parle pas pour moi,*
> *C'est que l'on m'aime pour moi-même.*

Nous ne laissons point d'être avertis ; car il dit ailleurs,
affirmant et confirmant :

> *Je tape dans l'œil des femmes :*
> *Je sais l'art de charmer.*

Voilà qui est parler d'or ! Cette belle conviction est justi-
fiée. Nul de ceux qui ont l'heur de connaître notre Cazals-
Joconde ne sera tenté de s'inscrire en faux contre ces
aveux dépouillés d'artifice. Et moi, certes, moins que personne. Je le revois encore, à Dijon, dans la cour du palais
ducal, lors d'un récent voyage fait de concert. Il s'était
campé, le regard dominateur, l'attitude conquérante ; la
main posée sur sa canne comme elle l'eût été sur une ferme
et vaillante épée mise au clair ; le feutre rembranesque rejeté en arrière et ne projetant plus l'irrévérencieuse ombre

portée sur les moustaches et la barbiche érébéennes ; et
d'une voix chaude, sonorement vibrante, en parfait accord
avec la constatation proférée : « Ai-je assez l'air duc de
Bourgogne ! » s'écriait-il. Vraiment, il en avait l'air. Et je
fus sur le point de solliciter de Sa Haute Bienveillance la
Toison d'Or.

Ah ! mon cher Cazals, déambulâmes-nous assez dans l'antique cité ! Quelles exquises promenades de poètes doublés
d'archéologues ! Et que les filles de Dijon sont jolies ! Si
elles savaient s'habiller, elles seraient irrésistibles. Le soir,
cependant que la musique militaire versait un peu d'héroïsme au cœur des citadins, comme a dit Baudelaire, nous
en croisâmes deux ou trois coquettement attiffées et louvoyant
avec grâce ; mais celles-ci avaient l'accent de Montmartre.
Notre opinion sur les autres demeure entière :

* *

Je voudrais parler un peu de la technique de Cazals ;
étudier son procédé dans la fantaisie et sa fantaisie dans le
procédé. Il désarticule souvent le vers, mais toujours fort
adroitement, et, ne se contentant pas de la rime à la place
accoutumée, la fait se répercuter comme à plaisir.

> *Quand on s' appell'pas Camondo*
> *Il n'y a pas beaucoup d'monde au*
> *Cimetière !*

> *La moral' de cett' chanson-ci,*
> *C'est qu'il est triste d'avoir si*
> *Peu de chance.*
> *Amis cett' sci' vous prouve aussi*
> *Qu'ici, pour bien vivre, il faut s'y*
> *Prendr' d' avance.*

Cette strophe que l'allitération rend des plus amusantes :

> *Les Tartarins sont animés.*
> *Le Midi bouge à Nîmes.*
> *C'est pour de bon que tu t'y mets,*
> *Nîmois, quand tu t'animes !*

Et ces rimes, qui eussent ravi Banville et sur lesquelles le
Mont-de-Piété prêterait la forte somme :

> *Les Espagnols ne sont pas gnols ;*
> *Même i's fur'ent magnanimes :*
> *Laissons l'arène aux Espagnols*
> *Et la Tour Magne à Nîmes.*

J'extrais ces deux derniers fragments des Courses de
Taureaux. Cazals nous déclare « qu'il n'écrit pas cette chanson pour faire pleurer Séverine » ; mais la généreuse avo-
cate des bêtes martyrisées en a dû être touchée, si elle la
connaît ; car l'auteur, plus sentimental qu'il ne le voudrait
paraître, affirme sa pitié, en larmoyant presque d'un œil,
tandis qu'il rit de l'autre, si j'ose m'exprimer ainsi :

Je sais que l'taureau
C'est l'père du veau;
Et qu'on l'prend par les cornes.
Mais prendre plaisir
A le voir souffrir
Cela dépass' les bornes.

Je n'insiste pas davantage sur les réjouissantes trouvailles funambulesques qui égayent cette curieuse versification. Cazals, élégiaque à ses heures, se montre souvent vrai poète. Le peintre qu'il est se révèle alors dans des vers de luminosité singulière et d'un art accompli :

Et dans tes yeux les pailles d'or de tes cheveux.

Mais toute la pièce vaut d'être citée :

Ses cheveux, qu'on dirait une moisson coupée
En messidor.
Font à ce front, où dort l'Espoir, le nimbe d'or
D'une perruque de poupée.

L'absinthe de ses yeux qu'on croirait d'une sainte,
Brûle mon cœur ;
Et ce cœur, amoureux de la pure fraîcheur,
Se grise à boire cette absinthe.

Ses lèvres pâles ont, ainsi que des aveux,
Toute candeur :
Elles diront l'aveu candide au coin de l'âtre.

— O la fraîcheur de tes couleurs et leur langueur ;
Ton air de pâle Cléopâtre !
Et dans tes yeux les pailles d'or de tes cheveux !

N'est-ce point là un délicieux sonnet, de forme ingénieuse ? Et quelle noble harmonie lui prête l'emploi de l'assonance !

Notre poète ne sacrifie donc pas à l'ironie seulement ; on le devine attendri et sacrifiant à l'Eternel Féminin. Il est homme ; mais, ainsi que Heine, il met un soin délicat à ne pas trop laisser voir ce qui se passe dans les replis secrets de son âme. Il sait le prix de cette farouche pudeur ; et c'est pourquoi il se hâte de rire de tout, de peur d'être obligé d'en pleurer.

Mais qu'il soit épris, il redeviendra lui-même ; et le sceptique sera l'ingénu.

Non, ce n'est pas pour tes beaux yeux,
Où plus d'or qu'en ma bourse brille,
Ni pour ta manière gentille
De vaincre au jeu malicieux,

Ni pour le pli tant gracieux
De ta bouche, aimable Marie,
Ni pour ton sein. coupe chérie,
Ni pour la nuit de tes cheveux,

Que je t'aime et que je t'admire,
Que je t'estime encore plus,
Et qu'il me plait de te le dire

En des vers qui seront peu lus :
— Si je l'aime et si je l'admire.
C'est pour son cœur et rien de plus.

Il aime, il est aimé; mais il a subi, lui aussi, jadis, les amères désespérances des vaines tendresses. Il sait la rancœur des amours dédaignées et qu'il faut taire; il connaît l'horreur du silence imposé. Qui le croirait? Sa haute fierté masque la plaie vive que des pitiés hors de saison feraient plus douloureuse encore.

L'amour est un mal de langueur
Qui vous laisse longtemps au cœur
Quelle amertume !

** **

Eh quoi, mon ami? Vous fûtes blessé par le redoutable et cruel petit *Sagittaire?* Il vous a laissé sous la mamelle gauche quelqu'une de ses flèches barbelées. dont la vibration suscite, après des jours sans nombre, une plainte que vous n'avez pu étouffer?

Vite, chantez-nous votre « Ballade du pauvre F.-A. C. », ce joyau, en vieux français, de votre livre; cette ballade que n'eût point désavouée l'admirable Villon; Villon que vous faites revivre parmi nous, et qui me parait bien vous avoir légué. par anticipation, dans quelque strophe égarée du « Grand Testament », sa bonne plume, sachant, de reste, que dans votre main elle ne perdrait rien de sa verve abondante, de ses qualités de joyeux primesaut et de sa spirituelle alacrité.

Vous étiez. quand vous la fîtes, cette ballade,

Bien allégié d'ung or mal dépensé,

nous dites-vous; mais vous faisiez contre fortune bon cœur. Pour prendre votre mal en patience, vous aviez recours à l'ultime reconfort des poètes. Compagnon d'hôpital de notre cher Verlaine, vous demandiez à ses vers une heure d'oubli et le soulagement dans l'épreuve :

Là hault le ciel qui fort me feust maussade
Picque ung soleil dont ie suis traversé.
De chauds rayons caressent l'enfilade
Des licts tout blancs, ce pendant que bercé,
Je lis Verlaine et la neufve Pléiade...

Les bons compaings de la Bohème — du fringant damoiseau au cliquepatin — ne vous délaissaient mie, d'ailleurs ; et, sur votre invitation, vous allaient, en féaux, rendre hommage-lie,

> *Princes viendrez, en habits de parade,*
> *Incontinent à Plaizance-Broussais,*
> *Panser le cueur de vostre camarade :*
> *Amys, venez, veoir le pauvre F.-A. C...*

Et ils s'en revenaient, vous ayant réconforté. Ils erraient longtemps, causant de vous et du « pauvre Lélian » ; ils se renvoyaient quelques couplets de vos allègres chansons. Et cela jusqu'à nuit close ; ne se quittant pas encore,

> *A l'heure unique et douce où vaguent, de fortune,*
> *Glissant d'un pas léger sur le pavé chanceux,*
> *Les poètes, les fous, les buveurs, — et tous ceux*
> *Dont le cerveau, fêlé, loge un rayon de lune.*

Comme a dit Léon Valade, le subtil et délicat poète, qui aimait Verlaine et qui vous eût aimé, pour votre talent et votre cœur.

THÉODORE MAURER.

CE QUE DIT MARINETTE

A Jean Ajalbert.

> *Aventureuse et sensible à l'amorce,*
> *J'ai tout aimé, les curés, les soldats,*
> *Les terrassiers à la noueuse écorce,*
> *Et les ténors, gloire des opéras.*
> *J'ai pêle-mêle inscrits dans ma mémoire,*
> *Des gens du monde et des lutteurs de foire,*
> *Mais puisqu'il faut entre tous faire un choix,*
> *Et qu'ardemment la palme est réclamée,*
> *Rendant au vrai l'hommage qu'on lui doit,*
> *Je crie avec Drumont : « Vive l'Armée ! »*

J'ai tressailli sous l'éclat du visage
Des charcutiers assis à leur comptoir ;
Au fond des nuits je retrouve l'image
Des bras nerveux des garçons d'abattoir.
J'aime Guérin dont l'audace aguerrie
Sût pour le trône armer la boucherie,
Et les marlous, ornement des faubourgs ;
Mais ce beau feu se dissipe en fumée
Dès qu'un drapeau passe au bruit des tambours,
Et me rappelle à l'amour de l'Armée !

\.

Combien de fois, verts bosquets de Vincennes
Où tout Paris respire un air meilleur,
Et vous ! coteaux inclinés de Suresnes,
M'avez-vous vue au bras des artilleurs !
Je vous connais cuirassiers de Versailles
Qu'escorte un bruit secoué de ferrailles !
Et vous ! petits chasseurs de Saint-Germain !
Hussards de Meaux aux têtes emplumées !
Et vous, disant aux cavaliers du train :
« L'Infanterie est reine des Armées ! »

\.

Gohier ! ton livre est œuvre d'imposture,
Mais j'abandonne à tes coups de sifflets,
Les officiers dont le peu d'envergure
Et l'humeur courte est matière à couplets.
Ah ! parlez-moi du solide outillage
Des matelots ! de leur cœur à l'ouvrage !
Du brusque étau de leurs bras tatoués !
Quand leur furie à grands coups de framée,
Fond sur l'obstacle, ah ! les dieux soient loués !
Ce n'est partout qu'un cri : « Vive l'Armée ! »

\.

Pour que ma liste, o Paris, soit complète,
J'ai fréquenté chez ta garde à cheval,
De tes pompiers, toujours prêts à la fête,

J'ai fort goûté l'entrain municipal,
J'ai crié même un soir (ma sympathie
Vers la police ondoyant en partie)
« Vive Lépine ! » au milieu des sergots,
Mais à Longchamps, sous la nue enflammée,
Lorsque fulgure un éclair de shakos,
Je crie à pleins poumons : « Vive l'Armée ! »

* * *

Bons lieutenants du fougueux Déroulède,
Toi Rochefort confit en sainte odeur,
Et toi Coppée en qui s'érige un raide
Bonnet à poils à la place du cœur !
Vos grands discours n'ont pas l'exubérance
Que l'on rencontre aux pantalons garance,
Une belle épaulette, en se taisant,
M'en dit plus long que votre encre estimée,
Et c'est pour ça que je crie à présent
Et veux toujours crier : « Vive l'Armée ! »

AIMÉ PASSEREAU.

PAUVRE LÉLIAN [1]

(Pour faire suite aux « CONFESSIONS » de Paul Verlaine)

En attendant, les faits accomplis demeuraient, dont
les conséquences brutales venaient frapper Lélian derrière ses barreaux. A Mons, il reçut du papier timbré.
Il apprit, là, le jugement qui devait briser l'union si
orageuse et pourtant si chère !

(1) Voir les numéros 5, 6, 7, 8, 9, 10, 11, 12.

Aussitôt libre, il accourut à Paris (1874), rêvant on ne sait quoi, une explication, une réconciliation peut-être (1). Il se heurta aux impossibilités légales, à l'irrémédiable...

Et la joie de la délivrance se mua en désespoir. Il était libre, soit ; mais désormais seul, affreusement ! L'enfant « laissé dans une chambre sans lumière » qu'avait si bien caractérisé Rimbaud, cet être aimant, dont l'instinct de sociabilité était si impérieux, se vit renié, abandonné par tous, ou presque...

Le « monstre » était alors à Stutgardt, apprenant l'allemand après un assez long séjour en Angleterre, et Verlaine, fougueusement, voulut renouer l'amitié fatale. Elle aurait désormais Dieu même pour trait d'union : « Aimons-nous en Jésus-Christ ! » écrivait le pauvre poète. La lettre parvint à Rimbaud par l'intermédiaire d'un ami. Celui-ci ne se faisait guère illusion sur les suites de cet apostolat. Même il jugeait que les deux amis feraient mieux de ne pas chercher à se revoir, dès lors séparés par trop d'opinions. Mais Verlaine demandait l'adresse. Rimbaud fut consulté. Il commença par trouver cette conversion incroyable et profondément risible. Cependant il concluait : Donne mon adresse, si tu veux, à ce « Loyola ».

Quelques jours après, Verlaine était à Stuttgart. Rimbaud l'accueillit bien, tout en répondant par des sarcas-

---

(1) « Formes ». dans *Mémoires d'un Vœuf*. est relatif aux démarches qu'il fit alors :

« L'avoué roux, en veston du lundi. tient audience comme un simple président...

Elle s'assied. la Victime, un monsieur quelconque qui a des griefs. Il retourne d'une femme, bien entendu, d'une famille qui n'est pas la sienne à lui, mais que l'usage en l'espèce appelle belle.

Une heure s'écoule, deux heures, la Victime, en désespoir de cause, bien qu'elle ait vu l'avoué roux promener plusieurs fois son veston de son cabinet au clerc *et retro,* comprend que ça pourra durer longtemps ainsi. Elle dicte au clerc un mot de conciliation (il s'agit d'enfant cette fois) — et s'éloigne par un superbe escalier d'antique hôtel patrimonial.

Le lendemain une lettre fort polie, et si bellement écrite ! — le prie de vouloir bien ne pas « troubler la paix »,

mes à toutes tentatives d'évangélisation. Cependant
l'on causa beaucoup et… l'on but. L'apôtre, hélas ! eut
encore une faiblesse ; il oublia, un instant, ses fermes
résolutions. Et le soir, tous deux étaient parfaitement
gris. Si bien qu'au cours d'une longue promenade faite
ensemble à travers champs, après de nouvelles libations,
une querelle éclata et l'on se battit.

Ni l'un ni l'autre, fort heureusement, n'étaient armés.
Pas même un bâton. Ce fut une scène étrange et terrible. Rimbaud, aussi grand maintenant que son adversaire, était à la fois très fort et très vigoureux ; l'autre,
souple, nerveux, excité par l'alcool, affolé de rage, d'hu-
miliation et de désespoir, semblait repris décidément
par le diable. Et ce combat acharné, fantastique, au
milieu de la nuit, tout près du Neckar où ils pouvaient,
dans leur furie, rouler tous les deux, se prolongea longtemps à la clarté lunaire, dans une solitude absolue,
ayant pour cadre au loin la masse serrée des sapins de
la Forêt noire. A la fin, Verlaine épuisé tomba et resta
évanoui sur la rive, tandis que Rimbaud, harassé, re-
gagnait la ville : ce fut leur dernière entrevue.

Verlaine trouvé, au matin, par des paysans, fut transporté dans leur pauvre habitation où ils le soignèrent,
plusieurs jours, avec des soins touchants. Quand il put
se lever, quand il les quitta, ces braves gens, ces belles
âmes simples, qui n'avaient pu échanger avec l'étranger aucune parole au sujet du mystérieux drame, lui faisaient comprendre par signes qu'il pouvait rester plus
longtemps ; mais ils ne voulurent rien accepter que la
reconnaissance traduite par ses gestes et lue dans ses
yeux.

La rupture ne fut pas pour cela définitive entre les
deux hommes. Verlaine, en Angleterre, et Rimbaud,
revenu à Charleville, s'écrivirent encore. Il y avait même
ceci de particulier que ce fut, cette fois, Verlaine qui ne
voulait pas donner son adresse. L'ami commun servait
d'intermédiaire. Rimbaud lui remettait ses lettres et
recevait les réponses par la même voie. L'auteur de
Bateau Ivre était dès longtemps trop résigné à tout

pour s'étonner de quoi que ce fût, et trop délicat en
amitié pour mettre dans l'embarras un vieux camarade ;
il n'insistait pas, disait seulement que le système était
bien bizarre. Puis Verlaine cessa tout à fait d'écrire. Il
s'arrachait enfin, pour de bon, au passé.

*
* *

Alors (1875) commença pour lui la vie calme, ignorée,
heureuse, parce qu'il trouva enfin ce qu'il fallait : *la
règle*. Et ce fut, devons-nous dire, providentiellement.
Il l'avait cherchée d'abord autrement, avec l'excès
d'une imagination de poète. Son premier mouvement
fut de renoncer au monde absolument — mais ABSOLU-
MENT, qu'on l'entende bien comme le comprenait,
comme le prononçait Verlaine, et l'on ne s'étonnera pas
qu'il se soit présenté à la Trappe de ***, en Belgique,
et l'on ne sera pas surpris davantage qu'il y soit resté
seulement une semaine, ne se sentant pas la force nécessaire.

La vie anglaise lui donna cette règle moyenne, cette
espèce de *tiers-ordre* seul à sa portée.

*
* *

Une préoccupation morale, une certaine religiosité,
s'accordant très bien avec le souci du matériel, ont
composé le régime de beaucoup de petits bourgeois
dans l'ancienne « isle sonnante ».

Régularité et rigueur avec un soin savant d'éviter
tout excès. Lever de bonne heure, pas trop : sept
heures, par exemple. Soins de toilette : une demi-heure.
Aussitôt après, un premier déjeuner composé intelligem-
ment pour substanter et préparer au travail du jour,
mais sans rien de sensuel (des étrangetés qui nous
feraient bondir, mais sont, au fond, très raisonnables) :
café au lait avec du lard frit *(bacou)* ou du poisson salé
cuit à l'eau, œufs, confitures, et pour boisson de l'eau
claire. Ce repas conduit facilement à une heure de
l'après-midi, moment du *luncheon* ou *dinner* qui répond à notre déjeuner de midi : viandes *bien cuites*,

légumes frais cuits sans beurre ; et encore pour boisson
de l'eau ; mais leurs sauces fortes remplacent si bien le
vin ou la bière comme excitants ! Vers cinq heures,
tea, analogue au premier déjeuner, et enfin *supper*,
léger repas avant de se coucher. (C'est à peu près,
en somme, comme distribution des heures, le système
de la vieille France, celui qui contribua probablement à
entretenir la forte et calme race d'autrefois.) Pour se
rendre compte plus entièrement des *menus* anglais, on
y joindra une certaine variété de « puddings, pastries »
(pâtisseries), « sweet dishes » (plats sucrés), et « jams »
(confitures). Mais d'ordinaire, et sauf en de rares circonstances, pas de liqueurs ni de boissons fermentées.

Tel, à peu près, le régime suivi à l'institution *(gram-
mar school)* de M. W. Andrews, à Stickney (Lincolns-
hire), où Verlaine entra comme professeur de français.
L'école était de genre modeste et familial. On vivait
avec le directeur sur un pied d'intimité. Les élèves, peu
nombreux, tous de la même région, donc plus faciles à
connaître, plus faciles à conduire, se prenaient aisé-
ment d'amitié pour leurs maîtres. Rien, d'ailleurs, du
pioniciat français. L'école anglaise n'est pas, comme
chez nous, imitée de la caserne : l'enfant y jouit d'une
liberté intelligente, il joue, il se promène, il sort sans
surveillance ; le maître est pour lui un homme qui vous
apprend quelque chose : ce n'est pas une teigne et
moins encore un garde-chiourme.

Outre le français, Verlaine enseignait le dessin. Son
procédé était simple : il faisait à la craie, sur le tableau
noir, des croquis de bons « farmers » du voisinage que
les « pupilles » reconnaissaient avec joie et s'efforçaient
consciencieusement de reproduire ; cela valut au
« frenchman », parmi les lettrés du village, une réputation d'humoriste à la Hogarth. Le « vicar » voulut le
voir, il admira ses bonshommes, et se tournant vers le
directeur de l'école, eut cette réflexion : « Ces Français !... Tous artistes !... »

Certes, le jugement porté par le digne clergyman sur
le talent de notre poète n'était pas si incompétent.

Qu'on le rapproche de celui du maître Félix Régamey (1) :

« Il y eut en Verlaine, au début de sa carrière, un
« grand dessinateur, généralement ignoré, s'ignorant
« lui-même.

« Quiconque sait lire dans les images est frappé de
« la puissance exceptionnelle qui s'affirmait alors dans
« ses moindres croquis............................

« De science, aucune ; nulles fioritures ; rien d'inu-
« tile. Chaque coup porte, comme chez ces maîtres japo-
« nais où tout est accent, jusque dans le plus petit
« trait, et concourt à l'effet d'ensemble.

« Chez Verlaine, l'artiste ne doit rien à l'étude. Son
« dessin candide n'est autre chose que l'émanation
« directe de la pensée, servie par une vision intense et
« le plus souvent sarcastique du monde des formes. Et
« la main, qui n'a subi aucun exercice de dressage,
« domptée par le cerveau, se fait docile, et s'élève bien
« au-dessus des sempiternelles et fades redites calligra-
« phiques des professionnels du chic. »

(A suivre.)   *E. DELAYAYE — F.-A. CAZALS.*

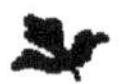

LES PLEURS DE LA FINLANDE

Ce sont des fouets qui sifflent et des chaînes qui grin-
cent. De noirs oiseaux tachent le ciel glacé, tournoyant
sur les tombes de neige et de brouillards. — Quelle est
cette géhenne, dans la nuit du Nord ?

Des cris et des colères dominent les bruits de torture :
ce sont les étudiants qu'on tue ; c'est Tolstoï le martyr ;
c'est la Pologne qui se lève aux cris de : Liberté. — L'Europe, au nom de l'ordre, est avec les bourreaux.

---

(1) Verlaine dessinateur. — 1896.

La Finlande, très calme, invoque son bon droit, oppose la raison aux violences. Ses juristes discutent, ses enfants pleurent... Vraiment, ils ne sont point des rebelles.

Et les peuples n'ont pas un mot fraternel : Vautrés aux pieds des tyrans, ils ne veulent pas entendre !... Mais bientôt, les temps révolus, rougissant de leur abjection, tous voudront combattre avec elle.

Ainsi, les pleurs de la Finlande seront la rosée annonciatrice de l'aurore de la Liberté !

IANN MORVRAN.

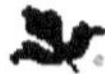

BIBLIOGRAPHIE

Fièvre d'Ame, poésies par le docteur Abdullah Djevdet Bey, avec une préface d'Ernest Raynaud, et une présentation biographique de Jean Bourguignon. — (Vienne, Guillaume Frick ; Paris, Ch. Thomas, 1901.)

Pour donner une idée de ce curieux volume de vers français écrits par un Turc, nous ne pouvons mieux faire que de reproduire la préface de notre distingué collaborateur Jean Bourguignon :

« Voici toute une envolée de chants d'amour et de poèmes en langue française qui m'arrivent du cœur de l'Europe, de la capitale même de l'empire d'Autriche. L'auteur, pourtant, Abdullah Djevdet Bey, n'a rien de français ni dans son nom, ni dans ses origines : C'est un jeune et noble Turc qui occupe à Vienne les fonctions officielles de médecin de l'Ambassade impériale ottomane.

Des vers français d'un poète Turc, le fait est remarquable et vaut la peine qu'on s'y arrête, en un temps surtout de prédictions inquiétantes, où l'on se plait à prétendre la culture française déconsidérée chez les autres peuples et notre influence dans le monde absolument compromise. Sans doute, la France n'a plus ce splendide rayonnement du dix-huitième siècle qui pénétrait toute l'Europe, alors qu'un fameux roi de Prusse pouvait dire : « Je parle en allemand avec mes soldats et en français avec mes pairs. » Notre esprit, suivant le mot de Renan, ne fait plus la loi, et nos défaites nous ont valu comme un déchaînement de haines et d'injures : on a pu voir un historien, Mommsen, comparer notre littérature aux « eaux bourbeuses de la Seine », et un critique, Matthew Arnold, affirmer gravement qu'en 1870 ce qui avait succombé avec la France, c'était « la déesse Lubricité. »

Mais, malgré ces détracteurs ennemis ou partiaux, la pensée française n'en conserve pas moins encore, dans le monde, de chaudes et cordiales sympathies ; et notre langue, comme notre littérature, n'a pas perdu autant qu'on pourrait le croire, de son antique et glorieux prestige. Il suffirait de rappeler, pour s'en convaincre, le retentissement universel qu'obtiennent au delà de nos frontières, les romans de Daudet, Zola, Maupassant, ou les poèmes de Verlaine et de Mallarmé. Aussi, à n'en pas douter, ils restent nombreux les écrivains étrangers qui sont prêts à souscrire à l'éloquente parole du grand poète Carducci : « O littérature de Voltaire et de Rousseau, de Diderot et de Condorcet, toi qui as libéré le genre humain et révolutionné le monde, misérable qui te renie, malheureux qui te méconnaît ! »

Le docteur Abdullah Djevdet Bey est précisément un de ces amis fidèles que notre langue conserve dans le monde, et je considère volontiers, comme un pieux hommage à la poésie française, son recueil d'impressions intimes, au titre frissonnant : *Fièvre d'Ame*. A la première page, il a voulu qu'un Français mît une préface : c'est à ce titre que j'ai le plaisir de présenter à la fois l'œuvre et le poète, tout en exprimant d'abord à l'ami mon souhait le plus cordial.

*
* *

Le docteur Abdullah Djevdet Bey est un Turc d'Asie. C'est dans l'antique ville d'Arabkir, l'Anabrace des Romains, qu'il est né le 9 septembre 1869. Ses parents étaient d'ancienne famille noble de la province, et son enfance s'écoula au pays natal, parmi les forêts et les pâturages des Alpes Arméniennes, non loin du torrent impétueux qu'est encore l'Euphrate, avant d'aller arroser la plaine fertile où brilla, jadis, un des foyers primitifs de la civilisation humaine. L'âge venu des études secondaires, il fut envoyé à Mamouret-Ul-Aziz, au chef-lieu de la province ; il y demeura jusqu'à son passage à l'école préparatoire, puis à la Faculté de médecine de Constantinople, d'où il sortit, en 1894, avec le diplôme supérieur et le brevet de capitaine.

De bonne heure, il avait montré pour la lecture une passion extraordinaire. Au cours de ses études médicales, il trouva le temps de s'adonner à la poésie avec une ardeur fiévreuse et il fut bien vite initié aux grands écrivains de son pays. Ce goût prononcé pour les lettres ne causa d'ailleurs aucun dommage aux études scientifiques poursuivies parallèlement avec beaucoup d'éclat. En 1890, il se révéla poète lui-même par un premier recueil de vers intitulé : *Hitch* (Rien). Mais c'est seulement l'année suivante qu'il retint vraiment l'attention par de nouveaux poèmes : *Tulouât* (Aurores), publiés avec une préface d'un maître de la littérature turque, Mahmoud Ekrem Bey, qui est aujourd'hui conseiller d'Etat en même temps qu'un des hommes les plus considérables de l'empire ottoman. Salué d'un concert d'éloges dans toute la presse turque, *Tulouât* fit durant plusieurs mois le sujet des articles et des chroniques. En particulier, le fameux publiciste Ahmed Midhat Effendi, consacra une longue étude au poète dans le journal le plus répandu de la Turquie, *Terdjuman-i-Hakikat*, et il en parla comme d'un des plus puissants esprits de la jeunesse. D'autres recueils suivirent *Tulouât* et trouvèrent un pareil succès : *Turbé-i-maa, soumiyet* (Tombeau de l'innocence) et *Tahd-i-maa soumiyet* (Fossé de l'innocence).

Un célèbre poète et orientaliste anglais Mistr. E. J. W. Gibb, de Londres, a jugé d'une façon très flatteuse, l'œuvre poétique du docteur Djevdet. Voici même ce qu'il écrivait, le 21 novembre 1896, à propos d'une pièce intitulée : *Kitabé-i-Gam* (Epitaphe de désolation) et dont je ne puis m'empêcher plus bas d'essayer la traduction française : « Je l'ai lue avec un grand émoi, et je me sens impuissant à exprimer l'impression que cette poésie pleine d'images mélancoliques et effrayantes éveille dans les cœurs. La dernière ligne de la dernière strophe est d'une beauté qu'on ne peut jamais oublier. Dans n'importe quelle langue un « missraa » pareil demeure d'une grande rareté. »

Kitabé-i-Gam

I

Ce verre vide qui m'a donné le malaise de l'ivresse éternelle, fut rempli des larmes ensanglantées de ma vie éphémère ;

Eprouver des souffrances réelles entre les mains de l'imagination, voilà le triste résumé de mon existence.

II

Les montagnes de souffrance des générations actuelles et futures, s'élèvent devant moi dans une continuité gigantesque et angoissante. Le feu de ce courroux ne s'éteint pas en dépit de mes larmes, torrents de pitié et de colère, qui refoulées de mes yeux s'épanchent sur mes pensées en flammes.

III

Je poursuis aujourd'hui un idéal plus pur, plus sublime et plus intime qu'un pleur de musique.

L'effervescence des ténèbres infinies de la nuit éternelle se précipite sur les flammes de mon intelligence.

IV

Le cadavre de l'espérance gît sous mes yeux, qu'importe si l'univers est plein de réjouissance et de luxe. Le destin a mis pour oreiller dans la couche de mes sentiments un tombeau débordant de lamentations.

V

*J'étais calme et endormi dans la nuit du Néant : le filet
de la vie m'entraîna dans cette cohue ; comme punition méritée de ma compassion illimitée je fus enchaîné par les liens
de la vie dans la limite de la Mort.*

Après d'aussi brillants débuts dans la poésie, le docteur
Abdullah Djevdet Bey fut contraint par les circonstances,
en 1896, de quitter Constantinople : une mission, qui lui
fut confiée à Tripoli, comme médecin de l'hôpital central
militaire, le retint pendant un an sur la côte africaine des
Etats barbaresques.

Le désir lui vint ensuite de voyager, de connaître la civilisation des autres peuples et il se mit à parcourir l'Europe, visitant tour à tour la France, l'Angleterre, l'Allemagne, la Suisse, l'Autriche enfin, où il réside actuellement. Au milieu de ces pérégrinations, il ne cessa point de
publier des vers ou des proses, et il donna de nombreux
articles à la *Semaine Parisienne*, aux *Temps Nouveaux*, à
l'*Estafette*, à la *Revue d'Europe*, au *Parti ouvrier*, à la *Revue
d'Orient et de Hongrie*, à d'autres publications encore, dont
il est resté le collaborateur.

De tous les pays que le docteur Djevdet a parcourus, la
France est celui qui a laissé dans son esprit l'impression la
plus vive et la plus profonde. Aussi lui est-elle demeurée
toujours chère, si chère même qu'elle est un peu devenue
comme sa seconde patrie, la patrie de son intelligence et
de son cœur. Paris, plus que tout autre ville l'a séduit irrésistiblement. C'est là qu'il s'est passionné pour notre
langue, se plaisant à la considérer comme l'une des plus
belles qui soit née depuis Homère sur des lèvres humaines,
et il a lu avec enthousiasme les chefs-d'œuvre de notre littérature, depuis Corneille jusqu'à Victor Hugo et Verlaine,
sans oublier les jeunes comme Jean Moréas et Ernest
Raynaud.

C'est également lors de son passage à Paris que sa vie
intime fut marquée d'un amour malheureux pour une
Française. Or, cette passion douloureuse et infortunée, il a
voulu justement l'exprimer dans la langue de celle qui avait
pris son cœur : c'est pour la bien-aimée perdue, « amicæ
amissæ » qu'il a composé : *Fièvre d'Ame*.

Ce recueil, à vrai dire, n'est pas sa première publication
en français. L'an dernier, il avait déjà fait paraître sur la
Nécessité d'une Ecole pour les Educateurs Sociaux, un remarquable mémoire présenté au Congrès International de l'Edu-
cation Sociale, tenu à Paris pendant l'Exposition universelle. Mais ce n'était qu'une étude sociologique en prose.
Cette fois le poète turc a voulu tenter l'inspiration de la
Muse française.

Je ne dissimulerai pas tout d'abord qu'il faut considérer
les poèmes français du docteur Djevdet, non point comme
une œuvre châtiée qui prétend à la perfection, mais comme
une tentative intelligente, originale et vraiment méritoire
pour un Turc qui n'a guère vécu en France plus d'une
année. Les incorrections de style, les tournures pénibles,

les fautes de prosodie, montrent souvent en effet que l'auteur n'a plus l'aisance et la facilité qui lui sont coutumières dans sa langue maternelle. Mais, en dépit de ces imperfections inévitables, *Fièvre d'Ame* n'en constitue pas moins un cycle harmonieux de courts poèmes, où l'on découvre une âme tendre et rêveuse, loyale et franche, qui se confesse avec toute l'exubérance orientale dans un débordement de pittoresque et d'images chatoyantes. C'est une poésie sauvage, étrangement heurtée et tourmentée comme ces boghaz ou gorges rudes des montagnes arméniennes où l'Euphrate saute impétueusement de cascades en cascades, entre des murailles de rochers abrupts, ou des éboulis de pierres. Les prières, les désirs, les bonheurs espérés, puis les regrets, les repentirs, l'effondrement du cœur, tout le compliqué des phases de l'amour, dans ses joies ou dans ses tristesses, — voilà ce qui se déroule au long de ces chants intimes, parfois câlins et roucoulants en leur simplicité naïve, comme un duo de ramiers, plus souvent aussi macabres et farouches, imprégnés pour ainsi dire de la douloureuse ironie moderne.

Je n'insisterai pas davantage, puisqu'un jeune maître de la poésie française, mon ami Ernest Raynaud, a bien voulu déjà, en manière d'encouragement, faire précéder cette notice, de sa haute et sympathique appréciation. Comme lui, ces poèmes m'ont charmé parce qu'ils sont sincères. Ne parlent-ils pas aussi des émotions éternelles de l'amour : c'est une puissante recommandation. Je leur souhaite de toucher tous les cœurs, comme ils ont su toucher le mien.

Paris, 1er mars 1901.   *JEAN BOURGUIGNON.*

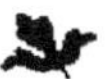

AU CONSERVATOIRE

La Tragédie et la Comédie

Dans la série des menus événements auxquels s'applique l'épithète de « bien parisiens », il faut réserver leur place aux concours publics annuels du Conservatoire, et plus particulièrement au concours de tragédie et de comédie.

Les billets permettant d'assister à cette séance sont convoités par une légion de curieux et d'oisifs en quête de distractions. On met en œuvre, pour obtenir le plus étroit strapontin dans le plus sombre coin, les plus hautes influences dont on peut disposer, et les mêmes personnes pensent avoir conquis le Pérou quand elles ont gagné le droit de passer sept ou huit heures dans une salle exiguë, mal aérée, à écouter des bribes de pièces interprétées par des histriouncules inexpérimentés, qui se récrieraient bien haut, et exigeraient le remboursement du prix de leurs places, si quelque directeur leur offrait, en son théâtre, le même spectacle dans les mêmes conditions.

D'où vient donc cette fureur d'assister au concours ? Tout bonnement de la vaine gloriole de pouvoir se compter au petit nombre des élus, de faire, un jour durant, partie de la phalange enviée des arbitres du goût, d'apprécier, comme de rares primeurs, le talent mal formé et la voix encore aigre des « espoirs » de l'année, enfin et surtout de pouvoir remercier M. Théodore Dubois de son invitation en l'eng....., selon la tradition, avec le jury tout entier.

Entrons donc, suivons la foule et, devant que les chandelles soient allumées, jetons un coup d'œil sur les assistants. Toute la corporation des critiques est là, les maîtres ou soi-disant tels, les contremaîtres, les apprentis. Important, vaniteux, le groupe compact des acteurs en renom pose pour la galerie. Ces Messieurs de la maison Molière sont là en grand nombre, comme des ministres qui viendraient, pour quelques heures, s'asseoir sur les bancs du vieux « bahut » où ils firent leurs études. Ces dames y sont aussi, élégantes et maquillées. Et l'on devine, à l'émotion qui les congestionne, les mamans des demoiselles concurrentes.

Le jury se fait attendre. Avant qu'il vienne occuper la vaste loge de balcon, nous pouvons examiner à loisir la salle, décorée à l'antique, et la scène, si bizarrement aménagée. Figurez-vous un hémicycle, coupé dans sa largeur par une sorte de cloison. La partie antérieure est seule réservée aux acteurs : deux ou trois issues permettent les mouvements de scène. Derrière la cloison, ce sont les coulisses, c'est le foyer où les camarades attendent leur tour, c'est aussi le magasin d'accessoires. Le matériel scénique est d'ailleurs peu compliqué : quelques chaises Empire, une table Henri II, deux fauteuils Louis XV, un canapé Louis XVI, et c'est tout. Quant au décor, il ne varie pas ; et, qu'ils se trouvent dans le palais de Mithridate, dans le salon de Mercadet, ou à la fontaine avec Camille et Perdican, les jeunes comédiens évoluent toujours devant les mêmes toiles vertes et rouges, sous les yeux indulgents des neuf Muses dont l'image est peinte là-haut, sur ce qui sert de plafond...

Un coup de sonnette a retenti... Le jury est là. Un appariteur entre en scène et, le programme en main, annonce le premier concurrent. Je veux dès maintenant signaler le succès d'hilarité qu'a obtenu cet employé quand il est venu nous prévenir que Mlle Carmen de Raisy concourait dans *Anjelo*. Cette prononciation nouvelle du nom du tyran de Padoue a mis en bonne humeur les lettrés ; mais la majorité de l'assistance s'est demandé la cause de leurs rires.

Le concours de tragédie a présenté ceci de particulier qu'on y trouvait une seule tragédie : *Mithridate*. Les autres scènes de concours étaient empruntées à des drames. Bien

mieux : le propre de la tragédie est d'être écrite en vers ;
or, une scène d'*Hamlet*, dont il existe pourtant plus d'une
traduction rimée, nous a été, à ce concours de tragédie,
déclamée en prose. C'est le triomphe du non-sens. Cela n'a
pas empêché l'interprète d'obtenir une récompense avec
cette scène, où il n'a pu montrer comment il savait dire le
vers.

Mais il faut ne s'étonner de rien au Conservatoire : les
sujets d'étonnement y seraient trop nombreux. Un exemple ?
Voici : *Lucrèce Borgia, Les Burgraves, Angelo* servent au
concours de tragédie ; un quatrième drame de V. Hugo,
Ruy-Blas, à celui de comédie. Cela s'admettrait des scènes
entre Ruy-Blas et don César, entre César et le laquais qu'il
grise ; mais il s'agissait en l'espèce du passage où la reine
exhale son ennui, et ses regrets de la terre natale. Bizarre,
bizarre !

Un autre exemple. On voit de jeunes artistes donner des
répliques nombreuses, et dépenser complaisamment leur
peine au service de leurs camarades, auxquels ils se montrent au moins égaux. Et ils ne sont pas admis à concourir
pour leur compte. Qui nous dira pourquoi ? Qui même sait
pourquoi ?...

Passons là-dessus et venons-en au concours lui-même.
M. **Garry** a obtenu un second prix justement mérité. Sa
diction est bonne, son geste sobre et sûr ; à défaut d'ampleur, il a prêté au personnage de Charlemagne vieillissant
une mélancolique sérénité. J'aurais voulu que la même
récompense, et non un premier accessit, fût accordée à
M. **Gorde**, ses répliques, et son interprétation du rôle de
Magnus, dans les *Burgraves* ont fait valoir la netteté de son
articulation et la solidité de son organe. La voix de M. Gorde
ferait merveille au théâtre d'Orange. Des accessits ont encore été attribués à M. **Capellani**, pour cette scène
d'*Hamlet* dont j'ai parlé et qui n'a mis en relief chez l'interprète que de bien faibles qualités de tragédien, et à
M. **Joubé**. Ce dernier a de la chaleur, mais sa voix est
sourde ; de plus, il grimace trop en parlant.

Côté des dames : Mlle **de Raisy** a obtenu un second
prix. Elle fut la touchante Catarina d'*Angelo*, et exprima
très heureusement son effroi de la mort. Ce sera une excellente recrue pour l'Ambigu ou la Porte-Saint-Martin, mais
jamais, au grand jamais, Mlle de Raisy ne sera une tragédienne : elle n'en a ni la voix, ni le masque, ni les allures.

On fondait de grands espoirs sur Mlle **Margel**, la dernière concurrente. Elle ne s'est pas présentée à l'appel de
son nom. Galamment le jury lui a accordé un quart d'heure
de grâce. Ce délai expiré, la séance fut levée et chacun s'en
alla déjeuner, se demandant dans quel puits Mlle Margel
avait bien pu se laisser choir.

Tout le monde s'est retrouvé, à une heure, pour le défilé
des vingt élèves admis au concours de comédie. Les quelques places qui étaient restées vides le matin dans la salle
sont occupées ; la tragédie, hélas ! ne fait plus salle pleine,
la comédie a dépassé le maximum. Aussi la chaleur était-
elle insupportable. Quand donc, grand Dieu, les concours

se feront-ils à l'Odéon, comme le public le souhaite et comme le bon sens l'exige ?

Pour continuer la revue des « sujets d'étonnement », je signalerai le choix de deux scènes, empruntées aux œuvres de MM. Ludovic Halévy et de Porto-Riche, tous deux membres du jury. Il y a là une sorte de flatterie intéressée et d'appel à la partialité qu'il conviendrait d'éviter.

La grande comédie classique est peu recherchée par les concurrents; les pièces modernes leur semblent préférables : c'est dommage J'ai regretté que, sur vingt fragments choisis, un seul ait été pris chez Molière.

Les résultats du concours ont été diversement appréciés. Unanimement l'assistance a ratifié l'attribution d'un premier prix à Mlle **Piérat**. Ravissante d'espiéglerie dans deux répliques, elle s'est montrée touchante sans effort, et très sincèrement émue dans le *Mariage de Victorine*. Cette jeune artiste de seize ans à peine concourait pour la première fois ; elle a mis à profit les excellentes leçons qu'a dû lui donner sa mère, Mme Alice Panot, souvent applaudie à l'Odéon. Mlle Piérat a devant elle, pour notre plus grande joie, un fort brillant avenir.

On a moins goûté le jugement qui accordait un second prix à Mlle **Margel**, enfin retrouvée. Son imitation de Mme Réjane dans *Amoureuse* n'était pas des meilleures : le débit est trop précipité et devient confus, la voix est faible, et la nervosité de l'artiste est vraiment excessive. Deux premiers accessits ont été dévolus à Mlle **Chesnel**, fluette écolière qui a beaucoup d'enjouement et qui l'a bien fait voir en sautant au plafond à la nouvelle de sa récompense, et à Mlle **Marthe Lambert**, dont l'émotion est communicative. Trois seconds accessits ont encouragé Mlle **Vielle**, belle et froide personne, Mlle **Grimbert**, mutine soubrette, et Mlle **Sylvie**, agréable Rosine.

Quatre nominations seulement ont été décernées aux élèves-hommes : un premier prix à MM. **Garry** et **Bouthors**, un premier accessit à MM. **Capellani** et **Larmandie**. M. Garry a excellemment joué sa scène du *Père Prodigue* et ses répliques ont montré que, sous divers aspects, il était toujours digne de la première récompense. Je n'en dirai pas autant de M. Bouthors. Il a été très bon, j'en conviens, dans *Mercadet;* mais qu'il y prenne garde : les applaudissements répétés du public allaient à ce qu'il disait, et non à la façon dont il le disait. La scène, d'excellente comédie, porte son interprète et, même médiocre, un comédien peut s'y tailler un succès. Aussi je regrette que M. Bouthors, par habileté peut-être, s'en soit tenu, dans cette séance, à jouer pendant un quart d'heure un rôle fort bien choisi, convenant à merveille à son tempérament et à son allure, sans consentir à donner quelques répliques, qui auraient permis d'apprécier plus équitablement ses connaissances et son talent ; l'impression générale était que le premier prix venait d'être remporté par Balzac, et non par M. Bouthors.

M. Capellani est un Le Bargy pour la province ; M. Larmandie est un gentil amoureux, très élégant, mais sans personnalité. Je doute que les palmarès futurs nous donnent l'occasion de citer à nouveau ces deux noms.

Comme tous les ans, des protestations ont éclaté à l'adresse du jury. « Il mérite un blâme ! » s'est exclamé quelqu'un. Il en eût même mérité quatre. MM. **Brûlé** et **Monteaux**, Mlles **Dayez** et **Mathot**, lauréats de l'an passé, paraissaient avoir largement droit à une récompense supérieure. M. Brûlé a joué le premier acte du *Menteur* avec beaucoup de désinvolture, et je lui sais gré, après avoir connu déjà le succès dans nos théâtres avec des pièces toutes modernes, d'avoir choisi pour concourir une scène du vieux Corneille. Le brave Amaury, qui connaît le rôle et le joue comme pas un, était indigné de cette injustice. Mlle Mathot, c'est Mlle **Miéris**, l'exquise Eunice de *Quo Vadis ?* Elle s'est montrée, dans la *Souris*, d'une réelle ingénuité ; sa voix a des inflexions charmantes... Retournez au théâtre, Eunice, et ne restez pas au Conservatoire, puisqu'on n'y aime point les élèves qui se font un nom avant la consécration officielle !

Tels sont les résultats de cette double séance où, de neuf heures du matin à sept heures et demie du soir, défilèrent deux douzaines d'apprentis comédiens. Combien sont-ils, parmi ceux que le jury a récompensés, qui parviendront à la maîtrise ? Deux, pas plus : M. Garry et Mlle Piérat. Et, d'ici quelque dix ans, M. Brûlé et Mlle Mathot, les oubliés, seront célèbres sur nos scènes, alors que M. Capellani et Mlle Margel, lauréats d'hier, ne seront peut-être plus que des inconnus !

JULES LALOUE.

ÉCHOS

M. Théodore Maurer, secrétaire de la rédaction du *Sagittaire*, a reçu la lettre suivante :

Paris, le 14 septembre 1901.

Mon cher ami,

A propos du monument qu'on vient d'élever à Charleville à la mémoire d'Arthur Rimbaud, on s'est occupé, ces jours derniers, du tableau de Fantin-Latour, un *Coin de Table*, où il figure à côté de plusieurs poètes de mes amis.

On a bien voulu s'apercevoir que j'y manquais, parler d'un pot de fleurs qu'on voit à droite du tableau et dire que ce pot de fleurs eût été moi. On l'a même dit de plusieurs façons dont aucune n'est complètement exacte et dont plusieurs seraient plutôt désobligeantes, venant d'ailleurs.

C'est un tout petit chapitre d'histoire littéraire dont je me trouve, bien malgré moi, forcé de rétablir le texte.

A la suite d'une altercation (on a dit aiguë spirituellement) où une canne à épée que je portais faillit jouer un rôle, je crus devoir donner tort à plusieurs de mes amis que je devais retrouver chez Fantin. Je ne vins donc pas chez le peintre où j'étais attendu et qui en était justement à ce point de son tableau. Les explications qu'on s'est plu à donner de mon absence seraient tout à mon honneur, il est vrai, mais il n'est pas besoin d'imaginer cela. Il y eut de ma part désaveu d'un assez peu simple incident, fâcherie momentanée avec celui de mes amis qui m'était le plus cher. Voilà tout.

Je ne regrette pas ce que j'ai fait : je regrette de ne pas figurer dans un fort beau tableau, à la place que je devais occuper.

Publiez, mon cher ami, si vous le jugez bon, cette lettre dans le prochain numéro du *Sagittaire*, et croyez à mes sentiments affectueux et dévoués. — *ALBERT MÉRAT.*

*
* *

Dans *la Plume*, M. Stuart Merrill s'étonne que M. de Nolhac, si empressé à recueillir tout ce qui peut intéresser Versailles, n'ait point encore eu l'idée de réunir les vers que les poètes ont consacrés à la gloire de ce royal séjour. Ce serait d'une heureuse initiative. M. de Nolhac serait sûr d'ailleurs du puissant concours des frères Paul et Victor Margueritte, ces deux écrivains d'un noble talent qui se sont employés à dire la mystérieuse beauté et la splendeur triste de Versailles. Et quels magnifiques joyaux à collectionner depuis les vers de Hugo, de Musset, de Théophile Gauthier jusqu'à ces sonnets d'une mélancolie pénétrante et bien moderne d'Albert Samain, d'Henri de Régnier et d'Ernest Raynaud ? Versailles semble ignorer les chantres de sa gloire. N'est-ce pas dans l'ordre d'ailleurs ? L'Eglise a le grand poète Verlaine : elle ne s'en soucie guère. La Bretagne a le bonheur d'avoir donné le jour à un poète de génie, Tristan Corbère ; elle lui préfère Théodore Botrel. N'est-ce pas ce même esprit d'ignorance qui a poussé dernièrement M. Leygues à commander à M. Edmond Rostand un compliment de bienvenue à la Tsarine. Il en est résulté un épouvantable scandale. L'alliance a failli en être rompue tout net. MM. Coppée, de Hérédia et Sully-Prudhomme ont dû faire des rêves roses. M. Leygues aurait pu être mieux avisé. Mais voici : il ignore, et je suis persuadé que si Rostand avait eu le bon esprit de se récuser, M. Leygues, qui ne rougit pas d'avouer qu'il ignore Rimbaud, serait allé tout droit à Yann Nibor. C'est sa façon à lui de comprendre les poètes.

LA SAGETTE.

Le Gérant : **F.-A. CAZALS.**

ICONOGRAPHIE D'ARTHUR RIMBAUD [1]

Arthur Rimbaud fit une trop courte apparition dans la vie littéraire de son temps pour laisser de nombreuses traces de son passage dans le monde des peintres et des dessinateurs. Comme œuvres originales, on ne peut guère citer qu'un tableau de Fantin-Latour et quelques croquis de Forain, alors tout jeune et complètement inconnu. Aussi la bibliographie iconographique de Rimbaud serait-elle très maigre, si nous ne possédions de lui un certain nombre de portraits croqués par deux amis d'enfance et de jeunesse, E. Delahaye et P. Verlaine, et par F. Régamey qui le connut à Londres. Ces dessins, malgré leur manque de prétention artistique, n'en sont que plus précieux : ils constituent des documents qui fixent pour nous un geste, une attitude, une aventure du poète carolopolitain. Verlaine avait trouvé en Cazals l'iconographe idéal, grâce à qui la physionomie particulière de Pauvre Lélian en ses expressions diverses reste à jamais gravée dans notre esprit : il eût fallu à Rimbaud un Cazals qui, pour notre curiosité sympathique, aurait noté d'un crayon alerte et familier les épisodes d'une vie errante.

MM. Ad. van Bever et P. Léautaud, dans leur volume : *Poètes d'aujourd'hui* (Paris « *Mercure de France* », 1900), ont donné, page 286, un essai de nomenclature iconographique d'Arthur Rimbaud. Nous nous sommes efforcés de combler les lacunes de cette nomenclature incomplète et nous y avons ajouté quelques remarques.

---

(1) Cette étude documentée sur l'*Iconographie d'Arthur Rimbaud* est un chapitre inédit du volume que vont faire paraître MM. Jean Bourguignon et Charles Houin sur l'auteur du *Bateau ivre*.

LISTE ALPHABÉTIQUE PAR NOMS D'AUTEURS

Paterne Berrichon

Sept dessins qui représentent Rimbaud à différentes époques de sa vie et dont aucun, d'ailleurs, n'a été fait d'après nature. Ils appartiennent à MM. Jean Bourguignon, E. Delahaye, Deman, Edmond Picard, etc., et n'ont qu'une valeur documentaire médiocre.

L'un de ces dessins donne la tête d'*Arthur Rimbaud enfant*, en 1865. Il a été publié dans la *Revue Blanche*, numéro du 1ᵉʳ septembre 1897, page 387, et reproduit, réduit de moitié, à la page 35 de la *Vie de Jean-Arthur Rimbaud*, par Paterne Berrichon (Paris, *Mercure de France*, 1897.)

Un autre représente *Rimbaud à dix-sept ans*, en 1871, d'après une photographie de Carjat. Ce portrait a été publié en phototypie hors texte dans l'étude de Jean Bourguignon et Charles Houin sur Rimbaud (parue dans la *Revue d'Ardenne et d'Argonne*, numéro de janvier-février 1897). On en trouve une réduction (la tête seulement) dans la *Vie de Jean-Arthur Rimbaud*, page 75.

Un troisième dessin figure le *masque de Rimbaud vers l'âge de trente ans* : tête de profil, expressive, émaciée, avec moustaches. Il a été publié dans la *Vie de Jean-Arthur Rimbaud*, page 177.

M. Berrichon a de plus exécuté, en 1900, un *Buste en plâtre* qui fut exposé à La *Plume* et représente Rimbaud à dix-sept ans. La *Plume*, numéro du 15 novembre 1900, page 688, en a donné une reproduction en gravure.

Ce buste servit de modèle pour le *Buste en bronze* qui s'érige aujourd'hui, au sommet d'une stèle, dans le square de la gare, à Charleville. Le monument, dont le socle est l'œuvre de M. Petitfils, architecte, fut inauguré le 21 juillet 1901. — La *Revue Blanche*, numéro du 15 janvier 1901, en a donné une petite reproduction. Enfin un mauvais dessin du buste a paru dans l'*Echo de Paris*, numéro du 18 juillet 1901 Le cliché de l'*Illustration* a été reproduit dans le *Sagittaire*, numéro d'août 1901.

Étienne Carjat

On doit à Carjat *deux photographies de Rimbaud* faites en octobre et en décembre 1871. Elles représentent le poète à l'âge de dix-sept ans. Un exemplaire appartient à Mme Dufour-Rimbaud ; un autre exemplaire, avec signature d'A. Rimbaud, se trouve chez Mme veuve L. Vanier. MM. E. Delahaye et Gabriel Cromer ont tiré diverses épreuves de ces photographies.

La deuxième des photographies de Carjat servit au *portrait de Rimbaud* par X... Blanchet, lequel parut d'abord dans *Lutèce* en 1883, puis dans la première édition des *Poètes Maudits*, en 1884.

Ernest Delahaye

Ami commun de Rimbaud et de Verlaine et, comme ce dernier, aimant à semer ses lettres d'amusants croquis, M. Delahaye nous a laissé plusieurs dessins d'un grand intérêt documentaire. Malheureusement très peu d'entre eux nous sont tombés sous les yeux ; la plupart sont disséminés dans la correspondance que M. Delahaye échangeait avec Verlaine et où Rimbaud figura à maintes reprises. Cette correspondance a été donnée en communication à M. Laurent Tailhade qui la détient encore actuellement. Voici les quatre dessins dont nous avons pu voir les originaux.

Croquis fait en 1875, représentant Rimbaud à l'âge de dix-sept ans : visage de profil, imberbe, cheveux longs mal peignés retombant sur le cou, bouche amère et triste. L'original appartient à M. de Mornan. La *Revue Blanche*, numéro du 15 août 1896, page 173, en a donné une reproduction médiocre ; la *Revue d'Ardenne et d'Argonne*, numéro de janvier-février 1897, page 71, l'a reproduit également. — F.-A. Cazals possède un autre original, au crayon, qui diffère quelque peu du dessin paru dans la *Revue Blanche*.

Croquis de Delahaye, d'après un dessin de Germain Nouveau, fait dans l'été de 1876. Ce curieux dessin, où figurent Rimbaud, Verlaine, Nouveau et Delahaye, accompagnait une lettre de Delahaye à Verlaine : il fait allusion à l'un des brusques départs du poète ardennais « vers des régions inconnues », c'est-à-dire vers l'Orient. L'original appartient à Cazals. On en trouve une reproduction réduite dans La *Plume*, numéro de février 1896.

Deux croquis de Delahaye, réunis sur la même feuille : Rimbaud rencontre Verlaine en paysan à Juniville (Ardennes). Ils datent du temps où le Pauvre Lélian faisait sa tentative d'existence rustique. (Entre les mains de Mme Vanier.)

H. Fantin-Latour

Fantin-Latour est l'auteur d'un tableau intitulé *Coin de Table* et datant de 1872. Cette toile, qui fut longtemps cachée jalousement dans une galerie de Manchester, est, depuis 1898, la propriété d'Émile Blémont ; elle figura à l'Exposition centennale de 1900 et fut justement remarquée. En effet, ce tableau, outre sa valeur artistique, constitue un précieux document d'histoire littéraire : on y voit les portraits de Verlaine, *Rimbaud,* Léon Valade, Ernest d'Hervilly, Camille Pelletan, assis autour d'une table, et au-dessus d'eux, se tenant debout, Elzéar Bonnier, E. Blémont et Jean Aicard. Le poète Albert Mérat devait également avoir son portrait dans *Coin de Table*, aux côtés de Pelletan ; mais il ne put venir, au dernier moment, chez Fantin-Latour, et l'artiste le remplaça par le pot de fleurs qui ferme le tableau à la droite du spectateur (1).

---

(1) Relevons à ce propos une erreur de MM. van Bever et Léautaud, dans la première édition de leur recueil *Poètes d'Aujourd'hui,* où il est dit, page 379, que Mérat et Carjat figurent dans le tableau.

Lire à propos de ce tableau un article de M. Ch. Saunier dans le *Sagittaire* (n° d'août 1901, pages 57-59), et une lettre du poète Mérat (ibidem, n° de septembre 1901, pages 95-96).

Consulter, sur cette toile, le *Mercure de France*, numéros de janvier 1898 et de juillet 1900.

La *Plume*, numéro du 1er janvier 1899, page 25, a donné une reproduction du *Coin de Table*. Une autre reproduction accompagne en hors texte un article de M. Léon Bocquet sur Émile Blémont, paru dans la revue *Le Beffroi*, numéro de septembre-octobre 1900.

Une troisième reproduction a paru dans *Le Sagittaire*, numéro de septembre 1901, consacré spécialement à l'inauguration du monument Arthur Rimbaud.

Du tableau, le graveur Lerat fit une eau-forte dont un exemplaire appartient à Mme Vanier ; l'eau-forte est reproduite en phototypie hors texte dans la *Revue d'Ardenne et d'Argonne*, numéro de janvier-février 1897.

En tête de l'édition des *Œuvres de Jean-Arthur Rimbaud*, Paris, 1898, *Mercure de France*), figure le portrait de Rimbaud seul, extrait de la toile de Fantin-Latour : c'est une reproduction à l'eau-forte, par Rajou, et en photogravure retouchée par l'artiste.

Enfin M. E. Delahaye a tiré des épreuves photographiques de la partie gauche du tableau qui représente Verlaine, Rimbaud et Valade.

Forain

Divers croquis d'après nature, 1872. L'un d'eux, actuellement entre les mains de M. Raoul Gineste, avait été pris au café. Que sont devenus les autres ? Il serait intéressant de le savoir pour l'histoire iconographique d'Arthur Rimbaud.

Luque

Dessin fait pour la deuxième édition des « Poètes Maudits », en tête de l'étude de Paul Verlaine, 1888 : médaillon de Rimbaud encerclé dans une lyre. — Ce dessin est reproduit dans la *Revue Encyclopédique*, n° 1 de 1892 (dessin réduit), et dans la *Revue d'Ardenne et d'Argonne*, numéro de janvier-février 1897, page 57.

Portrait-charge en couleurs dans les « *Hommes d'aujourd'hui* », n° 318 (Paris, Vanier. Dans cette caricature, allusion au *Sonnet des Voyelles*, Rimbaud, habillé en bébé et entouré de pots de couleurs, s'amuse à colorier les voyelles de l'alphabet. Luque s'est inspiré d'une photographie de Carjat et du dessin des *Poètes Maudits* (1re édition) pour reproduire les traits du poète ardennais. Cette charge célèbre se trouve, réduite et sans couleurs, dans la *Revue Encyclopédique*, n° 1 de 1892.

Arthur Rimbaud

Il existe *quatre photographies de Rimbaud faites par Rimbaud lui-même* au Harar, en 1883 ; elles appartiennent à M. P. Berrichon. Rappelons à cette occasion que Rimbaud a griffonné quelques dessins, quatre d'entre eux ont été publiés par la *Revue Blanche*, numéro du 1er septembre 1897, page 374, et numéro du 1er octobre 1897, pages 48, 52 et 55. Ce sont des caricatures qui datent de 1869 environ. F.-A. Cazals possède l'original d'un autre croquis de Rimbaud fait à Londres, en 1873 : le dessin représente un jeune cocher londonien.

Isabelle Rimbaud

Croquis de Rimbaud en costume oriental, à trente-six ans ; le poète, déjà amputé, tient une harpe abyssine. Appartient à Mme Vanier.

Arthur Rimbaud mourant, dessin fait par la sœur du poète, en novembre 1891 : masque de souffrance, joues émaciées, nez long et aminci, yeux à peine entr'ouverts, fine moustache, front large et dégagé. — La *Revue Blanche* l'a reproduit dans son numéro du 1er septembre 1897, page 385.

Félix Régamey

Deux dessins faits à Londres en 1872. Le premier représente Rimbaud assis sur une chaise, affalé et sommeillant, donnant la sensation d'un homme éreinté de fatigue. Rimbaud est coiffé d'un haut-de-forme qui cache les yeux ; on ne voit de la tête que le bout du nez, la bouche, le menton et le bas des joues. La main droite couvre la main gauche qui tient une sorte de sac ou musette.

L'autre représente *Verlaine et Rimbaud à Londres*. Tous deux semblent aller par les rues, dépenaillés et l'air minable. Rimbaud déambule, coiffé d'une sorte de petit galurin rond, le bras droit ballant, le bras gauche relevé avec une pipe aux doigts ; figure imberbe. Verlaine, coiffé d'un chapeau misérable, serrant des paperasses dans sa main et sous son bras gauche, la main droite relevée et tenant une canne et un cigare, se retourne et regarde Rimbaud. Dans le fond, à gauche de Verlaine, une silhouette de policeman.

Ces deux dessins ont été publiés par F. Régamey dans son ouvrage : *Verlaine dessinateur* (Paris, Floury, 1896), le premier, page 23, en planche hors texte, le second, page 25, dans le texte.

Une mauvaise reproduction en a été donnée dans le *Journal*, numéro du 21 juillet 1901, pour illustrer un article de Max Reynaud. Ce dernier en a profité pour insérer sur Rimbaud quelques inexactitudes et notamment, au début, pour faire dire au poète Albert Mérat des choses qui ont été écrites par Verlaine même. N'est-ce pas vraiment le cas de s'écrier : O reportage, que d'erreurs on commet en ton nom !

Félix Vallotton

Dessin qui accompagne l'étude de Stéphane Mallarmé sur Rimbaud, parue dans une revue de Chicago : *The Chap-Book*, numéro du 15 mai 1896, page 9. — Vallotton s'est évidemment servi du dessin où Delahaye représente Rimbaud à dix-sept ans ; mais il a modifié la physionomie. La figure est plutôt gaie, la bouche n'a plus de pli amer, les cheveux sont mieux peignés ; un col régulier et une cravate donnent un air correct à Rimbaud (1).

---

(1) Ce dessin du *Chap-Book* a été reproduit dans l'*Hémicycle*, revue publiée à Etampes, n° de février 1901.

Masque d'Arthur Rimbaud, précédent la courte étude de Remy de Gourmont sur le poète dans le *Livre des Masques portraits symbolistes* (Paris, *Mercure de France,* 1896), page 161. — Vallotton s'est visiblement inspiré du portrait de Rimbaud paru dans la première édition des *Poètes Maudits,* c'est-à-dire d'une photographie de Carjat.

Paul Verlaine

Dessinateur primesautier, peu soucieux de la facture, Verlaine a laissé de nombreux dessins épars dans sa correspondance ou ailleurs, et dont M. F. Régamey a su dégager le charme simple et naïf, les qualités de bonhomie et souvent de force incisive. Verlaine savait dessiner d'instinct et d'une façon originale. Ses croquis sur Rimbaud doivent être en assez grand nombre. Nous ne connaissons que les suivants :

Dessin, fait de mémoire, représentant Arthur Rimbaud en juin 1872. Se trouve dans les *Poésies complètes d'Arthur Rimbaud* (Paris, Vanier, 1895). Reproduit dans la *Revue d'Ardenne et d'Argonne,* numéro de janvier-février 1897, page 63, et dans le livre de Ch. Donos : *Verlaine intime* (Paris, Vanier, 1898), page 82.

Croquis représentant Rimbaud en chapeau haut-de-forme, avec un verre devant lui. Écrit sur le côté : « Comment se fit la *Saison en Enfer,* Londres, 72-73. » Dessin inédit qui appartient à Mme Vanier.

Croquis placé en tête des *Poésies complètes d'Arthur Rimbaud* (Paris, Vanier, 1895). L'original, au crayon, appartient à F.-A. Cazals. Il a été reproduit dans la *Revue d'Ardenne et d'Argonne,* numéro de janvier-février 1897, page 66.

Dessin qui représente Rimbaud tapant de ses mains énormes sur un piano et effrayant sa mère et son propriétaire. Comme épigraphe : « La musique adoucit les mœurs. » Publié par la *Revue Blanche,* numéro du 15 avril 1897, page 454.

Dessin qui représente Rimbaud partant pour Vienne, en haut-de-forme, pipe fumante à la main droite, et

s'écriant : « M... à la Daromphe ! J'fous le camp à
« Wien » ! — Comme épigraphe : « Les voyages forment la « Jùnesse ». — Publié par la *Revue Blanche*,
numéro du 15 avril 1897, page 456.

CHARLES HOUIN.

AUX FEMMES

Les charmeuses, les charmantes,
La vierge aux yeux bleus ou verts,
Celles qui sont nos amantes,
Comprennent-elles nos vers ?

Où va leur rêve ? Que sais-je.
Des livres qu'elles ont lus ?
Être belles les protège
Contre les mots superflus.

La grâce qui les décore
Se passe de nos leçons :
Leur cervelle n'est sonore
Que pour deux ou trois chansons.

Si vous dites : « Je vous aime.
« Votre sourire est sans prix »...
Des caprices sur ce thème
Ont chance d'être compris.

Leur esprit un peu futile
Les guide ; elles savent bien
Qu'un poème est inutile,
Et qu'un vers ne rime à rien.

Pourtant il en est d'exquises,
Dont l'âme s'en vient vers nous,
Qui sans en être requises,
Sans qu'on tombe à leurs genoux,

Vibrent à la poésie,
Une extase dans les yeux,
Étant d'argile choisie
Et de cœur harmonieux.

LA PENSÉE

Ce n'est pas seulement le propre de la prose :
Même en vers, il convient de dire quelque chose.
On a tout dit, on n'a rien dit. On peut toujours
Poursuivre la pensée en ses mille détours
Et l'atteindre. Le ciel qui vit et nous regarde,
La femme avec l'amour, vers lesquels on s'attarde,
Le sage, le rêveur, l'amant, ceux qu'ici bas
On appelle les fous et qui ne le sont pas ;
La vie autour de nous et celle de l'histoire,
Le fait qui n'est que peu comme le fait notoire,
Pourvu que le mot chante ainsi que dans un chœur,
Et l'obscur infini que je sens en mon cœur.

ALBERT MÉRAT.

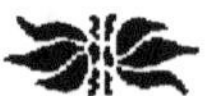

DIANE

(Traduction libre d'un sonnet castillan de Léopoldo Diaz)

Cachée au plus profond des ombres du feuillage,
Pudique et blanche en son invincible beauté,
Dans la fontaine au flot charmeur et velouté
Diane vient baigner sa chair nue et sauvage.

Un cri trouble soudain la paix du paysage :
Actéon ! — Le chasseur, des fauves redouté,
Ose de son regard plein de témérité,
Sur la vierge au front pur faire peser l'outrage.

Elle bondit dans un farouche mouvement,
Et s'empare de l'arc et du carquois sonore
Que connait la forêt et que chérit le vent.

La meute, qu'une soif de carnage dévore,
Sur les pas d'Actéon s'élance au son du cor,
Suivant le vol altier de mainte flèche d'or.

PIERRE DE SAINT-JEAN.

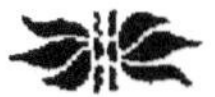

PETITES SCÈNES DE LA VIE MILITAIRE

FACTION DE NUIT

Le chef de poste de la cartoucherie faisait deux
rondes, la nuit. Cet interminable trajet, dans l'ombre,
au milieu des mille soupirs du silence, était effrayant.
Les bâtiments multiformes, semés d'angles noirs, les
vitres qui brillaient comme des yeux mystérieux, le
dédale de cent chemins entrecroisés, l'haleine muette
de la forêt environnante, remplissaient l'âme de terreur. Dans les ateliers sans limites les membres immobiles des machines guettaient, diaboliques. Les feuillages de maigres arbres, çà et là, bruissaient sourdement
de longs sanglots, complainte funèbre de ces lieux déserts où veillait la mort.

Pascalin se hâtait, préférant le corps-de-garde chaud,
et le bois dur du lit de camp. Non qu'il eut peur, mais
sa grosse énergie d'artilleur n'aimait pas à s'exercer
contre des fantômes. Il allait donc, grognant après le
chien de métier, après le vent humide de la nuit, après
le Gouvernement. L'homme dont il se faisait accompa-
gner balançait une lanterne au bout du bras, décou-
pant de fantastiques ombres. Tous deux suivaient un
instant le mur d'enceinte, de l'autre côté duquel s'éten-
dait la forêt, mal famée et célèbre par ses agressions.

— Tu n'as rien entendu ? demandait le sous-officier,
explorant du regard les cimes des arbres, dans le noir.

— Non, mar'chal'logis.

Il ouvrait un guichet de contrôle, tamponnait le cadran de ronde, et repartait pour la casemate à mélinite. Un remblai de gazon, sur des murs épais, traversé d'un tunnel en croix. Au milieu, encore un guichet de contrôle. Un frisson glacial secouait l'échine en arrivant dans ces parages sinistres.

Tout contre, sous de maigres marronniers, un factionnaire tremblait dans sa guérite. Ah ! le pauvre bougre, il n'en menait pas large, malgré ses armes chargées. Le passage du sous-officier le rassurait à peine.

Or cette nuit-là Pascalin avait terminé sans encombre et sommeillait sur la planche. Tout à coup la sensation de quelque chose d'insolite le secoua. La sentinelle devant les armes frappait au carreau. « Brigadier, à la garde ! » A la garde ! Il était deux heures du matin. Tonnerre de Dieu ! Qu'est-ce que ça pouvait bien être ?

Le sous-officier sortit. Le cri s'était répété de sentinelle en sentinelle depuis la mélinite, jetant l'effroi parmi le poste. « Un homme et un falot, brigadier » commanda Pascalin. Malgré un léger frisson à la base des tempes, il partit d'un pas égal, en son robuste sang-froid. Le canonnier suivait, serré contre lui. Les factionnaires, le revolver en main, se tenaient tapis dans leurs guérites. — « L'appel vient de la mélinite », dirent-ils. « Cachez le falot », dit Pascalin. Ils approchèrent : « Qui vive ! » demanda la voix tremblante de celui qui veillait à la casemate. « Maréchal des logis de garde !... Eh bien, qu'avez-vous ? »

C'était Delamare, un pauvre bougre de bleu, à peine en première classe à pied. Peut-être sa première garde ! Il était absolument fou de peur. « On me jette des pierres, là, par dessus le mur », bégaya-t-il. Pascalin regarda les arbres, le ciel d'encre, un vent froid gémit. Malgré lui le petit frisson le secoua. Ah ! le terrible petit frisson, qui fait d'un homme une chiffe, il le connaissait bien ! « Vous êtes sûr ? » dit-il, se raidissant. « Bien sûr ?... Alors montez votre faction, je reste là. »

Delamare repartit d'un pas hésitant, d'un pas de cadavre. Pascalin tourmenta la crosse de son pistolet.

Dix, vingt secondes s'écoulèrent, terrifiantes. Brusquement, une secousse dans les feuilles, un rameau brisé, le choc d'un corps dur sur le sol. On entendit claquer la mâchoire de Delamare. Le sous-officier avait tressailli. Puis, accourant avec le falot arraché du manteau de son acolyte : « Bougre d'idiot », cria-t-il, « vous ne voyez donc pas que vous êtes sous des marronniers ! » La figure du factionnaire s'éclaira, encore interrogative... « et que ce sont des marrons qui vous tombent sur la tête ! »...

LÉON RIOTOR.

SUR LA ROUTE CLAIRE

La trace de tes pas me guide dans la vie.
Sans plus me soucier de la route suivie,
    Je m'en vais où tu veux.
Cette route où ton pied pose me sera douce
Pourvu que j'y regarde, errante sur la mousse,
    L'ombre de tes cheveux.

Vers le but incertain marche et va la première.
C'est assez, pour baigner mon âme de lumière,
    Que mes yeux puissent voir,
Lueur molle filtrée au feuillage des saules,
Les blancheurs du matin flotter sur tes épaules,
    Ou les roses du soir.

Si nous nous arrêtons parfois au pied d'un chêne,
De tes deux bras noués tu me fais une chaîne ;
          Et durant tout un jour,
De tes tremblants baisers dont le nid s'effarouche,
L'arome délicat me demeure à la bouche,
          Vivant parfum d'amour.

Les branches sur nos fronts ont des frissons de voiles.
Midi plein de soleil et minuit plein d'étoiles
          Font les moments légers.
Avons-nous soif ? avons-nous faim ? joyeux convives,
Nous goûtons en passant à l'eau des sources vives,
          Aux grappes du verger.

Voici le crépuscule et je te sens lassée.
Afin qu'au jour naissant tu sois bien reposée
          D'une chère langueur,
Viens, et pour que le songe heureux de ta nuit brève
Suive à son tour la pente heureuse de mon rêve.
          Dors tout près de mon cœur.

THÉODORE MAURER.

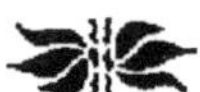

LES JOYEUSETÉS D'AIMÉ PASSEREAU

Le Péché

A Jules Renard.

C'est au bouillon Duval que les deux vieilles filles
Ayant ouï la messe et vêpres saintement,
Chaque dimanche soir, vont d'un bœuf aux lentilles
Et d'une oseille au jus éprouver l'agrément.

La flamme du Bordeaux dans leur tête pétille
Incendiant d'éclairs tout l'établissement ;
Leur ivresse s'achève en attendrissement
Quand arrive au dessert la crème à la vanille.

Le café noir appelle un verre de liqueur ;
Le départ a sonné qu'une heureuse torpeur
Sans un geste, les tient longtemps encore assises.

Mais à l'air, dans la rue et le bruit des cochers,
Chacune, ressentant la honte du Péché,
Avec ferveur, s'accuse à Dieu de gourmandise.

Vacances

A Théodore Maurer.

Au pied de la falaise où dort la vieille Eglise,
La plage est à la mode en dépit des galets,
La mer apprivoisée y soigne ses ourlets,
On y voit des chapeaux d'une élégance exquise.

On y flirte à l'abri léger des tentes grises.
On y sucre le thé au balcon des chalets.
L'Amour veille attentif à jeter ses filets,
Et les cabines sont ses boîtes à surprises.

Sur la jetée, au soir éclairée à giorno,
Au théâtre et dans les salons du casino,
C'est Elsa qui l'emporte à grands coups de toilettes.

Tant elle est convaincue ingénûment que Dieu
Fit les plages pour qu'elle y joue à la coquette,
Et pour qu'elle s'y livre à la pêche aux messieurs.

Soir à Brighton

A Paul Adam.

Le soir meurt lentement sur l'écume apaisée ;
Une rousse buée enveloppe la mer ;
Un reflet de Venise a doré le soir vert ;
Un bruit d'instruments sonne aux barques paroisées.

Autour de la jetée aux brillantes croisées,
Les sports font leur rumeur énergique dans l'air.
(Triomphant d'une image abondante exposée
Sandow ici s'égale en gloire à lord Robert.)

Mâle Albion ruée aux vagues élastiques,
J'ai vu luire dans l'ombre aux lueurs des musiques,
De ton beau rêve nu le sombre diamant !

Et j'imagine — avec l'assentiment de l'heure —
Un dieu broyant un tigre entre ses bras fumants,
Tandis qu'un long goût d'ale et de whisky demeure.

AIMÉ PASSEREAU.

BOSSUET

A trois siècles d'intervalle il peut s'établir entre deux écrivains de même race, de même tempérament, un courant de sympathies. Cela s'appelle une affinité. On cite le fait d'amour vaguement sexuel que certains critiques à l'imagination riche en évocations rétrospectives ressentirent pour de défuntes femmes de lettres dont les ans n'avaient pu vieillir la mémoire et dont la fraicheur de sentiment persistait à l'abri des disgrâces. Ou bien c'est un écrivain qui se fait le truchement d'une gloire littéraire, projette une lumière propice — lumière passée par sa lanterne — sur les faces diverses de ce génie, accapare le mort, s'arroge le monopole de parler de lui, quand le temps aidant, il y a conquis aux yeux de la foule une certaine autorité. Il est rare que l'homme de talent ne gagne pas à ce commerce intime. On ne pourrait mieux le comparer qu'au végétal parasite qui vit au pied et à l'ombre du chêne puissant. Et la postérité, dont les sens depuis des siècles se sont affaiblis à s'user dans les ténèbres et qui est souvent myope et sourde à la bonne parole, la postérité associe complaisamment ces deux noms... le nom du grand statufié qui est sur le piédestal et le nom du président du Comité qui ouvrit une souscription pour ériger le marbre et qui, admirateur zélé, s'est fait nommer gardien municipal du monument, l'en préserve des injures des enfants volontaires, et de l'irrespect injurieux des ignares, en récompense de quoi on lui décerne un jour, une distinction honorifique. C'est ainsi qu'à propos de Bossuet on se souviendra qu'un critique, M. Brunetière, le mit à la mode vers le début de ce siècle et s'en constitua le farouche défenseur. On se souviendra qu'un grand comédien, M. Mounet-Sully, lut devant une foule de snobs les funèbres oraisons de Bossuet. Ce n'est pas la faute de Bossuet si M. Brunetière nous le présente comme le plus universel génie de l'humanité. Sans doute ce qu'il pouvait y avoir de modestie chez le précepteur du dauphin s'offusquerait de tant de bruit autour des sermons d'un prêtre. Mais il est mort ; il n'en peut mais. Et M. Brunetière ne cesse d'entasser articles sur conférences. Qui sait si la gloire — une petite gloire discrète dont il se contenterait — n'est pas au bout de tant de peines ? Il y a dans l'*Histoire contemporaine* d'A. France un personnage buriné d'une main forte, le supérieur du grand séminaire, l'abbé

Lantaigne. C'est un prêtre farouchement autoritaire, traditionaliste et dont l'âme moyenâgeuse de soldat de l'Inquisition.

> *Rêve de ces combats dont Dieu serait le prix*
> *Et de guerre menée à coups de crucifix.*

C'est un ambitieux violent, un anathématisateur sans pitié des mœurs modernes, homme d'action, hardi et brutal dans la lutte. Un Lantaigne qui aurait le génie de l'éloquence et serait grand dignitaire de l'Eglise et de l'Etat, tel fut Bossuet. Nul ne serait dépaysé dans notre société actuelle partagée entre ces deux courants contraires, la nette impiété ou le nihilisme religieux, et l'occultisme et la magie, plus que l'évêque de Meaux qui grondait déjà autant contre la respectueuse incrédulité des « libertins » de l'époque — qui seraient vus aujourd'hui comme de parfaits dévots — que contre le mysticisme qui côtoie l'hérésie et mène au schisme. Il y a entre l'auteur des *Réflexions sur la Comédie* et le monde du vingtième siècle une entière opposition d'ascendances, de tempérament et de goûts. M. Brunetière peut dépenser son talent et les colonnes de sa Revue à tâcher de nous le faire aimer. Nous ne le pouvons pas.

La caractéristique de l'esprit moderne c'est le sens aigu et exaspéré de l'indépendance et de la liberté. Or dans Bossuet il y a deux hommes, l'homme qui obéit servilement, aveuglément à la tradition, à la coutume, et l'homme qui commande, qui tient sous sa férule au nom de dix siècles de servitude théologique ceux qui s'y débattent ou voudraient s'y soustraire. Les principes de Bossuet sur l'exercice de la raison ce sont ceux de toute la théologie des Pères dont Descartes avait secoué le joug en affirmant ce point de départ de la philosophie individualiste, la table rase sur laquelle fut érigée la pensée qui a sa raison en elle-même et poursuit ses investigations libres hors de l'opinion du nombre et du passé. Bossuet pense qu'un homme n'a jamais raison contre tous les hommes, un temps contre tous les temps, et qu'il faut toujours suivre l'opinion générale et l'opinion traditionnelle. C'est donc que le consentement universel de la foule ignare prévaut sur les calculs du savant ou les révélations de l'inspiré. Bossuet eut été de ceux qui persécutèrent Galilée comme hérétique pour avoir émis une théorie copernicienne contraire à l'opinion couramment admise parmi le vulgaire et aux Saintes-Ecritures. Cette opinion générale des hommes c'est le sens commun, le « bon sens », qui est l'argument suprême contre le progrès, qui coupe les ailes au métaphysicien, se rit des déductions nouvelles de l'inventeur, ce *bon sens* qui est l'ennemi né de la pensée originale et de l'idée hardie. Bossuet en était étonnamment doué et il en fut le grand apôtre. Ce fut un routinier réfléchi et buté. Il soutint même que la tradition avait autant d'autorité que la parole écrite. « On doit croire — et ce *doit*, passant par sa bouche, prend un air de menace — on doit croire que ce qui est reçu unanimement et a toujours été retenu vient des apôtres, encore qu'il ne soit pas écrit. » Et puis, voyez sa haine de l'opinion particulière, ce fruit monstrueux de l'orgueil : Il proclame hautement : « l'hérétique est celui qui a une opinion » ; car dans son désir de niveler les esprits et de réprimer toute tentative d'insubordination à la règle théologique, il y a une peur instinctive de la pensée libre qui, ne se réclamant que d'elle-même, renverse le temple où la foule se prosterne, et dessille les yeux des crédules. Cette peur sourde, c'est la cause de sa cruauté, de sa hâte à étouffer l'embryon de la mauvaise tige. Il ne se sent pas de force à lutter contre le scepticisme qui se rit de la tradition sacrée et n'offrerait pas de prises à sa main brutale. « Il faut fuir l'originalité. » (Quelle pensée moderne !) C'est une vanité et c'est un péril. De fait, le penseur, chez Bossuet, n'en a aucune bribe, et de Rémusat l'avait justement étiqueté : « le sublime orateur des idées communes. » S'il avait vécu de nos jours les conclusions de la philosophie positive l'auraient consterné. Au dix-septième siècle, où elle n'existait encore qu'entachée de superstitions et remplie de mystérieuses lacunes, il détestait la science. Il ne manquait pas de perspicacité et comprenait en effet qu'elle serait le plus puissant ennemi dogmatique de la religion, l'arme définitive de l'athéisme. Il partageait encore la croyance du moyen-âge que la science est l'œuvre de Satan, que les savants sont d'insolents Prométhées aux louches pratiques : « Si je ne savais — s'écrie-t-il dans ses *sermons* — qu'il n'y ait point *d'abîmes d'erreurs* dans lesquels l'esprit humain ne se précipite, lorsque *enflé des sciences humaines, et secouant le joug de la foi, il se laisse emporter à sa raison égarée.* » Ceci c'est la colère ; voici maintenant le dédain : « Pour savoir de la physique et de l'algèbre et pour avoir même entendu quelques vérités générales... il ne s'ensuit pas qu'on soit capable de prendre partie en matière de théologie. » Quant à lui il s'était bien gardé — comme de juste — d'ouvrir ces livres de science qu'il méprisait ; le pasteur Jurieu lui reprochait son « ignorance crasse et surprenante. » Même en théologie, il était très faillible et fort crédule. Les erreurs historiques foisonnent dans cette disproportionnée *Histoire universelle ;* dans la *Connaissance de Dieu et de soi-même,* il n'est fait aucun cas de l'expérimentation. Bossuet ne connaissait pas l'hébreu. Lorsqu'il s'agit de l'authenticité de certains textes des *Testaments* et de la critique historique et philologique qu'en publia le très peu orthodoxe R. Simon, Bossuet, insuffisamment armé, se laissa acculer. Mais il se déroba avec une certaine finauderie. « Laissons, concluait-il, les *vaines* disputes, et tranchons *en un mot* la difficulté par le fond. Qu'on me dise s'il n'est pas constant que de toutes ces versions et de tout le texte *quel qu'il soit,* il n'en résulte pas toujours la même substance. *En quoi nuisent en cela les diversités des textes ?* » M. Brunetière appelle cela « le bon sens. »

Mais pour la défense de la tradition, l'homme d'action qu'il était par dessus tout, se réveillait et pourchassait infatigablement de son autorité, au nom de l'Autorité, les curieux qui osaient s'écarter du troupeau moutonnier :

De 1695 à 1698 il mène une lutte âpre et violente contre le quiétisme et Fénelon.

Entre temps il écrase le théatin Cafforo qui avait défendu

le théâtre. Invoquant l'autorité sacrée des Pères, il le force, par une *Lettre* célèbre, à rétracter son ouvrage. L'incident clos et son ennemi à terre, il s'acharne sur lui et le piétine dans ses dures mais grotesques *Réflexions sur la Comédie*.

En 1678, il fait brûler l'*Histoire antique* de l'oratorien Richard Simon ; puis, renouvelant son ordinaire tactique, il revient sur son adversaire vaincu, il l'accable de sa *Défense de la Tradition*.

Il applaudit à la révocation de l'Edit de Nantes et aux Dragonnades — après les avoir, peut-être, conseillées. — Il soumet à son autorité inflexible les communautés religieuses qui veulent relever la tête sous son joug, soutient contre l'abbesse de Jouarre une longue lutte, plaide, et appelle la force à l'aide de ses arguments. Il combat Malebranche et le cartésianisme ; anathématise Molière.

Cet homme avait une âme de chien de berger.

.*.

La philosophie de Bossuet c'est sa théologie. Elle n'est donc pas la sienne, mais celle des saints Pères, celle de la Tradition, la vulgaire philosophie de manuel enseignée dans les séminaires. Comme l'abbé Lantaigne, dans l'*Histoire contemporaine*, et comme Tertullien, il fait ressortir la petitesse de l'homme, l'horreur du gouffre inévitable de la mort, puis la résurrection, l'âme s'élevant « de ce qui n'est même plus un cadavre », le jugement dernier et la punition morale à laquelle pourvoit la sainte Providence. Cette idée de la mort paraît tout d'abord très moderne. C'est le pivot de l'imagination de Baudelaire, de Maupassant, de Loti. Mais combien elle est différente, exprimée par Bossuet. L'esprit moderne pressent la tristesse, l'irréparable du néant, et par là, la mélancolie de toutes les choses humaines périssables ; le théologien voit la destruction mais aussi la reconstruction finale. L'idée théologique de la mort mène à l'optimisme ; l'idée moderne à l'*à-quoi-bon*. Naturellement ne faisons pas un crime à Bossuet de croire ainsi, mais mesurons l'abîme qui nous sépare, nous hommes du vingtième siècle, de cette philosophie religieuse. Avec le même amour de *l'unité*, Bossuet construit son plan de royauté dynastique et absolue. Il hait la démocratie qui est la multiplicité, donc l'erreur et le péché. Et c'est encore par respect pour la tradition qu'il veut la dynastie héréditaire, la Monarchie du droit divin. David était soumis à Dieu — son esprit inquiet va s'appuyer sur le témoignage de la Bible — le roi est le successeur de David. Tel est sa conception politique harmonieuse et qui séduirait l'œil si elle était figurée sur un tableau où les diverses hiérarchies seraient méticuleusement en rapport. Mille sophismes et beaucoup d'arbitraire établissent cette théorie du droit divin. Mais Bossuet n'a cure que d'un éclat de façade. Il ne comprit pas que sacrer la royauté c'était lui permettre tous les abus de pouvoir, les cruautés, les tyrannies exercées au nom usurpé de Dieu. C'est que Bossuet est un homme de gouvernement ; nous l'avons vu tout à l'heure. De Rémusat l'appelait le « conseiller d'Etat. » En effet, la verge et les livres saints à la main, il édicte et châtie. Il faut que l'ordre social et reli-

gieux soit parfait et pour conquérir l'unité gouvernemen-
tale ou religieuse, il n'hésiterait pas à prêcher la guerre
civile, à faire de force monarchistes ou catholiques ceux
qui ne voudraient pas l'être de leur gré. Ce fut un homme
de tempérament, quoi d'étonnant à ce qu'il reposât son
regard avec joie sur cette autorité complète du roi sur ses
sujets. Ne l'exerçât-il pas longtemps sur l'Eglise gallicane ?
Il fut le roi du clergé de France et y déploya un zèle et une
bravoure d'administrateur remarquables. Bossuet ne peut
être aimé que par des soldats, des régents de collège, des
pédagogues, des hommes d'Etat. M. H. Bérenger a montré
éloquemment qu'en M. Brunetière il y avait tout cela. Et de
fait le directeur de la *Revue des Deux-Mondes* s'est fait le
défenseur ardent de l'orateur sacré.

L'idée que Bossuet se fait de Dieu m'a toujours paru
d'une outrance et d'un grotesque parfaits. Bossuet a imaginé Dieu à son image : Un croquemitaine sans pitié, sans
amour, grondant et châtiant — chez Bossuet le mot de châ-
tier est inséparable de celui de Dieu — qui n'a qu'une occu-
pation la colère et la haine, qu'un but la vengeance ; un
Dieu de mélodrame, un Jupiter tonnant entouré d'éclairs et
brandissant la foudre. C'est avec cette évocation redoutable
que Bossuet poursuit et terrorise les âmes dévotes et les
bien innocents « libertins » qui ont déclaré la guerre à la
Providence divine. S'en souciaient-ils seulement de la Providence, ces Cléantes du dix-septième siècle? J'en doute
fort. Pourtant Bossuet entonne la *Marseillaise* du combat :
« Assemblons-nous chrétiens, pour combattre les ennemis
du Dieu vivant, renversons les remparts de ces nouveaux
Samaritains ! » Bossuet s'étend longuement sur les tortures
qui seront infligées à ses ennemis au jugement dernier.
Dieu les confondra, les couvrira d'ignominie. « *C'est ce qui
sera commun à tous les pécheurs.* » « *Dieu et ses serviteurs
se riront d'eux... Il les insultera par des reproches mêlés de
dérision et de raillerie, et non content de les découvrir et de
convaincre (sic), comme nous avons déjà dit, il les immolera à
la risée de tout l'univers.* » Où est donc la charité évangélique, la sublimité du pardon? Bossuet ne les connaît pas.
Ce doivent être pour lui de sots enfantillages. Il ne sait pas
appliquer la parole d'amour du Christ : « Pardonnez-leur,
car ils ne savent pas ce qu'ils font. » Mais ce n'est pas tout.
Bossuet imagine que Dieu a institué des degrés dans la torture et le châtiment, une véritable échelle des souffrances.
« *Il est juste,* dit-il — que Dieu mesure sa colère à ses bon-
tés et que sa fureur *implacable* perce d'autant de traits un
cœur infidèle que son amour bienfaisant avait employé
d'autant pour le gagner... Dieu *ne cessera de le frapper* de
cette main souveraine et victorieuse... *et ses coups redoublés... sans fin,* etc. » Le Dieu de Bossuet est donc un véritable tortionnaire, un Barbare de l'Inquisition.

Le fond du caractère de l'évêque est d'ailleurs un reste
de cruauté latente que l'étude théologique et les pratiques
pieuses ont affaibli, mais que l'on devine singulièrement
vivace encore à voir avec quelle force elle se déchaîne
quand Bossuet polémique ou agit. Nous avons dit plus haut
sa rage à s'acharner sur un ennemi vaincu et ses moyens

de combat. Il va droit au but, renversant les obstacles, brisant ceux qui s'opposent à sa marche victorieuse, et les coups qu'il porte sont droits et comme ceux de son Dieu redoublés et sans fin. Il dit quelque part que la plus grande joie qui attend les justes au Ciel c'est de voir rôtir en Enfer les impies ; c'est le complément de l'exclamation lapidaire : « Malheur à vous qui riez ! » Quel homme charitable !

Je me demandais souvent quelle action pouvait exercer Bossuet sur un adolescent à l'âme impressionnable. Et s'il fallait tant que cela sacrifier l'éducation littéraire à l'éducation morale. Un article que M. Fouillée, le philosophe si compétent en pédagogie, publia dans la *Revue Parlementaire*, acheva de me convaincre :

« Vous imaginez-vous — disait-il — que Bossuet même « soit toujours un bon éducateur, que la seconde partie de « l'*Histoire Universelle* ne soit pas propre, si on la prenait « au sérieux, à dévoyer les esprits ? J'ouvre au hasard un « recueil scolaire et j'y trouve la page du sermon sur la « mort du riche : « Voici, messieurs, un grand spectacle ; « venez, considérez les saints anges dans la chambre d'un « mauvais riche mourant. Oui, pendant que les médecins « consultent l'état de sa maladie et que sa famille trem- « blante attend le résultat de la conférence, ces médecins « invisibles d'un mal bien plus dangereux se consultent : « Que d'huiles ramollissantes, que de douces fermentations « nous avons mis sur ce cœur ! Et il ne s'est pas amolli. « Ne voyez-vous pas sur son front le caractère d'un ré- « *prouvé : la dureté de son cœur a endurci contre lui le cœur* « *de Dieu, le Ciel est de fer à ses prières : il n'y a plus pour* « *lui de miséricorde.* » Toute cette mythologie qui fait Dieu « encore plus dur que le mauvais riche est-elle vraiment « éducatrice ? ».

Un prêtre qui entend assez peu la tolérance pour approuver « qu'il a fallu que la justice divine fît *craindre sa bonté* à ceux qui seraient assez aveugles pour ne l'aimer pas » (*La carte forcée*) ce prêtre, quand la tâche lui est dévolue d'enseigner et d'éduquer de jeunes esprits, ne fait que des sectaires et des intolérants de tout parti, qui, un jour de révolte et de rage, descendront, l'arme à la main dans la rue...

*   *

Mais, Bossuet ne fera pas tant de mal que le croit M. Fouillée. Car si l'on étudie Bossuet on étudie aussi Voltaire ou Hugo et ces réactifs l'annihilent. D'autre part, l'auteur des *Sermons*, aveuglé par sa fureur conquérante, a manqué son but, et il ne nous a fait que rire, comme les enfants rient du pantin qui leur roule des yeux blancs et les menace de sa batte... Ils savent qu'il est en bois. M. Brunetière a beau conférencer et répéter à tous les vents et à tout propos que Bossuet est l'universel génie. M. Mounet-Sully a beau déclamer sur la profane et joyeuse scène des Capucines, les sévères sermons du carême ; ni l'un ni l'autre ne convaincront personne. Que M. Brunetière ait donc le courage de lire en public ces *Maximes sur la Comédie*, ce factum qui blesse tous nos goûts, nos sentiments et

nos allures modernes, et nous ennuie par dessus tout, à
force de vouloir martyriser et contrefaire la nature suivant
une morale qui n'est plus la nôtre et est tombée toute seule
parce qu'arbitraire! j'ai idée qu'il n'ira pas loin sans soulever des tempêtes. M. Jules Lemaître a dit jadis un mot très
suggestif et que nous retiendrons comme un symptôme des
temps : « Je n'ai pas pu lire Bossuet jusqu'au bout. » On
lira Voltaire jusqu'au bout, car cela est léger, spirituel et
se digère sans somnolences. Et c'est encore, bien qu'en
pense l'auteur du *Roman naturaliste*, le petit pamphlet alerte
qui va, court, vole, et pénètre partout, le petit pamphlet du
dix-huitième siècle qui a raison du gros in-folio ou du sermon sévère qui menace et flagelle. C'est pourquoi le rhé-
teur tonitruant que fut Bossuet se fut brisé contre Voltaire.

CHARLES MÉRÉ.

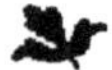

PAUVRE LÉLIAN [1]

(Pour faire suite aux « CONFESSIONS » de Paul Verlaine)

Les jours s'écoulaient ainsi, paisiblement laborieux.
Verlaine étudiait l'allemand, faisait du grec avec
M. Andrews qui préparait un examen, arrivait peu à
peu à parler l'Anglais couramment. Une cordialité entière et franche avec le « patron », un bon vivant robuste
et jovial, s'ensuivit.

Le *poète* ne pouvait abdiquer, mais il cherchait une
direction nouvelle, qui accorderait l'impérieux besoin de
création avec les scrupules de la conscience. N'était-il
pas dangereux pour son salut de continuer à écrire des
vers ? Il se posait cette question souvent, avec des
craintes et des regrets. D'autre part, la morale chrétienne lui imposait le travail. Il trouva ceci : être quelque chose comme le moine dans son couvent, qui copie
des manuscrits et compose des chants pieux.

---

[1]. Voir les numéros 5, 6, 7, 8, 9, 10, 11, 12, 13.

Les manuscrits qu'il copiait c'étaient les siens. La lettre envoyée, chaque semaine, à l'un des rares amis restés fidèles s'augmentait de poèmes plus ou moins anciens, de ceux qui furent réunis plus tard sous le titre : *Jadis et Naguère*, de ceux aussi qui firent partie de *Parallèlement*. Ce travail de copie, modeste, régulier, innocent comme des pages d'écolier, occupèrent ses loisirs et calmèrent sa pensée.

La création, dont le projet contentait son ardeur et ses scrupules, ce serait une suite de *cantiques* en l'honneur de Dieu, de la Vierge, des Saints, de la Patrie. Cette dernière religion lui était venue avec l'autre.

L'ancien « communard » rigouailleur, celui qui avait dit, à l'entrée des Prussiens dans Paris : « Nous allons donc enfin entendre de la bonne musique!.. » s'attendrissait maintenant sur la France malheureuse et trouvait l'internationalisme une impiété. Être sceptique en cette matière n'était-ce pas violer une des lois que Dieu nous impose : celle de l'obéissance et de l'abnégation? Son directeur de conscience lui avait enseigné cela ; car le clergé catholique met le patriotisme au rang des croyances nécessaires — sans se douter qu'il élève autel contre autel. — Dans cet ordre d'idées, Verlaine avait choisi sa sainte : Jeanne d'Arc. Il l'étudiait passionnément dans les ouvrages de Michelet et de Wallon qu'il avait fait venir de France. Cette lecture alternait avec celle de Saint-Augustin. A titre de récréation, il lisait Edgar Poë, Longfellow ; et pour revenir aux préoccupations chrétiennes, il parcourait le « Pilgrim's progress » ou la riche et belle collection des cantiques anglicans.

Il était enfin acclimaté, se réconciliait avec les mœurs anglaises. Si leur côté pratique le taquinait parfois, s'il était froissé d'entendre dire « mouche beurre » butter

---

(1) A propos de son rôle au temps de la Commune, il nous semble intéressant de citer ce passage du *Journal des Goncourt* (tome IV, page 288).

« Verlaine nous confesse une chose incroyable. Il déclare qu'il a dû combattre et empêcher une proposition qui voulait se produire : une proposition demandant la destruction de Notre-Dame de Paris ! »

fly) pour papillon ou « tasse de beurre » (butter cup)
pour bouton d'or, il ne laissait pas d'apprécier ce peuple réfléchi, raisonnable, aux sentiments forts en même
temps que délicats. Il le jugeait en ces termes :

« L'Anglais est juste ! » Enfin il avait fini par recon-
naitre bien des qualités au régime nutritif, s'était con-
verti au thé, au *plum pudding*.

Les congés d'avril lui permettaient d'aller à Boston,
ou à Londres, pour faire ses Pàques. Quant aux grandes
vacances, elles se passaient à Arras, chez sa mère,
impasse d'Elbronne, rue d'Amiens.

Mme Verlaine, alors agée de plus de soixante ans,
était une vieille femme plus gaie, plus vive et plus alerte
que bien des jeunes filles. Très brune, avec des yeux
pétillants, bridés à la chinoise, elle avait, comme son
fils, l'entrain endiablé, le goût du calembour, l'affectuo-
sité fougeuse et impérieuse, la propension aux grandes
colères. Qui était le plus jeune, de cette gamine sexagé-
naire ou de ce gamin de trente-cinq ans?

Ce temporaire et plutôt fraternel ménage retentissait
à toute heure de rires et d'emportements :

— Paul, je t'assure que tu es fou !...

— Maman, je t'assure que tu es une enfant !...

Un jour, pendant les vacances de 1875, Verlaine montrait à un ami le portrait de sa femme : photographie
d'avant le mariage, quinze ou seize ans, presque une
fillette. Avec cette gaieté féroce qu'il eut toujours, même
aux meilleures époques, il prit un autre portrait, non encore encarté dans l'album. C'était celui de Rimbaud.
Le plaçant en face de la jeune fille, et fermant triom-
phalement le volume : « Là ! » dit-il, « qu'ils s'embras-
sent !... car ce sont les deux êtres qui m'ont fait le plus
de mal !... »

— Paul, s'écria Mme Verlaine, ne fais pas cela !...
C'est un sacrilège ! cela te portera malheur !

Mais « Paul » se redressant, répéta en scandant les
mots :

« C'est très bien comme ce-la ! c'est ma jus-ti-ce !...»
Et riant sous cape, il emporta l'album comme un loup

emporte sa proie, tandis que la pauvre mamau, levant
les bras au ciel s'enfuyait épouvantée dans sa cuisine.
d'où elle sortit un quart d'heure après, n'y pensant plus,
fière d'une superbe omelette au lard qu'elle venait de
confectionner pour son brigand d'enfant.

Pourtant, parfois, aux heures fades du matin, il se
plaignait d'être ainsi condamné à la solitude. Mais si
des insinuations étaient faites touchant une réconciliation, il devenait silencieux tout à coup. L'arrachement
était trop récent encore, et douloureux. L'idée que ce
serait possible ne vint que plus tard, comme nous le
verrons.

En attendant, il était heureux, gai, sobre, goûtant la
bonne nourriture, opinant qu'on pouvait être un chrétien
fort passable tout en savourant avec gratitude « les
dons de la Providence ».

(A suivre.)   *E. DELAHAYE — F.-A. CAZALS.*

BIBLIOGRAPHIE

Fièvre d'Ame, poésies par le docteur Abdullah-
Djevdet Bey.

S'il est vrai que la Fortune aime les audacieux, voici un
poète auquel Elle ne pourra manquer de sourire. Adbullah
Djevdet Bey né en Turquie d'Asie, d'une famille autochtone.
noble et ancienne, n'a pas reculé devant cette prouesse
d'écrire des vers dans une langue étrangère. Et quelle
langue ! Celle qui s'accommode le moins de fard et d'em-
prunt, celle qui nécessite le plus de sollicitude et de précision, celle qui, toujours jalouse de laisser transparaître la
pensée nue n'obéit qu'aux seuls mouvements de l'Ame ! Je
veux dire la langue française qui n'ayant ni déclinaisons,
ni inversions, ni mots composés laisse aux règles étroites
du rythme et de la rime toute leur rudesse et toute leur
âpreté. Sa syntaxe est encombrée de broussailles telles que
nos académiciens eux-mêmes ont fini par reconnaître la
nécessité d'y porter la hache, et la finesse pour ne pas dire

le manque de ses accents, risque fort de déconcerter une oreille étrangère.

Remercions donc ce poëte Turc qui parmi tant de dialectes qu'il parle couramment nous a fait l'honneur de choisir notre langue.

Ce mélange de langue française et de sentiments exotiques, de verbe rationnel et de choses passionnées, cet amalgame de brume et de soleil dégage une piquante saveur. Car l'on sent bien que l'Auteur n'est pas de notre race. Nous avons désappris l'Amour. Notre cerveau se forme encore une image de la passion mais notre sang trop froid ne s'y abandonne plus, nous en sommes restés aux nuances, aux demi-teintes. Peut-être est-ce parce que nos aïeux se sont trop dépensés par le monde ? Nous sommes devenus étrangers à la vie, si compliqués, si pourris de littérature, que ce cri de passion jeté par un homme nous inquiète et nous étonne à la fois comme une chose imprévue.

Et qui donc parmi nous aurait eu la franchise d'intituler son livre : *Fièvre d'Ame* ? Qui donc aurait osé ainsi confesser son cœur et jeter sa chair toute pantelante, toute secouée d'un frisson d'amour, à la stupidité et à l'ironie des foules? Ah ! comme on sent bien là l'influence de l'Orient et son « coup de Soleil ». On devine que l'imagination du Poëte est fille de l'Asie et qu'il porte en lui un foyer intense de poésies, de paroles et de bruits.

Notre fréquentation et la lecture de quelques-uns de nos auteurs consacrés lui a inculqué quelques notions suspectes. Il parle après Cousin du *Beau*, du *Juste* et du *Vrai*. Il se grise après Victor Hugo avec ce mot de Progrès que les hommes s'acharnent à faire mentir et quand il a écrit le mot Idée, sa plume en garde une sorte de frisson religieux. Ce n'est point impunément qu'il a traversé les cabinets de lecture et les brasseries du Quartier-Latin ; mais il ne faut pas attacher trop d'importance à ces vétilles. L'oriental qu'est Abdullah Djevdet Bey a bien raison de rester plus préoccupé de l'Amour que du Progrès. Il a, au fond, le fatalisme de sa race ; et puis mettez que tout cela se confonde et que tendre au Progrès et que tendre à l'Amour, ce n'est que le moyen de se mettre à la recherche du Bonheur.

Un trop sensible cœur : voilà tout mon mystère.

Ce vers vous expliquera le poëte. Il ne vit que de sentiments et d'émotions. Le Sort implacable lui a ravi une femme adorée. Il étale à tous sa plaie et son âme meurtrie, mais c'est encore à la Beauté qu'il demandera l'oubli. Il nous confie :

Subir c'est ma loi...
A mon cœur seul j'obéis.
C'est l'Ame de mon pays.

Il nous avoue qu'il aime *ces blessures de feu.* — Il n'existe rien en dehors de l'Etre Aimé, *Sa beauté remplit le Firma-*

ment. C'est l'Amour qui lui fait oublier *l'Absolu néant de la Vie*, et il revient souvent sur cette *idée que tout vit pour mourir tristement*.

Il reconnaît que la Vie eût pour lui quelques douceurs. Les fonctions officielles ont consacré ses mérites et lui ont donné de l'aisance et de la considération, mais l'Ame du poète, faite d'inquiétude, ne saurait trouver le repos ni dans la puissance ni dans les richesses et c'est un poète celui qui a noté de si fines vérités :

> *Elle avait la double existence*
> *Dans le monde et dans mon cerveau.*
> *Je l'ai su par expérience*
> *Ces deux êtres étaient rivaux.*
> *Celle qui vivait dans le monde*
> *Assassina l'autre un beau jour…*

Mais ne le plaignons pas trop puisqu'il a reçu des dieux le pouvoir d'enchanter son mal, puisqu'il a su mériter la palme et qu'il pourra dire comme l'illustre Henri Heine : « Avec mes grands désespoirs, j'ai fait de petites chansons. » — ERNEST RAYNAUD.

Le Vigneron dans sa vigne, 1 volume de M. JULES RENARD
(Mercure de France.)

C'est toujours un régal pour les lettrés qu'un livre nouveau de Jules Renard. Celui qu'il nous donne aujourd'hui : *le Vigneron dans sa vigne*, est digne de ses aînés. D'ailleurs la méthode patiente et réfléchie de Renard ne lui permet pas de donner du médiocre ou du pire. Il ne laisse rien au hasard. Chez lui tout est dosé, calculé, passé au crible consciencieusement, ce qui ne l'empêche pas d'avoir, en cours de route, des trouvailles d'expression infiniment curieuses.

Ce goût de la perfection l'éloigne des longs ouvrages. Il pense avec le Fabuliste, vers qui le porte d'ailleurs un grain de cousinage, que :

> *Loin d'épuiser une matière,*
> *On n'en doit prendre que la fleur.*

Le contrôle s'exerce avec plus d'efficacité sur un récit de proportions restreintes, et pour mieux s'emparer de l'esprit du lecteur, on ne lui laisse plus le temps de souffler. Jules Renard met la vie en sonnets ; il monte les faits-divers en épingles. Il apporte à la confection de chaque phrase les soucis du poète et les soins méticuleux du joaillier. Il préfère la qualité à la quantité, sachant que « rien n'est plus facile qu'une lâche abondance ». Pour rendre son impression, parfois une ligne lui suffit ; que dis-je, une ligne ? un mot ! et quand il a dit du serpent : trop long, il peut s'arrêter satisfait. Il a rempli son but d'écrivain qui est de peindre d'une façon saisissante, et de pénétrer comme une flèche dans l'esprit de ses lecteurs. On sent qu'avec ceux-ci il engage un duel. Il faut, coûte que coûte, qu'il ait raison de son public, et on le sent toujours en quête d'un tour original qui viole l'attention.

Je ne sais pourquoi on s'est avisé de ranger Jules Renard dans la catégorie des auteurs gais. Est-ce parcequ'il sait mieux que personne projeter la lumière sur les ridicules des gens ? Est-ce parcequ'il garde sous son vernis académique un vieux fonds de verdeur gauloise, et qu'il ne répugne pas plus au gros sel que ne faisaient nos aïeux ? Considérez pourtant combien sa lecture laisse une impression désolée. Ses gaillardises n'ont pas l'innocente légèreté de celles de nos vieux fabliaux ; celles-ci ne font que rire ; les siennes font songer. Elles ont je ne sais quel arrière goût d'amertume. Elles mettent en relief cette part de regrettable inconscience, de sotte animalité que chacun de nous porte en lui.

Certes, il fait profession de bonne humeur à la façon de Rabelais et de La Fontaine, mais ce n'est point impunément qu'il est venu quelques siècles plus tard, et sa bonne humeur craint toujours d'être dupe. Il est le fruit d'une civilisation désabusée. On sent, derrière sa gaieté, une âme méfiante qui observe et que ne réjouissent point tant de douloureuses observations quotidiennes. Où reposer son regard du spectacle de tant de turpitudes ? Est-ce sur lui-même ? Mais il vous objectera : « C'est l'homme que je suis qui me rend misanthrope ? »

Il souffre d'une sensibilité trop fine, d'une nature trop délicate. Il s'irrite de trop de défaillances obligées. « Va, calmetoi et ronfle, s'écrie-t-il exaspéré, la vertu n'est pas pour ton nez. » Cet homme est foncièrement bon. Une bienveillante sympathie l'incline vers les faibles, les humbles, les sacrifiés, au milieu desquels il aime à vivre. C'est d'une voix délicieusement attendrie qu'il nous conte l'aventure de Mlle Olympe, cette brave fille dévalisée par tout le monde, qui se tue à faire vivre sa mère, et qui s'arrange toujours pour gagner le moins qu'elle peut. Quoi de plus poignant que l'épisode de la vieille Honorine ? Quel étonnement triste devant la résignation des malheureux ? Quelle colère, même, quand le pauvre Philippe s'entête à ne vouloir point qu'on le tire de son malheureux sort ! « Qu'il y reste ! » conclut-il avec toute la révolte de sa conscience.

Et n'est-ce point encore l'indice d'un cœur sensible que cet intérêt qu'il porte aux bêtes ? Comme il s'indigne contre le chasseur cruel. Ecoutez-le qualifier le geste du tireur de pigeons : « C'est beau comme un coup de poing d'ivrogne sur une petite bouche d'enfant ! »

C'est bien l'un des signes caractéristiques de notre temps, que cette sensibilité inquiète qui ne nous laisse jamais maîtres de nos nerfs ; que cette nervosité constante qui nous emplit de scrupules et de combats ; que cet examen perpétuel et malveillant qui nous laisse mécontents de nousmêmes.

Friand d'originalité, Jules Renard se défie des autorités et de la tradition. Encore une erreur de notre temps que ce mépris des formules nécessaires, et pourtant, dans la catégorie des hommes de lettres, il est le type de ce qu'on peut appeler le spécialiste. Il s'en moque agréablement lui-même dans les *Tablettes d'Eloi*.

Ne lui parlez pas de rhétorique. Il l'a chassée de ses livres. Il procède par petites phrases courtes, répudiant la période sonore. Dans sa fièvre de personnalité, il ne lui déplairait pas, si ce n'était encore un procédé, de prendre le contre-pied de toutes les opinions reçues.

Il y a quelque part la relation d'un voyage sur la Côte d'azur qui est bien la critique la plus amusante que l'on ait pu faire encore de toutes ces relations prétentieuses à la mode. Il n'est si petit touriste qui ne se croie obligé, à propos de ses pérégrinations, de nous réciter par cœur toute une anthologie et de montrer qu'il a de la littérature. On pille une bibliothèque pour nous conter par le menu les incidents d'une traversée. On ne peut aborder Venise sans ouvrir l'armoire des lieux communs et des clichés. Voir Naples et puis mourir. Il y a des phrases toutes faites qui n'attendent qu'un signe pour traduire, avec un feu glacé, des enthousiasmes de commande. Quelques amateurs sont convaincus. J'envie ces gens toujours dispos qui, sur la foi d'un guide, vibrent à heure fixe. Ils ne connaissent les villes que par leurs musées, et les provinces que parce qu'en ont dit les autres. Ils n'ont garde d'oublier de se pâmer, en écoliers dociles, suivant les règles, aux bons endroits. Le héros de Renard n'a point ce travers. Il ne se travaille point pour tirer de son cerveau des idées sublimes à jet continu. Il est plus attentif aux inconvénients des horaires, des pourboires et des hôtels qu'aux spectacles catalogués. *Il fuit comme la peste les vestiges des bains romains, les musées qui renferment quelques bonnes toiles, les sculptures trop curieuses, les églises dont la façade date de... et le maître-autel de...* Et il approuve une grosse dame opinant : *Ils nous font rire avec leur Prado. A les entendre on croirait que c'est l'Obélisque!*

Je préfère l'exagération dans ce sens à la tirade obligatoire sur le divin Raphaël ou aux variations forcées sur les ciels de Venise, et à n'importe quelle rengaine consacrée.

Lors du dernier concours littéraire du *Journal*, on a fait cette constatation que Jules Renard était l'écrivain le plus imité chez les jeunes. Son influence est incontestable. Il est devenu le directeur de conscience de tous ceux qui souffrent d'un *enthousiasme rentré*. Aux désabusés d'hier Jules Vallès conseillait la révolte. A ceux d'aujourd'hui Jules Renard conseille l'ironie. L'arme est aussi redoutable ; elle est plus sûre.

Parmi cette sorte de mécontents qui emploient la *dynamite du rire*, l'auteur des *Coquecigrues* occupe la première place. D'autres, comme Courteline, n'en veulent qu'aux institutions. C'est à l'homme lui-même que s'en prend Jules Renard. — *ERNEST RAYNAUD*.

La Femme et l'Argent, roman par LÉON RIOTOR
1 vol., 360 p., librairie Lemerre.

Tel est le titre à effet d'un nouveau roman de Léon Riotor. Des aventures curieuses s'y déroulent, passionnées, terribles. Jamais peinture des furieux assauts livrés par l'humanité à la fortune et à la chair, ne fut plus éloquente en sa synthétique concision.

Et au travers de ces pages enfiévrées court une adorable idylle, toute parfumée de grâce modeste et d'amour sincère.

Léon Riotor nous avait habitués, en ses autres livres, à un thème philosophique qu'il semble avoir momentanément délaissé. C'est là un des nouveaux côtés de son talent robuste et fécond. Il y a loin, en effet, du *Sage Empereur*, poème légendaire à la gloire de la Sagesse et de la Paix, qui prévoyait le Congrès de La Haye — tant les poètes sont quelquefois des prophètes! — à ces pages ardentes de *la Femme et l'Argent*. Qui croirait que de la même plume sont sorties ces aventures furieuses et les parfaites études critiques de la première série des *Arts et des Lettres*?

Dans ce roman reparaissent les figures connues des précédents livres de Riotor : le prince d'Antraigues, sceptique et railleur ; Gaston de Blazac, le parfait jeune homme ; Fidélia, amoureuse et tragique. Connaissez-vous plus délicieuse création que cet Alcide Crimeuil, fleur masculine du terroir parisien? Je crois d'ailleurs qu'il ne serait pas difficile de mettre des noms réels sur ces masques. Si je n'ai pas tout à fait reconnu Préborant, banquier-protée, je n'ai aucun doute sur Perflix, l'ex-journaliste, l'ex-député devenu agent d'affaires.

Et tout cela m'a prodigieusement amusé. — *L. D.*

Marionnettes et Guignol. (Librairie Juven.)

M. Ernest Maindron, gendre de M. Hérédia, a publié tout récemment un très beau volume : *Marionnettes et Guignol*, qui nous apparaît comme un musée de documents curieux. C'est, illustrée d'innombrables gravures en noir et de plusieurs planches en couleurs, l'histoire de la *Poupée animée et parlante* à travers les âges. Les « poupées » n'amusent pas que les tout petits : la muse de notre collaborateur Albert Mérat ne dédaigne point, parfois, de converser avec elles ; et les muses, comme les simples mortels, ont beaucoup à apprendre au commerce des petits pantins.

Pulcinella et Cⁱᵉ ou le Théâtre Napolitain. (Chez Ollendorf.)

Série du « Théâtre hors de France », le dernier volume paru : *Pulcinella et Cⁱᵉ* ou le *Théâtre Napolitain*, texte de Henry Lyonnet, nous initie aux coutumes napolitaines, étude aussi exacte que complète, de l'un des types les plus populaires et les plus singuliers du Théâtre universel.

Causerie préface de M. G. Larroumet, de l'Institut. 50 photogravures.

Livres reçus dont il sera rendu compte :

Le Tourment de l'Unité, par *Adrien Mithouart* (*Mercure de France*).

Nocturnes solitaires, par *Jules Mouquet* (Maison des Poètes).

Lazare le Ressuscité, par *Mécislas Golberg* (Albert Wolff).

Vesper, par *Frédéric Plessis* (Lemerre).

Adolphe Boschot, la réforme de la prosodie.

Le Gérant : F.-A. CAZALS.

BIBLIOTHEQUE DE L'ASSOCIATION

13, BOULEVARD MONTPARNASSE, PARIS

POÉSIE

THÉATRE

ART ET CRITIQUE

ROMANS

SOCIOLOGIE

SOUS PRESSE :

Escarmouches, poésies de **Madeleine Lépine.**

BIBLIOTHEQUE DE L'ASSOCIATION

13, BOULEVARD MONTPARNASSE, PARIS

POÉSIE

THÉATRE

ART ET CRITIQUE

ROMANS

SOCIOLOGIE

SOUS PRESSE :

Escarmouches, poésies de **Madeleine Lépine**.

BIBLIOTHEQUE DE L'ASSOCIATION

13, BOULEVARD MONTPARNASSE, PARIS

SOUS PRESSE :

Escarmouches, poésies de **Madeleine Lépine.**

BIBLIOTHÈQUE DE L'ASSOCIATION

13, BOULEVARD MONTPARNASSE, PARIS

POÉSIE

Madeleine Lépine. — *La Bien-Aimée* (1894), premières poésies	3
— *Le Voile de Flamme* (1895), nouvelles poésies, avec portrait	3
— *Poèmes badins* (1898)	1
— *Ceux que j'aime* (1898)	1
— *L'Ombre étoilée* (1899)	3
Antonia Bossu. *Au Fil de l'eau*	4
Aimée Fabrègue. — *Le Livre d'heures de l'Amant*, préface de F. Mistral	3
Michel Abadie. *Le Pain qu'on pleure*, préface de F. Clerget	3
Michel Abadie et Martial Besson. — *Anthologie des Instituteurs-Poètes*, préface d'Edouard Petit	3
Fernand Clerget. — *Les Tourmentes*, avec portrait	3
Vicomte de Colleville. — *Ephémères*, avec portrait ; préface de Paul Verlaine	3
Henry Bauquier. — *Croquis et Réflexions*	2
Désiré Luzet. — *Nuits sereines*, préface de Gustave Vallat	2
Charles le Breton. *Les Banales chansons*	2

THÉATRE

Madeleine Lépine. — *Azraël* (1896), scène dramatique, préface de F. Clerget	2
— *Le Jour prédit* (1897), drame en quatre tableaux	2
— *Rosemonde* (1897), drame en trois actes	2
Olivier de Gourcuff. *Jean Kerver*, drame en trois actes	1 5
Auguste Faure. — *Berthe de Provence*, drame en trois actes	2 5

ART ET CRITIQUE

F.-A. Cazals. — *Paul Verlaine, ses Portraits*, avec texte de Huysmans, Rops, Delahaye	3
Salle Guénégaud, petit album d'art. Dessins de F.-A. Cazals, Maurice Dumont, François Guiguet, H.-G. Ibels, Alfred Jungbluth, Victor Koos, Raymond Lotthé, Marc Mouclier, Gaston Prunier, Félix Voulot	1
Henri Duhem. — *Renaissance*, études sur l'art nouveau : peintres, sculpteurs, architectes, graveurs, etc.	2
Charles Fuinel. — *Art et Critique*	3 5
Un témoin impartial. — *Paul Verlaine et ses Contemporains*	1
Edmond Rocher. — *L'Œuvre d'ensemble de Madeleine Lépine*, avec portrait et autographe	1
Le Monument de Paul Verlaine, textes de Stéphane Mallarmé, Camille Lemonnier, Charles Morice, Jean Bourguignon, etc. (au profit du monument)	1

ROMANS

Émile Bruni. — *Mémoires d'un Mari*	3 50
Valentin Grandjean. — *Autour d'un Péché*	3 »
Vicomte de Colleville. — *Jobard*, 4e édition	3 »
Vicomte de Colleville et Fritz de Zepelin. — *L'Amour à Nice*	3 »
Henry Bauquier. — *Contes amers*	2 »

SOCIOLOGIE

Fernand Clerget. — *Le Travail et l'Argent* (projet de contrat)	1 »
Vicomte de Colleville. — *La Marine marchande et la Surtaxe de pavillon*	1 »
Paul Gourmand. — *La France Nouvelle*	2 »

SOUS PRESSE :

Escarmouches, poésies de **Madeleine Lépine**.

LE SAGITTAIRE

Revue mensuelle d'Art et de Littérature

France : 6 francs ; Union postale : 8 francs

Les abonnements d'un an seront reçus, pour la France, au prix de 5 francs

ABONNEMENTS DE LUXE
sur papier de Japon : 30 fr.
pour tous pays

RÉDACTION & ADMINISTRATION

13, boulevard Montparnasse, 13

PARIS

BULLETIN D'ABONNEMENT

Adresser Mandats à l'Administrateur

On s'abonne sans frais dans tous les bureaux de poste, en France, et dans tous les pays de l'Union postale.

ABONNEMENTS DE LUXE
sur papier de Japon : 30 fr.
pour tous pays

Veuillez m'inscrire pour un abonnement de .... *à partir du* .... *à la Revue* LE SAGITTAIRE, *pour lequel je vous adresse inclus la somme de* ....

en { chèque.
{ mandat de poste.
{ bon de poste.

Nom :

Adresse :

(SIGNATURE)

.... , le .... 1900.

LE SAGITTAIRE

Revue mensuelle d'Art et de Littérature

France : 6 francs ; Union
postale : 8 francs

Les abonnements d'un
an seront reçus, pour la
France, au prix de 5 francs

ABONNEMENTS DE LUXE
sur papier de Japon : 30 fr.
pour tous pays

RÉDACTION & ADMINISTRATION

13, boulevard Montparnasse, 13

PARIS

BULLETIN D'ABONNEMENT

Adresser Mandats à l'Ad[
ministrateur

On s'abonne sans frai[s]
dans tous les bureaux de
poste, en France, et dan[s]
tous les pays de l'Union
postale.

ABONNEMENTS DE LUXE
sur papier de Japon : 30 fr.
pour tous pays

Veuillez m'inscrire pour un abonnement de .... *à partir*

du .... *à la Revue* **LE SAGITTAIRE,** *pour lequel je*

vous adresse inclus la somme de

en { *chèque.*
{ *mandat de poste.*
{ *bon de poste.*

Nom :

Adresse :

(SIGNATURE)

.............., *le* .... *1900.*

LE SAGITTAIRE

Revue mensuelle d'Art et de Littérature

France : 6 francs ; Union postale : 8 francs

Les abonnements d'un an seront reçus, pour la France, au prix de 5 francs jusqu'au 1er août 1900.

ABONNEMENTS DE LUXE
sur papier de Japon : 30 fr.
pour tous pays

RÉDACTION & ADMINISTRATION

13, boulevard Montparnasse, 13

PARIS

BULLETIN D'ABONNEMENT

Adresser Mandats à l'
ministrateur

On s'abonne sans fr
dans tous les bureaux
poste, en France, et d
tous les pays de l'Un
postale.

ABONNEMENTS DE LUXE
sur papier de Japon : 30
pour tous pays

Veuillez m'inscrire pour un abonnement de .... *à par*
du .... *à la Revue* **LE SAGITTAIRE**, *pour lequel*
vous adresse inclus la somme de

en
 chèque.
 mandat de poste.
 bon de poste.

Nom :

Adresse :

(SIGNATURE)

, *le* .... *1900.*

BIBLIOTHEQUE DE L'ASSOCIATION

13, BOULEVARD MONTPARNASSE, PARIS

SOUS PRESSE :

Escarmouches, poésies de **Madeleine Lépine**

BIBLIOTHÈQUE DE L'ASSOCIATION

13, BOULEVARD MONTPARNASSE, PARIS

POÉSIE

THÉÂTRE

ART ET CRITIQUE

ROMANS

SOCIOLOGIE

BIBLIOTHEQUE DE L'ASSOCIATION

13, BOULEVARD MONTPARNASSE, PARIS

POÉSIE

THÉATRE

ART ET CRITIQUE

ROMANS

SOCIOLOGIE

BIBLIOTHEQUE DE L'ASSOCIATION

13, BOULEVARD MONTPARNASSE, PARIS

POÉSIE

Madeleine Lépine. — *La Bien-Aimée* (1894), premières poésies............... 3 »
— *Le Voile de Flamme* (1895), nouvelles poésies, avec portrait.. 3 »
— *Poèmes badins* (1898)........................... 1 »
— *Ceux que j'aime* (1898) .... 1 »
— *L'Ombre étoilée* (1899) .... 3 »
— *Escarmouches* (1901)........................ » »
Antonia Bossu. — *Au Fil de l'eau*...................... 4 »
Aimée Fabrègue. — *Le Livre d'heures de l'Amant*, préface de F. Mistral....... 3 »
Michel Abadie. — *Le Pain qu'on pleure*, préface de F. Clerget........... 3 »
Michel Abadie et Martial Besson. — *Anthologie des Instituteurs-Poètes*, préface
   d'Edouard Petit..................................... 3 »
Fernand Clerget. — *Les Tourmentes*, avec portrait .... 3 »
Vicomte de Colleville. — *Ephémères*, avec portrait; préface de Paul Verlaine... 3 »
Henry Bauquier. — *Croquis et Réflexions*..................... 2 »
Désiré Luzet. — *Nuits sereines*, préface de Gustave Vallat.......... 2 »
Charles le Breton. — *Les Banales chansons*.................. 2 »

THÉATRE

Madeleine Lépine. — *Azraël* (1896), scène dramatique, préface de F. Clerget.. 2 »
— *Le Jour prédit* (1897), drame en quatre tableaux........ 2 »
— *Rosemonde* (1897), drame en trois actes................ 2 »
Olivier de Gourcuff. — *Jean Kerver*, drame en trois actes......... 1 50
Auguste Faure. — *Berthe de Provence*, drame en trois actes............ 2 50

ART ET CRITIQUE

F.-A. Cazals. — *Paul Verlaine, ses Portraits*, avec texte de Huysmans, Rops, De-
   lahaye.. 3 »
Salle Guénégaud, petit album d'art. Dessins de F.-A. Cazals, Maurice Dumont,
   François Guiguet, H.-G. Ibels, Alfred Jungbluth, Victor Koos, Raymond Lotthé,
   Marc Mouclier, Gaston Prunier, Félix Vonlot.................... 1 »
Henri Duhem. — *Renaissance*, études sur l'art nouveau : peintres, sculpteurs,
   architectes, graveurs, etc.............................. 2 »
Charles Fuinel. — *Art et Critique*........................ 3 50
Un témoin impartial. — *Paul Verlaine et ses Contemporains*............. 1 »
Edmond Rocher. — *L'Œuvre d'ensemble de Madeleine Lépine*, avec portrait et
   autographe.. 1 »
Le Monument de Paul Verlaine, textes de Stéphane Mallarmé, Camille Lemonnier,
   Charles Morice, Jean Bourguignon, etc. (au profit du monument)........... 1 »

ROMANS

Émile Bruni. — *Mémoires d'un Mari*........................ 3 50
Valentin Grandjean. — *Autour d'un Péché*.................... 3 »
Vicomte de Colleville. — *Jobard*, 4e édition .... 3 »
Vicomte de Colleville et Fritz de Zepelin. — *L'Amour à Nice*............ 3 »
Henry Bauquier. — *Contes amers*........................ 2 »

SOCIOLOGIE

Fernand Clerget. — *Le Travail et l'Argent* (projet de contrat)............... 1 »
Vicomte de Colleville. — *La Marine marchande et la Surtaxe de pavillon*..... 1 »
Paul Gourmand. — *La France Nouvelle*..................... 2 »

BIBLIOTHEQUE DE L'ASSOCIATION

13, BOULEVARD MONTPARNASSE, PARIS

POÉSIE

Madeleine Lépine. — *La Bien-Aimée* (1894), premières poésies	3	»
— *Le Voile de Flamme* (1895), nouvelles poésies, avec portrait	3	»
— *Poèmes badins* (1898)	1	»
— *Ceux que j'aime* (1898)	1	»
— *L'Ombre étoilée* (1899)	3	»
— *Escarmouches* (1901)		»
Antonia Bossu. — *Au Fil de l'eau*	4	»
Aimée Fabrègue. — *Le Livre d'heures de l'Amant*, préface de F. Mistral	3	»
Michel Abadie. — *Le Pain qu'on pleure*, préface de F. Clerget	3	»
Michel Abadie et Martial Besson. — *Anthologie des Instituteurs-Poètes*, préface d'Edouard Petit	3	»
Fernand Clerget. — *Les Tourmentes*, avec portrait	3	»
Vicomte de Colleville. — *Ephémères*, avec portrait; préface de Paul Verlaine	3	»
Henry Bauquier. — *Croquis et Réflexions*	2	»
Désiré Luzet. — *Nuits sereines*, préface de Gustave Vallat	2	»
Charles le Breton. — *Les Banales chansons*	2	»

THÉATRE

Madeleine Lépine. — *Azraël* (1896), scène dramatique, préface de F. Clerget	2	»
— *Le Jour prédit* (1897), drame en quatre tableaux	2	»
— *Rosemonde* (1897), drame en trois actes	2	»
Olivier de Gourcuff. — *Jean Kerver*, drame en trois actes	1	50
Auguste Faure. — *Berthe de Provence*, drame en trois actes	2	50

ART ET CRITIQUE

F.-A. Cazals. — *Paul Verlaine, ses Portraits*, avec texte de Huysmans. Rops, Delahaye	3	»
Salle Guénégaud, petit album d'art. Dessins de F.-A. Cazals. Maurice Dumont, François Guiguet, H.-G. Ibels. Alfred Jungbluth, Victor Koos, Raymond Lotthé, Marc Mouclier. Gaston Prunier. Félix Voulot	1	»
Henri Duhem. — *Renaissance*, études sur l'art nouveau : peintres, sculpteurs. architectes. graveurs. etc	2	»
Charles Fuinel. — *Art et Critique*	3	50
Un témoin impartial. — *Paul Verlaine et ses Contemporains*	1	»
Edmond Rocher. — *L'Œuvre d'ensemble de Madeleine Lépine*, avec portrait et autographe	1	»
Le Monument de Paul Verlaine, textes de Stéphane Mallarmé, Camille Lemonnier, Charles Morice. Jean Bourguignon. etc. (au profit du monument)	1	»

ROMANS

Émile Bruni. — *Mémoires d'un Mari*	3	50
Valentin Grandjean. — *Autour d'un Péché*	3	»
Vicomte de Colleville. — *Jobard*. 4e édition	3	»
Vicomte de Colleville et Fritz de Zepelin. — *L'Amour à Nice*	3	»
Henry Bauquier. — *Contes amers*	2	»

SOCIOLOGIE

Fernand Clerget. — *Le Travail et l'Argent* (projet de contrat)	1	»
Vicomte de Colleville. — *La Marine marchande et la Surtaxe de pavillon*	1	»
Paul Gourmand. — *La France Nouvelle*	2	»

CATALOGUE DE JOURNAUX

DU

COURRIER DE LA PRESSE

21, boulevard Montmartre, 21

PARIS

Liste complète des Journaux français, Paris, Départements et Colonies

CHRONIQUEURS & CRITIQUES — RENSEIGNEMENTS TECHNIQUES, ETC.

Services des Théâtres et des Editeurs aux Journaux et Revues

JOURNAUX ÉTRANGERS

Environ 13,000 journaux, dont 3,800 à Paris, 4,500 pour les Départements et Colonies, et 4,800 étrangers

UN VOLUME IN-8º CARTONNÉ DE 400 PAGES

Aux bureaux du **Courrier de la Presse**, 21, boulevard Montmartre.

PRIX

Au Bureau. **3** francs. — FRANCO domicile à Paris, **3 fr. 25.** — Départements et Etranger, **3 fr. 50.** — Contre mandat-poste, recommandation France, **0 fr. 10** ; Etranger, **0 fr. 25.**

LE SAGITTAIRE

Revue mensuelle d'Art et de Littérature

France : 6 francs; Union postale : 8 francs

Les abonnements d'un an seront reçus, pour la France, au prix de 5 francs

ABONNEMENTS DE LUXE
sur papier de Japon : 30 fr.
pour tous pays

RÉDACTION & ADMINISTRATION

13, boulevard Montparnasse, 13

PARIS

BULLETIN D'ABONNEMENT

Adresser Mandats à l'Administrateur

On s'abonne sans frais dans tous les bureaux de poste, en France, et dans tous les pays de l'Union postale.

ABONNEMENTS DE LUXE
sur papier de Japon : 30 fr.
pour tous pays

Veuillez m'inscrire pour un abonnement de .... à partir du .... à la Revue LE SAGITTAIRE, pour lequel je vous adresse inclus la somme de

en { chèque.
   { mandat de poste.
   { bon de poste.

Nom :

Adresse :

(SIGNATURE)

.... , le .... 1901.

LE SAGITTAIRE

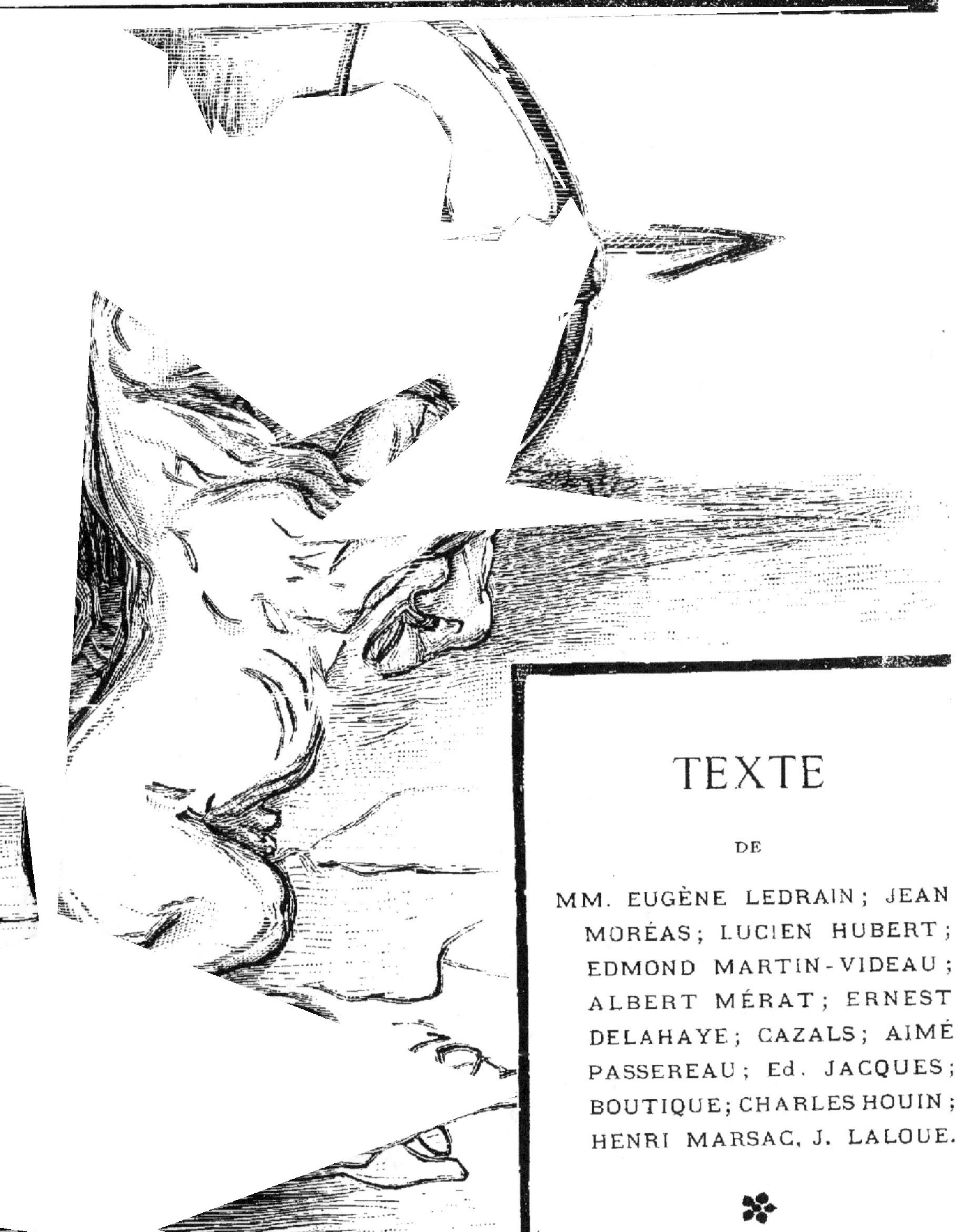

TEXTE

DE

MM. EUGÈNE LEDRAIN; JEAN MORÉAS; LUCIEN HUBERT; EDMOND MARTIN-VIDEAU; ALBERT MÉRAT; ERNEST DELAHAYE; CAZALS; AIMÉ PASSEREAU; Ed. JACQUES; BOUTIQUE; CHARLES HOUIN; HENRI MARSAC, J. LALOUE.

ABONNEMENTS | LE NUMÉRO : 0,40

Un an (France)... **6 fr.**
— (Etranger). **8 fr.**

Les annonces sont reçues aux bureaux de la Revue.

LE SAGITTAIRE

Revue mensuelle
d'Art et de Littérature

Administration et Rédaction
13, boulevard Montparnasse, 13, PARIS

Le *SAGITTAIRE* ne publie que de l'inédit. — Les manuscrits ne sont pas rendus. — Les auteurs sont seuls responsables de leurs écrits. — La copie devra être envoyée avant le 15 de chaque mois.

La Revue rendra compte de tout ouvrage dont deux exemplaires lui seront adressés. — Adresser toutes les communications au Directeur du *Sagittaire,* 13, boulevard Montparnasse, PARIS.

TRIBUNE DU COLLECTIONNEUR

(aux bureaux du *Sagittaire*)

On vendrait :

Dédicaces, de Paul Verlaine. Ed. originale (1890), exempl. numéroté, très rare......................... 25 francs.

Laurent Tailhade, iconographies par F.-A. Cazals, exempl. sur Watmann, rare......................... 6 francs.

Les Tourmentes, poésies de F. Clerget (1891), exempl. sur japon, rare......................... 15 francs.

Les Cornes du Faune, Ed. originale (1890), exempl. sur Japon, très rare......................... 25 francs.

La Tour d'Ivoire, poésies de E. Raynaud, unique exemplaire sur Hollande, avec portrait de l'auteur, par Jules Valadon .... 30 francs.

L'Epreuve, album de 120 épreuves originales, tirées par Maurice Dumont (1896)......................... 120 francs.

La Semaine des Enfants, dessin de H. G. Ibels.. 30 francs.

Exposition Grasset, affiche de E. Grasset....... 7 francs.

Banquet Desboutin, lithographie de G. de Feure. 5 francs.

La Plume, année 1894, un volume broché....... 15 francs.

Les abonnés du *Sagittaire* ont droit à une insertion à la tribune du *Collectionneur.*

LE SAGITTAIRE

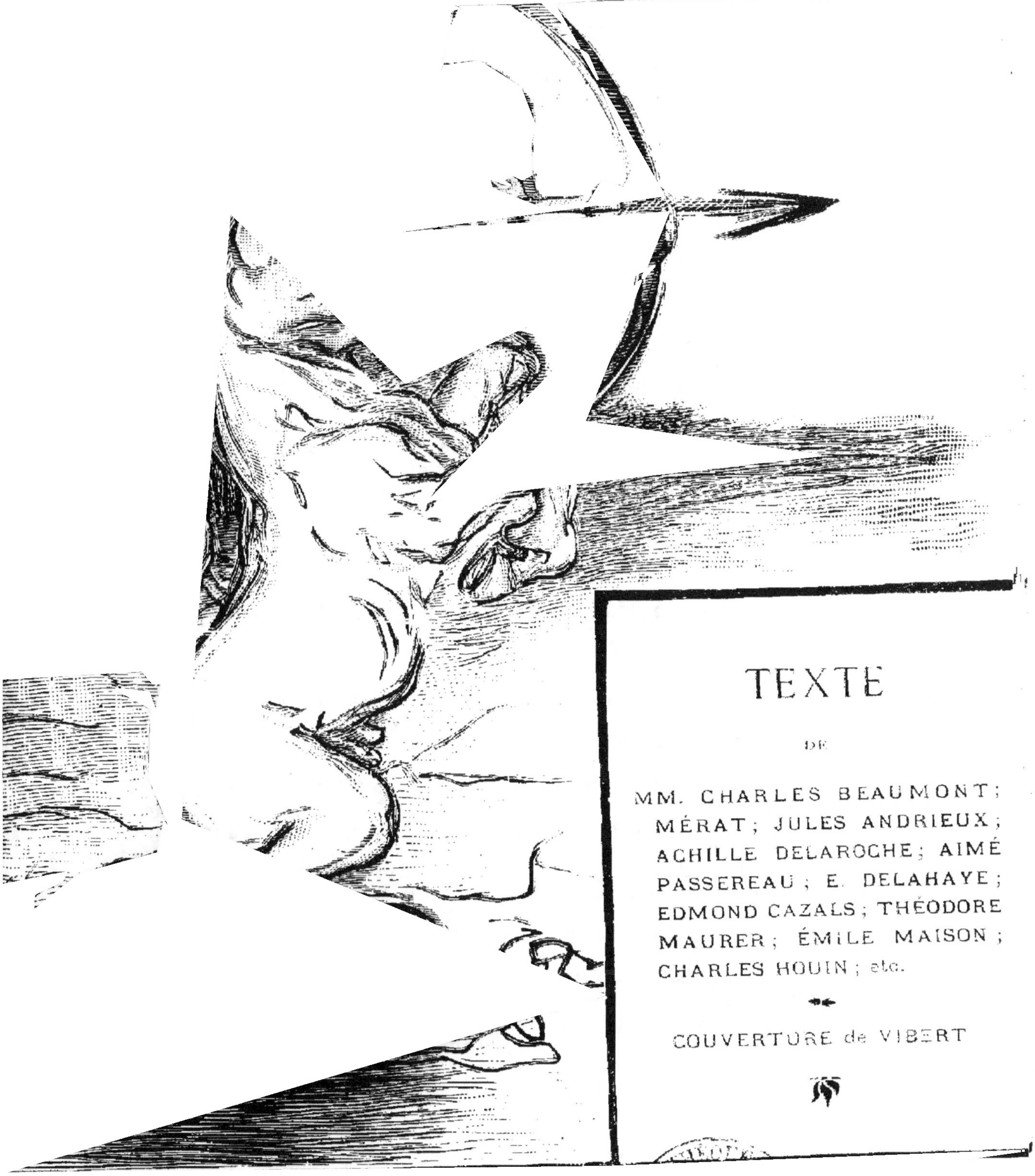

TEXTE

DE

MM. CHARLES BEAUMONT;
MÉRAT; JULES ANDRIEUX;
ACHILLE DELAROCHE; AIMÉ
PASSEREAU; E. DELAHAYE;
EDMOND CAZALS; THÉODORE
MAURER; ÉMILE MAISON;
CHARLES HOUIN; etc.

COUVERTURE de VIBERT

MARS 1896

<table>
<tr><td>ABONNEMENTS</td><td>LE NUMÉRO : 0,40</td></tr>
<tr><td>Un an (France)...   6 fr.
— (Etranger).   8 fr.</td><td>Les annonces sont re-
cues aux bureaux de la
Revue.</td></tr>
</table>

LE SAGITTAIRE

Revue mensuelle

d'Art et de Littérature

ADMINISTRATION ET RÉDACTION

13, boulevard Montparnasse, 13, PARIS

Le SAGITTAIRE ne publie que de l'inédit. — Les manuscrits ne sont pas rendus. — Les auteurs sont seuls responsables de leurs écrits. — La copie devra être envoyée avant le 15 de chaque mois.

La Revue rendra compte de tout ouvrage dont deux exemplaires lui seront adressés. — Adresser toutes les communications au Directeur du *Sagittaire*, 13, boulevard Montparnasse, PARIS.

TRIBUNE DU COLLECTIONNEUR

(aux bureaux du *Sagittaire*)

On vendrait :

Dédicaces, de Paul Verlaine. Ed. originale (1890), exempl. numéroté, très rare...................... 25 francs.

Laurent Tailhade, iconographies par F.-A. Cazals, exempl. sur Watmann, rare...................... 6 francs.

Les Tourmentes, poésies de F. Clerget (1891), exempl. sur japon, rare...................... 15 francs.

Les Cornes du Faune, Ed. originale (1890), exempl. sur Japon, très rare...................... 25 francs.

La Tour d'Ivoire, poésies de E. Raynaud, unique exemplaire sur Hollande, avec portrait de l'auteur, par Jules Valadon .... 30 francs.

L'Epreuve, album de 120 épreuves originales, tirées par Maurice Dumont (1896)...................... 120 francs.

La Semaine des Enfants, dessin de H. G. Ibels.. 30 francs.

Exposition Grasset, affiche de E. Grasset....... 7 francs.

Banquet Desboutin, lithographie de G. de Feure. 5 francs.

La Plume, année 1894, un volume broché....... 15 francs.

Les abonnés du *Sagittaire* ont droit à une insertion à la tribune du *Collectionneur.*

LE SAGITTAIRE

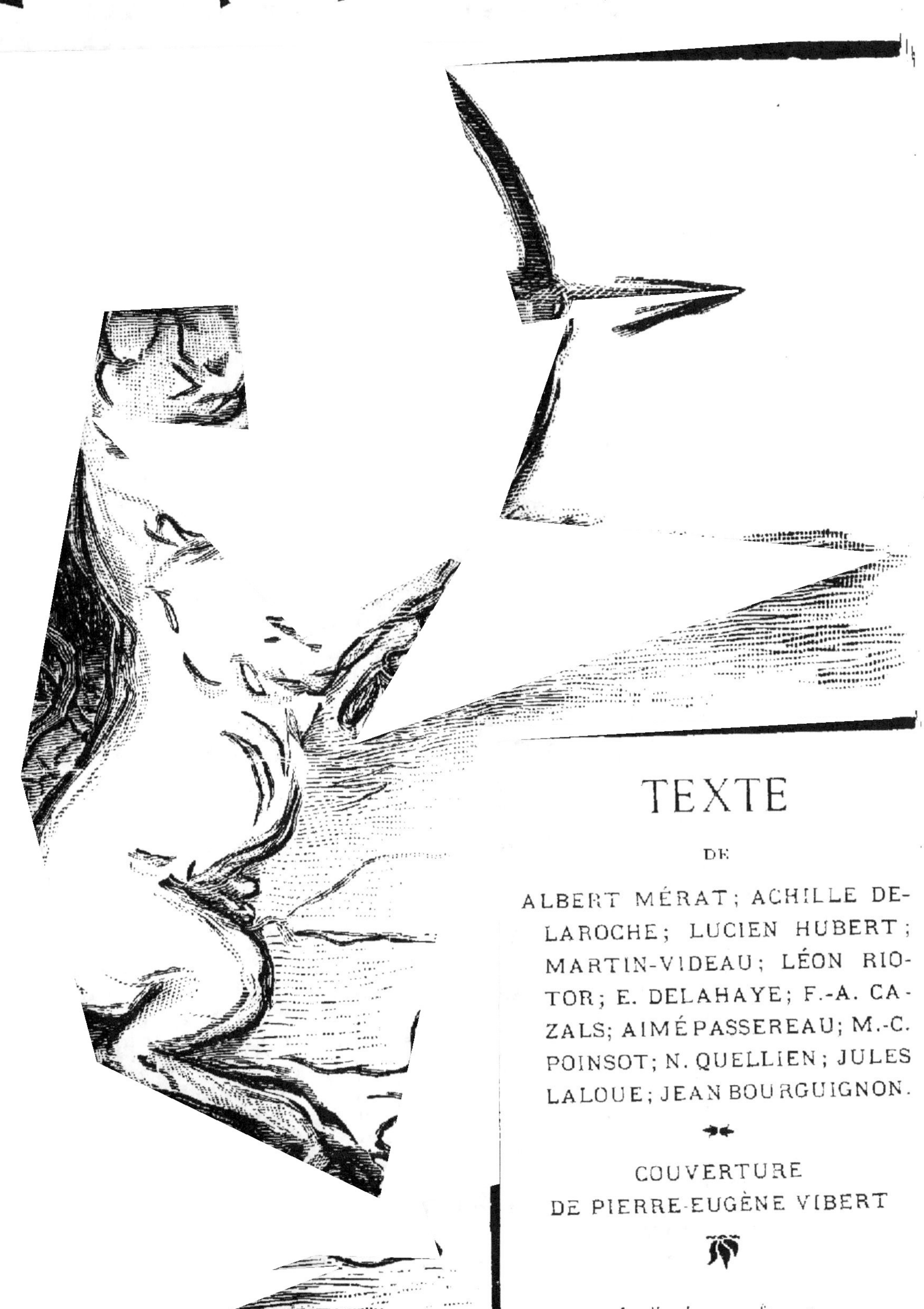

TEXTE

DE

ALBERT MÉRAT; ACHILLE DE-
LAROCHE; LUCIEN HUBERT;
MARTIN-VIDEAU; LÉON RIO-
TOR; E. DELAHAYE; F.-A. CA-
ZALS; AIMÉ PASSEREAU; M.-C.
POINSOT; N. QUELLIEN; JULES
LALOUE; JEAN BOURGUIGNON.

➤➤

COUVERTURE
DE PIERRE-EUGÈNE VIBERT

Le Numéro : 0 fr. 40.

ABONNEMENTS | **LE NUMÉRO : 0,40**

Un an (France)... **6 fr.**
— (Etranger). **8 fr.**

Les annonces sont re-
çues aux bureaux de la
Revue.

LE SAGITTAIRE

Revue mensuelle
d'Art et de Littérature

ADMINISTRATION ET RÉDACTION
13, boulevard Montparnasse, 13, PARIS

Le SAGITTAIRE ne publie que de l'inédit. — Les manuscrits ne sont pas rendus. — Les auteurs sont seuls responsables de leurs écrits. — La copie devra être envoyée avant le 15 de chaque mois.

La Revue rendra compte de tout ouvrage dont deux exemplaires lui seront adressés. — Adresser toutes les communications au Directeur du *Sagittaire,* 13, boulevard Montparnasse, PARIS.

TRIBUNE DU COLLECTIONNEUR

(aux bureaux du *Sagittaire*)

On vendrait :

Dédicaces, de Paul Verlaine. Ed. originale (1890), exempl. numéroté, très rare........................... 25 francs.
Laurent Tailhade, iconographies par F.-A. Cazals, exempl. sur Watmann, rare.......................... 6 francs.
Les Tourmentes, poésies de F. Clerget (1891), exempl. sur japon, rare............................... 15 francs.
Les Cornes du Faune, Ed. originale (1890), exempl. sur Japon, très rare.......................... 25 francs.
La Tour d'Ivoire, poésies de E. Raynaud, unique exemplaire sur Hollande, avec portrait de l'auteur, par Jules Valadon .... 30 francs.
L'Epreuve, album de 120 épreuves originales, tirées par Maurice Dumont (1896)............................. 120 francs.
La Semaine des Enfants, dessin de H. G. Ibels.. 30 francs.
Exposition Grasset, affiche de E. Grasset....... 7 francs.
Banquet Desboutin, lithographie de G. de Feure. 5 francs.
La Plume, année 1894, un volume broché....... 15 francs.

Les abonnés du *Sagittaire* ont droit à une insertion à la tribune du *Collectionneur.*

LE SAGITTAIRE

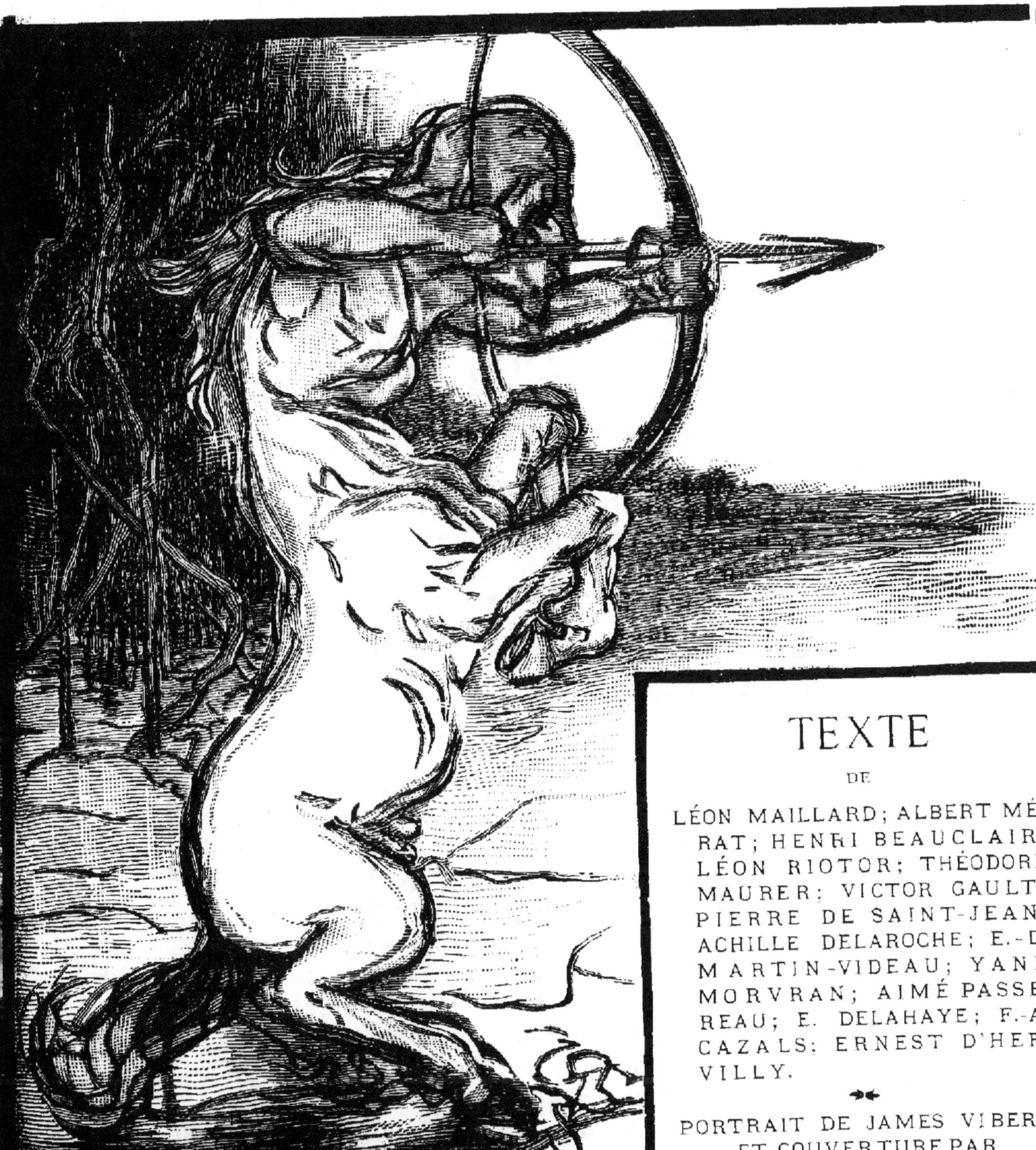

TEXTE

DE

LÉON MAILLARD; ALBERT MÉ-
RAT; HENRI BEAUCLAIR;
LÉON RIOTOR; THÉODORE
MAURER; VICTOR GAULT;
PIERRE DE SAINT-JEAN;
ACHILLE DELAROCHE; E.-D.
MARTIN-VIDEAU; YANN
MORVRAN; AIMÉ PASSE-
REAU; E. DELAHAYE; F.-A.
CAZALS; ERNEST D'HER-
VILLY.

PORTRAIT DE JAMES VIBERT
ET COUVERTURE PAR
PIERRE-EUGÈNE VIBERT

Le Numéro : 0 fr. 40.

ABONNEMENTS

Un an (France)... 6 fr.
— (Etranger). 8 fr.

LE NUMÉRO : 0,40

Les annonces sont reçues aux bureaux de la Revue.

LE SAGITTAIRE

Revue mensuelle

d'Art et de Littérature

Administration et Rédaction
13, boulevard Montparnasse, 13, PARIS

Le SAGITTAIRE ne publie que de l'inédit. — Les manuscrits ne sont pas rendus. — Les auteurs sont seuls responsables de leurs écrits. — La copie devra être envoyée avant le 15 de chaque mois.

La Revue rendra compte de tout ouvrage dont deux exemplaires lui seront adressés. — Adresser toutes les communications au Directeur du *Sagittaire*, 13, boulevard Montparnasse, PARIS.

AVIS

Nous prions instamment ceux de nos abonnés qui ne voudraient pas subir de retard dans la réception des prochains numéros de la Revue, de vouloir bien nous faire parvenir le plus tôt possible le montant de leur réabonnement par un bon de poste adressé à M. Charles Houin, administrateur de la Revue, aux bureaux du *Sagittaire*.

Prière également à ceux de nos abonnés qui n'auraient pas reçu jusqu'ici leurs numéros régulièrement de bien vouloir nous en aviser, afin que nous puissions réclamer auprès de la Poste, seule coupable.

BULLETIN MENSUEL

Au moment où la Chambre des députés se dispose à discuter diverses propositions tendant à la protection des sites pittoresques, des beautés naturelles de notre sol, il sied de rappeler que c'est notre collaborateur et ami Lucien Hubert, député des Ardennes, qui, le premier à la Chambre, intervint dans ce sens. C'est lui qui l'année dernière, au cours de la discussion du budget des Beaux-Arts, demanda pourquoi les crédits destinés à sauvegarder les bâtiments élevés par nos pères ne s'étendraient pas à la protection des paysages. Il pleurait par avance la disparition d'un groupe de rochers de la vallée de la Meuse, connus sous le nom des *Roches des Quatre Fils Aymon.*

Cette plainte ne resta pas sans écho. Des poètes, MM. Haraucourt, Le Goffic, Jean Lahor s'associèrent à quelques députés pour former un Comité de protection. Leur campagne est sur le point d'aboutir, grâce surtout aux efforts de notre ami. Que les touristes lui en sachent gré !

Le tir à l'arc n'est point seulement resté en faveur chez les Suisses et il n'y a point en France que notre ami James Vibert, qui s'exerce encore à ce genre de sport. Les sociétés *d'archerie* voient chez nous leur prospérité s'accroître de jour en jour. On compte actuellement plus de 30.000 tireurs. Dans les départements de l'Aisne, du Nord, de l'Oise, du Pas-de-Calais, de Seine-et-Marne, de Seine-et-Oise, de la Somme, les compagnies d'archers sont fort populaires ; dans celui de la Seine, on compte 33 sociétés, dont 5 à Paris. La compagnie d'Ulysse, rue des Rigoles, est fondée depuis l'année 1733.

À ce propos, nous lisons dans le *Français* du 24 mai dernier : « Ce qui distingue les sociétés d'archers des autres associations sportives, c'est qu'elles ont gardé un caractère archaïque tout à fait amusant, qu'elles forment une sorte de franc-maçonnerie avec des rites et des statuts secrets que les adhérents ne dévoileraient pas aux profanes pour tout l'or du monde, enfin qu'outre leurs vieilles coutumes, les archers se piquent d'avoir conservé les plus saines traditions de chevaleresque courtoisie. Ils se traitent entre eux de « chevaliers » et n'appellent pas leur sport autrement que « le noble jeu de l'arc. »

C'est pourquoi le *Sagittaire* doit une mention spéciale au comte Albert de Bertier qui avec M. Cordier, capitaine de la Compagnie de Fontainebleau, et M. Guglielmini, a beaucoup contribué à la renaissance de l'archerie française.

Il faudrait favoriser la renaissance du « noble jeu de l'arc », ne serait-ce que pour cette chevaleresque politesse dont les archers se font un point d'honneur, et qui nous change un peu des pédards, chauffards et autres brutes, ornements trop fréquents de nos sports les plus modernes.

VIENT DE PARAITRE

LES STANCES, de Jean Moréas (à la *Plume*).
TRIOLETS DES PARISIENNES, poésies d'Albert
Mérat (Librairie Lemerre).

OUVRAGES RECOMMANDÉS

Jean Moréas. — *Les Syrtes.* — *Les Cantilènes.* — *Le Pèlerin passionné.* — *Autant en emporte le vent.* — *Eriphyle.*

Ernest Raynaud. — *Le Signe.* — *Chairs Profanes.* — *Les Cornes du Faune.* — *Le Bocage.* — *La Tour d'Ivoire.*

Maurice du Plessys. — *Premier Livre pastoral.* — *Etudes Lyriques.*

Raymond de la Tailhède. — *De la Métamorphose des Fontaines.*

Lionel des Rieux. — *Le chœur des Muses.*

Charles Maurras. — *Le Chemin de Paradis.*

A. M. Desrousseaux. — Traduction de *Humain trop humain* (Frédéric Nietzsche).

Hugues Rebell. — *La Clef de Saint-Pierre.* — *La Calineuse.*

Albert Mérat. — *Œuvres complètes,* 1er volume (chez Lemerre).

Laurent Tailhade. — *Au Pays du Mufle.* — *A travers les grouins.*

Paul Adam. — *La Force.* — *Basile et Sophia.*

Léon Riotor. — *Le Sage Empereur.* — *Agnès.*

Jean Lorrain. — *Histoires de Masques.*

Ernest Chebroux. — *Chansons et Toasts* (préface d'Armand Sylvestre).

Charles Beaumont. — *Le cahier de Marcel.*

Paul Acker. — *Petites Ames.*

Jules Laloue. — *Le Clavecin.*

A PARAITRE

Ernest Raynaud. — *Les Mimes* (vers). — *L'Ame contemporaine* (critique).

F.-A. Cazals. — *Le Jardin des Ronces.* — Chansons illustrées avec préface de Rachilde.

Jean Bourguignon. — *Monsieur Paterne* (roman).

Ernest Delahaye. — *Traité de Graphologie.*

Louis Pierquin et Jean Bourguignon. — *Pache, ministre de la guerre en 1792, et maire de Paris sous la Terreur.*

Emile Maison. — *Variations sur l'Automobilisme.*

Fernand Baldenne. — *En marge de la vie* (poésies).

Charleville. — Imp. du *Petit Ardennais.*

BULLETIN MENSUEL

Léon Riotor a clos la série de ses réceptions d'hiver par une délicieuse soirée dans son aristocratique hôtel du quartier de la Cité, tout parfumé encore d'une odeur du vieux temps. Tandis que la neige tourbillonnait sur les quais déserts, les fenêtres illuminées projetaient l'ombre des couples enlacés. C'est en vain que le clocher de Saint-Louis-en-l'Isle laissait tomber les heures dans la cour, personne n'y prenait garde, tant les belles rimes, les belles danses, les doux sons tenaient les invités sous le charme.

Remarqué dans l'assistance, se partageant avec la maîtresse de la maison le sceptre de l'élégance, Mme Ernest Raynaud, Mme veuve Léon Deschamps, Mme Charles Vandet dont le mari fut un conseiller municipal modèle, d'autres encore. Du côté du sexe laid, on distinguait M. Ribo-Roy, le curieux ornemaniste de style moderne dont les meubles, les plats et les potiches de bois font les délices des clients de Bing ; le peintre Frédéric Front dont on a, au dernier Salon, admiré les portraits du statuaire Rodin et qui prépare, pour le prochain, une *rue de Belleville en perspective*, grouillante de vie et de multitude et quelques hommes politiques soucieux de garder l'incognito.

Mme Cazals a modulé avec un charme bien naïf quelques chansons morvandiottes ; F.-A. Cazals a enlevé avec un brio tout espagnol quelques enfiévrées séguedilles ; Ernest Raynaud pérorait dans la foule des jeunes poètes, tandis que de jolies épaules endiamantées miroitaient aux lumières. Au moment où nous quittons la fête dans tout son éclat (minuit), nous croisons M. Charles Dupuy qui rentre chez lui, en voisin et... ne nous reconnaît pas.

Aujourd'hui, Riotor goûte l'air salubre des champs dans son domaine de Jouy-en-Josas, près de Saint-Chéron. La solitude s'est installée dans l'hôtel du quai de Béthune, et les tableaux, les bibelots, les objets d'art, toutes ces collections précieuses dont aime à s'entourer notre ami, vont dormir pendant de longs mois, sous les persiennes closes jusqu'à la saison prochaine des dîners et des bals.

*

Notre ami Marc Legrand fonde un nouveau périodique, la *Revue du Bien* dans la Vie et dans l'Art, revue mensuelle illustrée (bureaux : 34, rue Gay-Lussac).

La *Revue du Bien* dans la Vie et dans l'Art se propose de combattre dans l'esprit de la jeunesse et des gens lettrés, les effets ou l'obsession de la publicité faite chaque jour plus grande par la presse et par certains spectacles, aux actions vilaines ou criminelles ou aux bas instincts.

Ainsi la *Revue du Bien* sera, au gré de l'actualité, l'organe vivant des actes et des pensées que les philosophes résument dans les termes d'altruisme et d'idéalisme. Elle s'inspirera des généreux sentiments qui font que les puissants s'abaissent vers les humbles et que les petits, à leur tour, s'élèvent vers les grands, à savoir : la fraternité dans l'infortune, qui unit les hommes dans la Vie, et l'accord dans l'admiration, qui unit les hommes dans l'Art. Sa formule sera :

« LE BIEN PAR L'ACTION ET PAR LA BEAUTÉ »

Le prix de l'abonnement est de 5 francs par an. Bonne chance à la nouvelle venue.

VIENT DE PARAITRE

LES STANCES, de Jean Moréas (à la *Plume*).
TRIOLETS DES PARISIENNES, poésies d'Albert
Mérat (Librairie Lemerre).

OUVRAGES RECOMMANDÉS

Jean Moréas. — Les *Syrtes.* — Les *Cantilènes.* — Le *Pélerin
passionné.* — Autant en emporte le vent. — Ériphyle.
Ernest Raynaud. — Le *Signe.* — Chairs Profanes. — Les
Cornes du Faune. — Le Bocage. — La Tour d'Ivoire.
Maurice du Plessys. — Premier Livre pastoral. — Etudes
Lyriques.
Raymond de la Tailhède. — De la Métamorphose des Fon-
taines.
Lionel des Rieux. — Le chœur des Muses.
Charles Maurras. — Le Chemin de Paradis.
A. M. Desrousseaux. — Traduction de Humain trop humain
(Frédéric Nietzsche).
Hugues Rebell. — La Clef de Saint-Pierre. — La Câlineuse.
Albert Mérat. — Œuvres complètes. 1er volume (chez Lemerre).
Laurent Tailhade. — Au Pays du Mufle. — A travers les
groins.
Paul Adam. — La Force. — Basile et Sophia.
Léon Riotor. — Le Sage Empereur. — Agnès.
Jean Lorrain. — Histoires de Masques.
Ernest Chebroux. — Chansons et Toasts (préface d'Armand
Sylvestre).
Charles Beaumont. — Le cahier de Marcel.
Paul Acker. — Petites Ames.
Jules Laloue. — Le Clavecin.

A PARAITRE

Ernest Raynaud. — Les Mimes (vers). — L'Ame contempo-
raine (critique).
F.-A. Cazals. — Le Jardin des Ronces. — Chansons illustrées
avec préface de Rachilde.
Jean Bourguignon. — Monsieur Paterne (roman).
Ernest Delahaye. — Traité de Graphologie.
Louis Pierquin et Jean Bourguignon. — Pache, ministre
de la guerre en 1792, et maire de Paris sous la Terreur.
Emile Maison. — Variations sur l'Automobilisme.
Fernand Baldenne. — En marge de la vie (poésies).

Charleville. — Imp. du *Petit Ardennais*.

BULLETIN MENSUEL

En attendant que nous puissions parler comme il convient
de l'œuvre de M. Edmond Thiaudière, nous ne voulons pas
être plus longtemps à signaler la *Fierté du Renoncement*
(Fischbacher, éditeur, 33, rue de Seine).

Ces « Notes d'un pessimiste » font suite à la *Proie du
Néant* et à trois autres volumes qui méritent d'être comptés
parmi les meilleures productions littéraires et philosophiques
de notre temps.

Mais parions que l'Académie des sciences morales et politiques ignore l'œuvre d'Edmond Thiaudière ?...

La ville de Montélimar a commandé le portrait de son
éminent concitoyen, M. Emile Loubet, à un des maîtres du
genre, M. Layraud, enfant de la Drôme et ancien prix de
Rome, dont l'admirable portrait de Franz Liszt, adossé à
un piano, a été popularisé par la gravure et la lithographie.

Ce portrait du président de la République figurera au
prochain Salon, en même temps qu'un autre du même par
Bonnat; celui-ci d'un caractère intime, tel du reste que nous
l'avait déjà donné Layraud dans un premier portrait de
M. Loubet, qu'on a revu et admiré à l'exposition décennale
du Grand Palais.

Depuis le jour récent où l'œuvre de Balzac est tombée
dans le domaine public, que *d'éditions complètes* nous ont
été données ou promises? Léon Maillard écrivit, à cette occasion, une page d'amusante et légitime indignation d'artiste
avisé, de bibliophile au goût sûr, de balzacien passionné. Je
ne doute point qu'il partage l'opinion que je tiens à exprimer ici sur les « œuvres de Balzac », de l'éditeur Ernest
Flammarion, actuellement en cours de publication. Cette
édition, à 0 fr. 30 le volume, est quasi-parfaite : une hélio-
gravure au dessin élégant en rehausse la couverture; le
papier est suffisant et les caractères sont neufs. Peut-être
pourrait-on demander quelques illustrations dans le texte.
N'oublions pas toutefois, encore que nul avis d'éditeur ne
nous en ait informé, que c'est une édition *populaire* que
nous avons sous les yeux; et à ce titre, comme à tous
autres, c'est la meilleure. Et *la meilleure est celle que j'aime*,
comme dirait Ernest Raynaud.

Un groupe vient de se former pour défendre la liberté
d'opinion et venir en aide aux familles des détenus pour
délits de pensée. Le programme a paru dans le n° 38 des
Temps Nouveaux, 140, rue Mouffetard. Adresser les adhé-
sions et souscriptions à M. Charles Albert, aux bureaux du
journal.

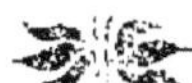

VIENT DE PARAITRE

LES STANCES, de Jean Moréas (à la *Plume*).
TRIOLETS DES PARISIENNES, poésies d'Albert Mérat (Librairie Lemerre).

OUVRAGES RECOMMANDÉS

Jean Moréas. — *Les Syrtes.* — *Les Cantilènes.* — *Le Pèlerin passionné.* — *Autant en emporte le vent.* — *Ériphyle.*

Ernest Raynaud. — *Le Signe.* — *Chairs Profanes.* — *Les Cornes du Faune.* — *Le Bocage.* — *La Tour d'Ivoire.*

Maurice du Plessys. — *Premier Livre pastoral.* — *Études Lyriques.*

Raymond de la Tailhède. — *De la Métamorphose des Fontaines.*

Lionel des Rieux. — *Le chœur des Muses.*

Charles Maurras. — *Le Chemin de Paradis.*

A. M. Desrousseaux. — Traduction de *Humain trop humain* (Frédéric Nietzsche).

Hugues Rebell. — *Le Chef de Saint-Pierre.* — *La Câlineuse.*

Albert Mérat. — *Œuvres complètes.* 1er volume (chez Lemerre).

Laurent Tailhade. — *Au Pays du Mufle.* — *A travers les groins.*

Paul Adam. — *La Force.* — *Basile et Sophia.*

Léon Riotor. — *Le Sage Empereur.* — *Agnès.*

Jean Lorrain. — *Histoires de Masques.*

Ernest Chebroux. — *Chansons et Toasts* (préface d'Armand Sylvestre).

Charles Beaumont. — *Le cahier de Marcel.*

Paul Acker. — *Petites Ames.*

Jules Laloue. — *Le Clavecin.*

A PARAITRE

Ernest Raynaud. — *Les Mimes* (vers). — *L'Ame contemporaine* (critique).

F.-A. Cazals. — *Le Jardin des Ronces.* — *Chansons illustrées* avec préface de Rachilde.

Jean Bourguignon. — *Monsieur Paterne* (roman).

Ernest Delahaye. — *Traité de Graphologie.*

Louis Pierquin et Jean Bourguignon. — *Pache, ministre de la guerre en 1792, et maire de Paris sous la Terreur.*

Emile Maison. — *Variations sur l'Automobilisme.*

Fernand Baldenne. — *En marge de la vie* (poésies).

Charleville. — Imp. du *Petit Ardennais*.

BULLETIN MENSUEL

Laurent Tailhade a épousé, le 17 janvier dernier, Mlle Eugénie Pochon de Colnet. La rédaction du *Sagittaire* est heureuse de lui adresser à ce sujet ses félicitations sincères, et forme, pour les nouveaux époux, des vœux de bonheur.

*
* *

M. Leygues vient de réparer un oubli scandaleux en fleurissant la boutonnière de notre excellent ami Jean Court. Alors que tant d'illettrés se prévalent des palmes académiques, il était plus qu'étrange que le poète ému, le fin psychologue qui s'est révélé dans *l'Eléphant*, fût exclu jusqu'ici des promotions violettes. Le shah de Perse, mieux informé que M. Leygues de notre littérature, avait tenu, lors de son dernier voyage en France, à accorder à Jean Court un témoignage de sa profonde estime en lui octroyant l'ordre du Lion. Il est regrettable que nos ministres aient besoin de se laisser dicter leur devoir.

*
* *

Les amis du peintre Jules Valadon s'étant réunis, dans le but d'élever un modeste monument à la mémoire du grand artiste, ont décidé de faire appel, par voie de souscription, à ceux qui l'ont connu et qui voudront collaborer à cette œuvre de pieuse affection.

On peut adresser les souscriptions à M. Henri Boutet, 68, rue d'Assas.

*
* *

Dans le *Mercure de France*, M. Pierre Quillard se décide enfin à proclamer le génie de Jean Moréas. Cette évolution est tout à l'honneur de M. Quillard et l'en félicitons sincèrement. — La *Plume* continue la publication de ses fascicules consacrés au grand artiste Armand Point, en même temps qu'elle nous donne une page de prose sensible et aigüe d-Moréas. — Les *Partisans* s'enrichissent d'intéressantes illustrations dues au crayon de Jean Tild. — L'*Arc-en-Ciel* nous apporte à chaque numéro, une tranche savoureuse de l'étude d'Ernest Delahaye sur Arthur Rimbaud et des vers émus d'Erasme Auger. — A lire, dans la *Vogue : Essai sur l'Assassinat*, de Thomas de Quincey, et les *Limites de la Décentralisation*, de Poinsot et de Normandy. — Dans l'*Ermitage*, des vers de Griffin et de Francis Jammes.

Le *Beffroi* donne, avec des vers de Léon Bocquet, Peters Hamer, Edouard Ducoté, etc..., une étude de Henri Duhem sur Rodin et la reproduction d'un tableau de Watteau actuellement au musée de Valenciennes : *Le menuet sous un chêne*. — Dans *Gallia*, M. Albert Fleury a le courage de constater la déchéance de la Comédie-Française, tombée au-dessous d'une scène de province, par suite de querelles intestines et de la mollesse de son administrateur.

VIENT DE PARAITRE

LES STANCES, de Jean Moréas (à la *Plume*).
TRIOLETS DES PARISIENNES, poésies d'Albert
Mérat (Librairie Lemerre).

OUVRAGES RECOMMANDÉS

Jean Moréas. — *Les Syrtes.* — *Les Cantilènes.* — *Le Pèlerin passionné.* — *Autant en emporte le vent.* — *Ériphyle.*
Ernest Raynaud. — *Le Signe.* — *Chairs Profanes.* — *Les Cornes du Faune.* — *Le Bocage.* — *La Tour d'Ivoire.*
Maurice du Plessys. — *Premier Livre pastoral.* — *Etudes Lyriques.*
Raymond de la Tailhède. — *De la Métamorphose des Fontaines.*
Lionel des Rieux. — *Le chœur des Muses.*
Charles Maurras. — *Le Chemin de Paradis.*
A. M. Desrousseaux. — Traduction de *Humain trop humain* (Frédéric Nietzsche).
Hugues Rebell. — *La Clef de Saint-Pierre.* — *La Câlineuse.*
Albert Mérat. — *Œuvres complètes,* 1er volume (chez Lemerre).
Laurent Tailhade. — *Au Pays du Mufle.* — *A travers les groins.*
Paul Adam. — *La Force.* — *Basile et Sophia.*
Léon Riotor. — *Le Sage Empereur.* — *Agnès.*
Jean Lorrain. — *Histoires de Masques.*
Ernest Chebroux. — *Chansons et Toasts* (préface d'Armand Sylvestre).
Charles Beaumont. — *Le cahier de Marcel.*
Paul Acker. — *Petites Ames.*
Jules Laloue. — *Le Clavecin.*

A PARAITRE

Ernest Raynaud. — *Les Mimes* (vers). — *L'Ame contemporaine* (critique).
F.-A. Cazals. — *Le Jardin des Ronces.* — Chansons illustrées avec préface de Rachilde.
Jean Bourguignon. — *Monsieur Paterne* (roman).
Ernest Delahaye. — *Traité de Graphologie.*
Louis Pierquin et Jean Bourguignon. — *Pache, ministre de la guerre en 1792, et maire de Paris sous la Terreur.*
Emile Maison. — *Variations sur l'Automobilisme.*
Fernand Baldenne. — *En marge de la vie* (poésies).

Charleville. — Imp. du *Petit Ardennais.*

LE SAGITTAIRE

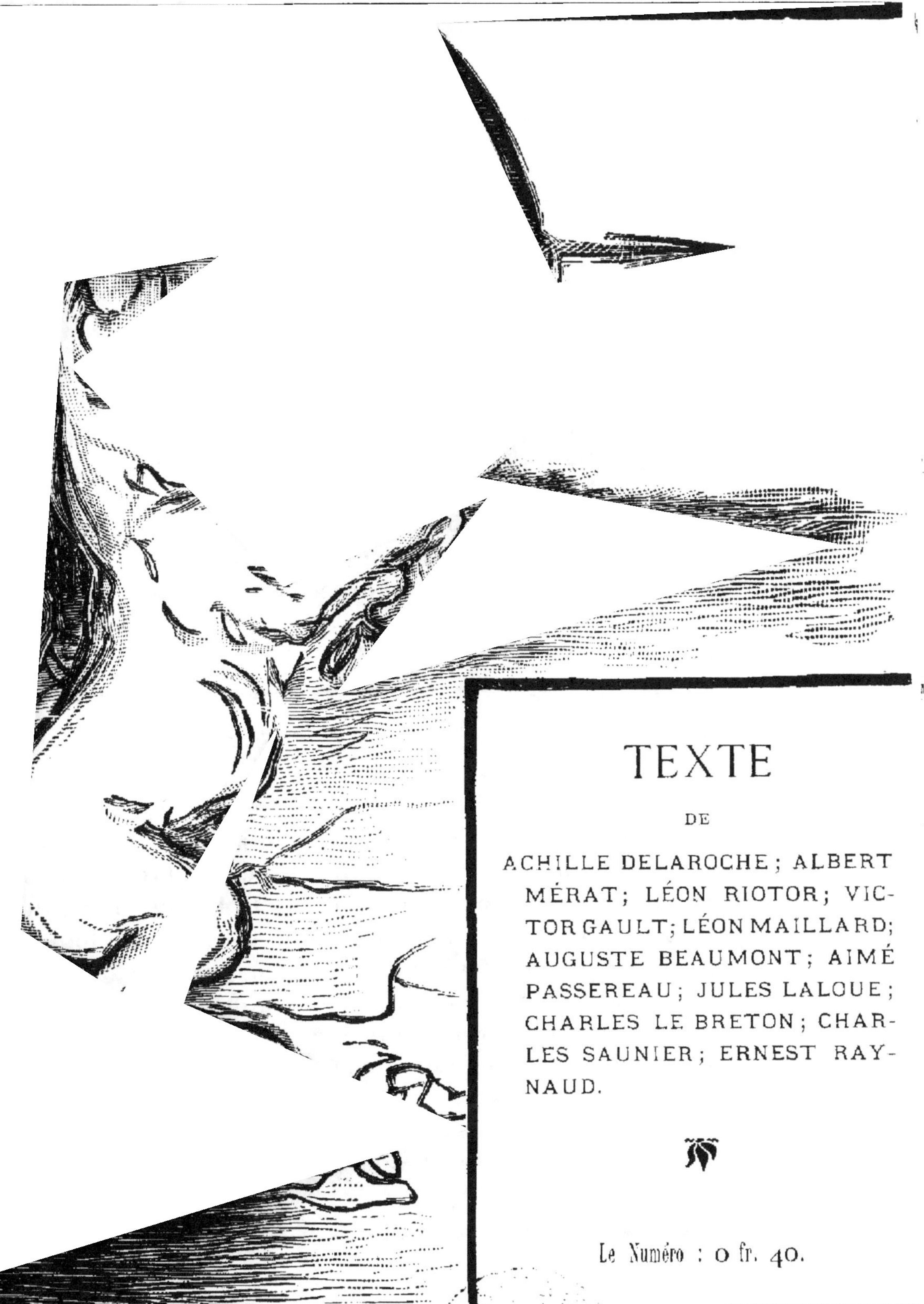

TEXTE

DE

ACHILLE DELAROCHE ; ALBERT MÉRAT ; LÉON RIOTOR ; VICTOR GAULT ; LÉON MAILLARD ; AUGUSTE BEAUMONT ; AIMÉ PASSEREAU ; JULES LALOUE ; CHARLES LE BRETON ; CHARLES SAUNIER ; ERNEST RAYNAUD.

Le Numéro : 0 fr. 40.

ABONNEMENTS

Un an (France)... **6 fr.**
— (Etranger). **8 fr.**

LE NUMÉRO : 0,40

Les annonces sont re-
çues aux bureaux de la
Revue.

LE SAGITTAIRE

Revue mensuelle

d'Art et de Littérature

ADMINISTRATION ET RÉDACTION
13, boulevard Montparnasse, 13, PARIS

Le SAGITTAIRE ne publie que de l'inédit. — Les manuscrits ne sont pas rendus. — Les auteurs sont seuls responsables de leurs écrits. — La copie devra être envoyée avant le 15 de chaque mois.

La Revue rendra compte de tout ouvrage dont deux exemplaires lui seront adressés. — Adresser toutes les communications au Directeur du *Sagittaire*, 13, boulevard Montparnasse, PARIS.

AVIS

Nous prions instamment ceux de nos abonnés qui ne voudraient pas subir de retard dans la réception des prochains numéros de la Revue, de vouloir bien nous faire parvenir le plus tôt possible le montant de leur réabonnement par un bon de poste adressé à **M. Charles Houin**, administrateur de la Revue, aux bureaux du *Sagittaire*.

Prière également à ceux de nos abonnés qui n'auraient pas reçu jusqu'ici leurs numéros régulièrement de bien vouloir nous en aviser, afin que nous puissions réclamer auprès de la Poste, seule coupable.

Le Sagittaire

REVUE MENSUELLE D'ART ET DE LITTÉRATURE

13, boulevard Montparnasse, PARIS

L'Inauguration du Monument Arthur Rimbaud

A CHARLEVILLE

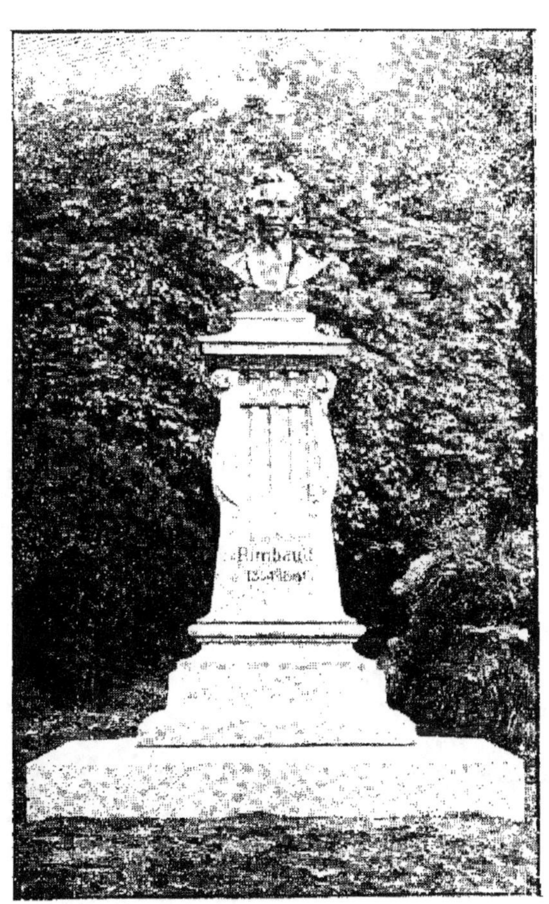

Discours de MM. Gustave Kahn.
Alfred Bardey.
— Jean Bourguignon.
Poèmes de Francis Jammes.
— Ernest Raynaud.
Compte rendu : Trilby.

Charles Saunier. — *Un portrait d'Arthur Rimbaud.*
Albert Mérat. — *A la mémoire des bons Poètes.*
Phün. — *Silhouettes Parisiennes : Mlle N. Grimbert.*
Aimé Passereau. — *Ballade des portraits de Verlaine.*
La Sagette. — *Échos.*

COIN DE TABLE
Reproduction du tableau de Fantin-Latour.

MONUMENT ARTHUR RIMBAUD

DEUXIÈME ANNÉE, N° 14 — AOUT 1901

ABONNEMENTS	LE NUMÉRO : 0,40
Un an (France)... **6 fr.** — (Etranger). **8 fr.**	Les annonces sont reçues aux bureaux de la Revue.

LE SAGITTAIRE

Revue mensuelle
d'Art et de Littérature

Secrétaire de la Rédaction : Théodore MAURER

13, boulevard Montparnasse, 13, PARIS

SOUS PRESSE
A " LA PLUME "
31, rue Bonaparte. — PARIS-VIe

LE JARDIN DES RONCES
Par F.-A. CAZALS

Préface de RACHILDE — Poème dédicace d'ALBERT MÉRAT — Privilège d'UBU ROY — Nombreuses illustrations de l'auteur et Notations d'airs nouveaux.

DÉSIGNATION DU TIRAGE

I. — De 1 à 7, volumes de grand luxe, sur japon impérial, contenant la mention :
Volume imprimé spécialement pour M...
la signature autographe de l'auteur et son portrait hors texte par H.-G. Ibels.
Le volume.................... **20 francs**

II. — De 8 à 20, sur hollande, avec la signature de l'auteur et le même portrait que ci-dessus.
Le volume.................... **10 francs**

III. — De 21 à 100, sur vélin, volumes numérotés et signés.
Le volume.................... **5 francs**

IV. — Et 450 exemplaires non numérotés à **3 fr. 50**

Cette édition ne sera pas réimprimée. Dans chaque exemplaire de la première série (1 à 7), un dessin original de l'auteur.

Les exemplaires de luxe seront prochainement adressés aux souscripteurs. Les autres ne seront mis dans le commerce qu'en octobre. On souscrit aux bureaux du *Sagittaire*.

LE SAGITTAIRE

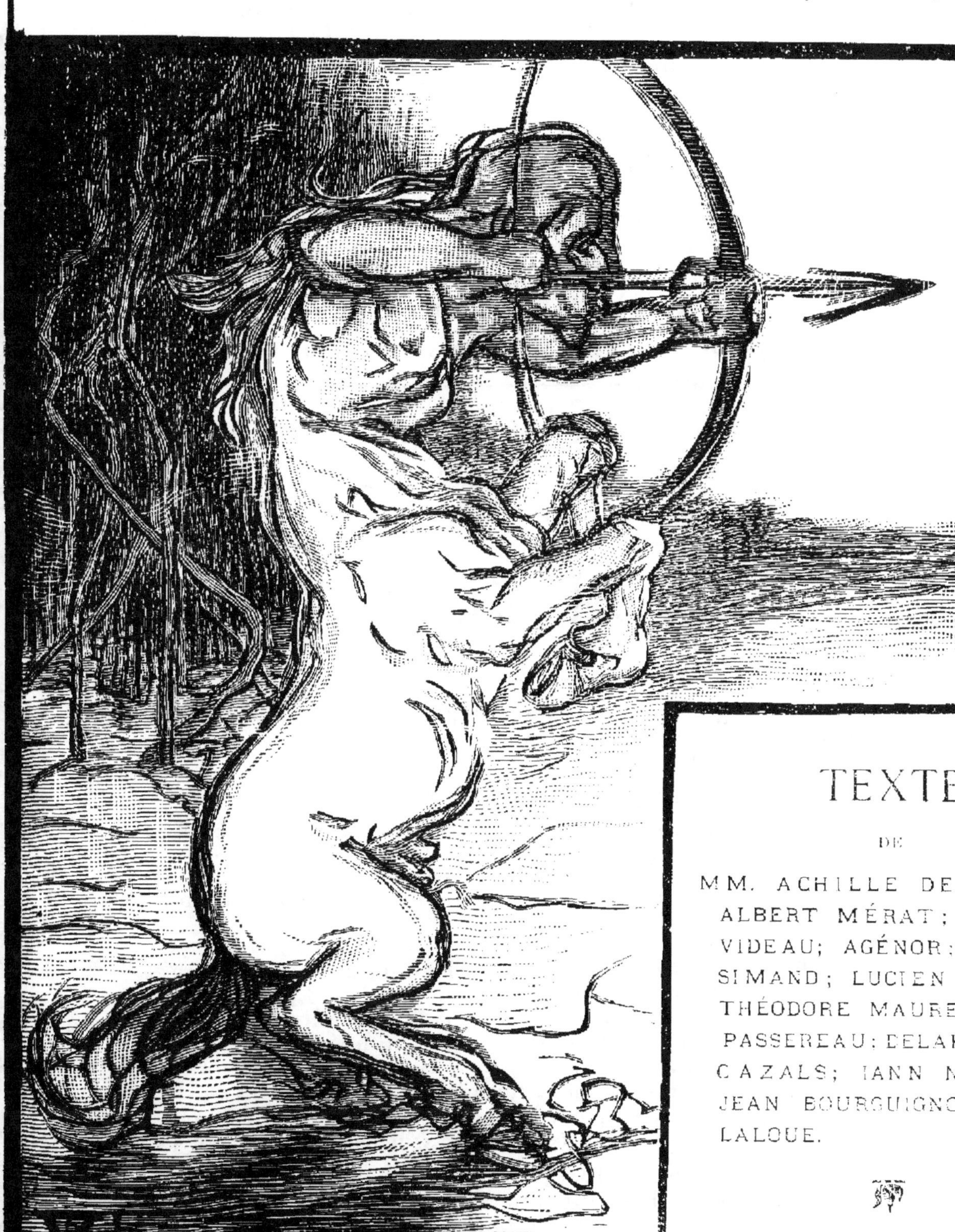

ABONNEMENTS | LE NUMÉRO : 0,40

Un an (France)... **6 fr.**
— (Etranger). **8 fr.**

Les annonces sont reçues aux bureaux de la Revue.

LE SAGITTAIRE

Revue mensuelle
d'Art et de Littérature

Secrétaire de la Rédaction : Théodore MAURER

13, boulevard Montparnasse, 13, PARIS

SOUS PRESSE
A " LA PLUME "
31, rue Bonaparte. — PARIS-VIᵉ

LE JARDIN DES RONCES
Par F.-A. CAZALS

Préface de RACHILDE — Poème dédicace d'Albert MÉRAT — Privilège d'Ubu ROY — Nombreuses illustrations de l'auteur et Notations d'airs nouveaux.

DÉSIGNATION DU TIRAGE

I. — De 1 à 7, volumes de grand luxe, sur japon impérial, contenant la mention :
Volume imprimé spécialement pour M...
la signature autographe de l'auteur et son portrait hors texte par H.-G. Ibels.
Le volume .... **20 francs**

II. — De 8 à 20, sur hollande, avec la signature de l'auteur et le même portrait que ci-dessus.
Le volume .... **10 francs**

III. — De 21 à 100, sur vélin, volumes numérotés et signés.
Le volume .... **5 francs**

IV. — Et 450 exemplaires non numérotés à **3 fr. 50**

Cette édition ne sera pas réimprimée. Dans chaque exemplaire de la première série (1 à 7), un dessin original de l'auteur.

Les exemplaires de luxe seront prochainement adressés aux souscripteurs. Les autres ne seront mis dans le commerce qu'en octobre. On souscrit aux bureaux du *Sagittaire*.

LE SAGITTAIRE

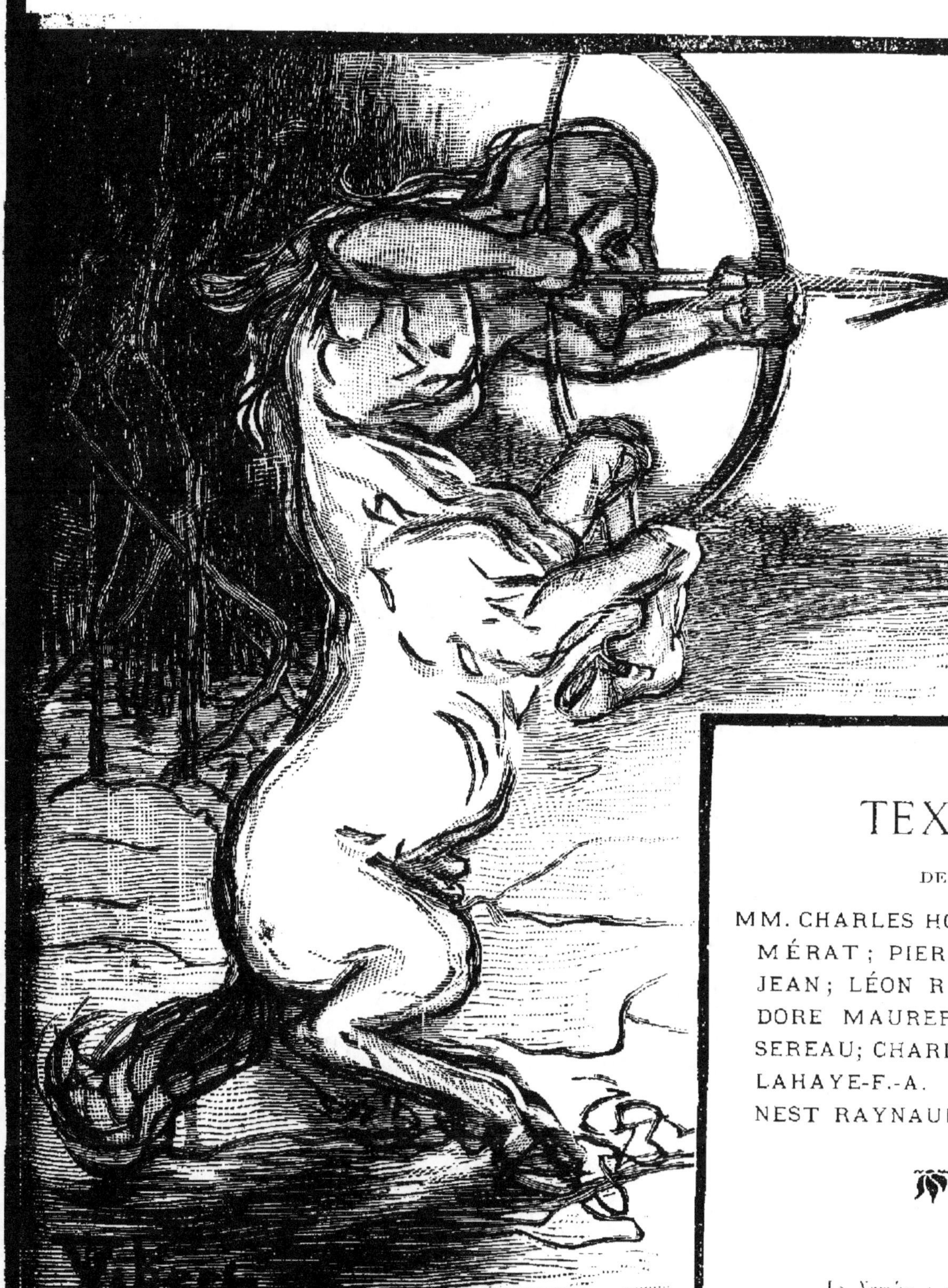

DEUXIÈME ANNÉE — Nº 16   OCTOBRE-NOVEMBRE 1901

ÉCHOS

De par l'effet des polémiques, l'attention publique se trouve ramenée vers Victor Hugo. Quelques critiques de mauvaise foi s'efforcent de créer un antagonisme entre les poètes d'hier et ceux d'aujourd'hui. A ce propos, il nous a paru intéressant de publier cette lettre de l'auteur de la *Légende des Siècles* à l'auteur de *Sagesse*. Elle sera pour ravir les amis de Paul Verlaine. On aime toujours voir louer ce qu'on aime, fut-ce en termes vagues et impersonnels. C'est d'ailleurs un document inédit.

L'enveloppe porte cette suscription : Monsieur Alphonse Lemerre, pour être remis à Monsieur Paul Verlaine.

« 22 août 1867.

« Une des joies de ma solitude, c'est, Monsieur, de voir se lever en France, dans ce grand dix-neuvième siècle, une jeune aube de vraie poésie. Toutes les promesses de progrès sont tenues, et l'on est plus rayonnant que jamais. Je vous remercie de me faire lire votre livre *ubi spiritus ibi poeta*. Vous avez le vers large et l'esprit inspiré. Salut à votre succès. Je vous serre la main. — VICTOR HUGO. »

*. .

Nous avons reçu la lettre qui suit de MM. Poinsot et Normandy :

« Nous avons le plaisir de vous annoncer qu'en vertu d'un vœu adopté à la première assemblée du Congrès des Poètes (27 mai 1901, Mlle MAGNÉRA, directrice du théâtre Magnéra, a décidé de donner régulièrement et simultanément des récitations de poèmes, des représentations théâtrales et des auditions musicales, avec des artistes des principales scènes parisiennes.

« Il ne messied pas de fournir quelques renseignements sur l'esprit qui anime les organisateurs et sur le fonctionnement et la composition de ces spectacles.

« Nous déclarons que nous serons toujours parfaitement *éclectiques, impartiaux* et *désintéressés*. En plus des œuvres de maîtres vivants et de jeunes de Paris, nous tenons essentiellement à ce que *toutes* les provinces soient représentées à ces auditions, *sans distinction de partis, de générations, de races*. La grande idée de décentralisation littéraire, qui ne cesse de progresser, trouvera dans cette œuvre durable une nouvelle puissance de diffusion...

Le théâtre Magnéra entreprendra périodiquement, et sans préjudice pour ses spectacles habituels, des tournées dans toutes les régions de France et de l'Étranger, en mettant à son programme le plus possible d'œuvres d'auteurs du terroir applaudies parallèlement à Paris.

En conséquence, *tous* les poètes, compositeurs et auteurs dramatiques peuvent adresser leurs œuvres (du sonnet à la pièce en vers ou en prose, et de la romance à l'opéra), à Mlle Magnéra, 10, rue Châteaubriand, à Paris. La décision des jurys correspondants leur parviendra dans le mois.

LA SAGETTE.

VIENT DE PARAITRE

LES FEMMES DE SHAKESPEARE, par Théodore
Maurer (à la Maison des Poètes, rue Mathurin-
Régnier, 41).

OUVRAGES RECOMMANDÉS

Jean Moréas. — *Les Syrtes.* — *Les Cantilènes.* — *Le Pélerin
passionné.* — *Autant en emporte le vent.* — *Eriphyle.* — *Les
Stances.*

Ernest Raynaud. — *Le Signe.* — *Chairs Profanes.* — *Les
Cornes du Faune.* — *Le Bocage.* — *La Tour d'Ivoire.*

Maurice du Plessys. — *Premier Livre pastoral.* — *Etudes
Lyriques.*

Raymond de la Tailhède. — *De la Métamorphose des Fontaines.*

Lionel des Rieux. — *Le chœur des Muses.*

Charles Maurras. — *Le Chemin de Paradis.*

A. M. Desrousseaux. — *Traduction de Humain trop humain*
(Frédéric Nietzsche).

Hugues Rebell. — *La Clef de Saint-Pierre.* — *La Câlineuse.*

Albert Mérat. — *Œuvres complètes,* 1er volume (chez Lemerre).

Laurent Tailhade. — *Au Pays du Mufle.* — *A travers les grouins.*

Gustave Kahn. — *L'Esthétique de la Rue.*

Paul Adam. — *La Force.* — *Basile et Sophia.*

Léon Riotor. — *Le Sage Empereur.* — *Agnès.*

Charles Beaumont. — *Le cahier de Marcel.*

Jules Laloue. — *Le Clavecin.*

Fernand Baldenne. — *En marge de la vie* (poésies).

Abdullah Djevdet Bey. — *Fièvre d'Ame,* poésie, préface
d'Ernest Raynaud et présentation biographique de Jean
Bourguignon.

A PARAITRE

Ernest Raynaud. — *Les Mimes* (vers). — *L'Ame contemporaine* (critique).

F.-A. Cazals. — *Le Jardin des Ronces.* — Chansons illustrées
avec préface de Rachilde.

Albert Mérat. — *Les Joies de l'Heure.*

Jean Bourguignon. — *Monsieur Paterne* (roman).

Ernest Delahaye. — *Traité de Graphologie.*

Louis Pierquin et Jean Bourguignon. — *Pache, ministre
de la guerre en 1792, et maire de Paris sous la Terreur.*

Charleville. — Imp. du *Petit Ardennais.*

BULLETIN MENSUEL

Il résulte d'une lettre que nous avons reçue de M. Frédéric Raisin, le délicat poète, en réponse à la protestation de M. de Beaurepaire-Froment, qu'il ne faut voir dans le double emploi du pseudonyme *Pierre de Saint-Jean* qu'une simple coïncidence. La bonne foi de M. Frédéric Raisin, après ses explications, ne peut faire l'ombre d'un doute. Dans le numéro du 1er août 1891 de la *Plume*, on trouve déjà des vers de lui signés de ce pseudonyme. « *J'avais formé cette signature,* écrit-il, *du prénom de mon père qui s'appelait Pierre (je m'appelle aussi Frédéric-Pierre) et du nom d'une propriété que nous possédions aux portes de Genève « Saint-Jean).* » — Voici donc un fait acquis et un point d'histoire désormais fixé.

On nous annonce la parution prochaine de la *Revue Verlainienne*, sous la direction de M. Hector Fleischmann, l'un des fondateurs de l'*Idée synthétique*.

Nos sympathies sont acquises d'avance à notre jeune et nouveau confrère.

On nous fait savoir, à grand renfort de buccin, que M. Maurice Barrès « renonce » à la politique pour se consacrer exclusivement à la littérature. A quoi bon cette retentissante fanfare ? Ces sonores éclats nous semblent, en l'occurence, au moins intempestifs. La politique — et il y a belle lurette — avait été plus discrète lorsqu'elle « renonça » à M. Barrès.

Cet écrivain de talent — car il a du talent, et beaucoup — revient à la littérature. Il eût dû s'y tenir. L'Académie le guette ; il sera des Quarante. Le créateur de *Petite Secousse* n'est point des gens sans vergogne qui s'écrient que ces raisins-là sont trop verts ; ni de ceux qui pensent, avec Georges Sand, qu'ils sont plutôt trop mûrs.

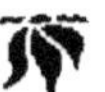

PETITE CORRESPONDANCE

A. V. *Paris*. — Reçu copie. Passera. Mais nous préférerions autre chose. Amitiés.

Charles Méré. — *Toulon*. — Excusez retard. Excès de copie.

Léopoldo Diaz. — *Genève*. — Reçu abonnement. Merci. Attendons toujours les *Ombres d'Hellas*.

P. B. *Charleville*. — Les articles de ses collaborateurs n'engagent en rien la direction du *Sagittaire*. Chacun reste responsable de ses articles. Adressez-vous à Trilby, aux bureaux de la Revue. Ce pseudonyme ne vous est certainement pas inconnu. Cordial souvenir.

VIENT DE PARAITRE

LES FEMMES DE SHAKESPEARE, par Théodore Maurer (à la Maison des Poètes, rue Mathurin-Régnier, 41).

OUVRAGES RECOMMANDÉS

Jean Moréas. — *Les Syrtes.* — *Les Cantilènes.* — *Le Pèlerin passionné.* — *Autant en emporte le vent.* — *Eriphyle.* — *Les Stances.*

Ernest Raynaud. — *Le Signe.* — *Chairs Profanes.* — *Les Cornes du Faune.* — *Le Bocage.* — *La Tour d'Ivoire.*

Maurice du Plessys. — *Premier Livre pastoral.* — *Etudes Lyriques.*

Raymond de la Tailhède. — *De la Métamorphose des Fontaines.*

Lionel des Rieux. — *Le chœur des Muses.*

Charles Maurras. — *Le Chemin de Paradis.*

A. M. Desrousseaux. — Traduction de *Humain trop humain* (Frédéric Nietzsche).

Hugues Rebell. — *La Clef de Saint-Pierre.* — *La Câlineuse.*

Albert Mérat. — *Œuvres complètes*, 1er volume (chez Lemerre).

Laurent Tailhade. — *Au Pays du Mufle.* — *A travers les groins.*

Gustave Kahn. — *L'Esthétique de la Rue.*

Paul Adam. — *La Force.* — *Basile et Sophia.*

Léon Riotor. — *Le Sage Empereur.* — *Agnès.*

Charles Beaumont. — *Le cahier de Marcel.*

Jules Laloue. — *Le Clavecin.*

Fernand Baldenne. — *En marge de la vie* (poésies).

Abdullah Djevdet Bey. — *Fièvre d'Ame*, poésie, préface d'Ernest Raynaud et présentation biographique de Jean Bourguignon.

A PARAITRE

Ernest Raynaud. — *Les Mimes* (vers). — *L'Ame contemporaine* (critique).

F.-A. Cazals. — *Le Jardin des Ronces.* — Chansons illustrées avec préface de Rachilde.

Albert Mérat. — *Les Joies de l'Heure.*

Jean Bourguignon. — *Monsieur Paterne* (roman).

Ernest Delahaye. — *Traité de Graphologie.*

Louis Pierquin et Jean Bourguignon. — *Pache, ministre de la guerre en 1792, et maire de Paris sous la Terreur.*

Charleville. — Imp. du Petit Ardennais.

BULLETIN MENSUEL

La lecture de nos grands quotidiens n'est pas toujours dépourvue de saveur. — La muflerie bourgeoise s'y donne libre carrière. En dehors des reporters besogneux qui, pour corser leurs faits divers, transforment en récidiviste dangereux le monsieur coupable d'avoir eu une altercation avec sa concierge, il y a le chroniqueur friand de scandales qui s'indigne des pots de vin dont il n'a pas touché sa part et des escroqueries qu'on ne lui a pas laissé le temps de commettre. On y saisit au vol mille traits piquants de l'hypocrisie mondaine.

La dernière historiette offerte à nos méditations ne manque point d'imprévu. Il s'agit de deux torchères du sculpteur Mulot que l'Administration fit enlever de la salle des Fêtes, à l'Exposition, sous prétexte que, figurant deux femmes nues, elles constituaient un outrage à la pudeur.

La Restauration avait bien fait décréter la feuille de vigne obligatoire en même temps que la loi du Sacrilège. Par là se révélait le gâtisme de la monarchie puissante. Elle avait mis du moins une longue série de siècles à se décomposer. Il était donné à un ministère socialiste d'arriver au bout de quelques mois à une décomposition pire encore. Il a fallu M. Millerand pour s'aviser que le nu de la femme pouvait être indécent.

Voulez-vous savoir ce que valent ces indignations. Écoutez Louis de Gramont :

« Là où les honnêtes femmes ne voient rien de répréhensible, les autres rougissent jusqu'aux yeux et se révoltent. Elles sont excusables : elles croient toujours à une allusion. »

Et Louis de Gramont a cent raisons de ne pas croire à la sincérité de tous ces accès de pudeur. Il a écrit les paroles d'un opéra « Astarté ». Le sujet n'avait rien d'ascétique ; il lui fallait des développements de faste et de volupté. C'est d'ailleurs là les deux caractères essentiels de l'opéra. Mais l'image de Sapho évoquait ici la fougue désordonnée d'une passion intense. Quelques-uns se sont effarouchés ; mais ce sont précisément ceux dont l'austérité est la plus attaquable. La plus piquée fut, paraît-il, la femme d'un personnage bien en vue dans le monde politique. L'auteur en est resté abasourdi, car « la femme, la légitime épouse du monsieur en question, est une des personnes de Paris les plus connues pour la perversion de ses goûts et l'étrangeté de ses mœurs. »

C'est toujours la même chose. Et comme on est tenté d'approuver Octave Mirbeau quand il écrit : « Je ne connais pas la pudeur, je ne connais pas la pornographie. J'ai seulement horreur d'un vice qui les contient tous. C'est ce que les honnêtes gens appellent la vertu ! »

LA SAGETTE.

VIENT DE PARAITRE

LES FEMMES DE SHAKESPEARE, par Théodore
Maurer (à la Maison des Poètes, rue Mathurin-
Régnier, 44).

OUVRAGES RECOMMANDÉS

Jean Moréas. — *Les Syrtes.* — *Les Cantilènes.* — *Le Pèlerin
passionné.* — *Autant en emporte le vent.* — *Eriphyle.* — *Les
Stances.*

Ernest Raynaud. — *Le Signe.* — *Chairs Profanes.* — *Les
Cornes du Faune.* — *Le Bocage.* — *La Tour d'Ivoire.*

Maurice du Plessys. — *Premier Livre pastoral.* — *Etudes
Lyriques.*

Raymond de la Tailhède. — *De la Métamorphose des Fontaines.*

Lionel des Rieux. — *Le chœur des Muses.*

Charles Maurras. — *Le Chemin de Paradis.*

A. M. Desrousseaux. — Traduction de *Humain trop humain*
(Frédéric Nietzsche).

Hugues Rebell. — *La Clef de Saint-Pierre.* — *La Calineuse.*

Albert Mérat. — *Œuvres complètes,* 1er volume (chez Lemerre).

Laurent Tailhade. — *Au Pays du Mufle.* — *A travers les grouins.*

Gustave Kahn. — *L'Esthétique de la Rue.*

Paul Adam. — *La Force.* — *Basile et Sophia.*

Léon Riotor. — *Le Sage Empereur.* — *Agnès.*

Charles Beaumont. — *Le cahier de Marcel.*

Jules Laloue. — *Le Clavecin.*

Fernand Baldenne. — *En marge de la vie* (poésies).

Abdullah Djevdet Bey. — *Fièvre d'Ame,* poésie, préface
d'Ernest Raynaud et présentation biographique de Jean
Bourguignon.

A PARAITRE

Ernest Raynaud. — *Les Mimes* (vers). — *L'Ame contemporaine* (critique).

F.-A. Cazals. — *Le Jardin des Ronces.* — Chansons illustrées
avec préface de Rachilde.

Albert Mérat. — *Les Joies de l'Heure.*

Jean Bourguignon. — *Monsieur Paterne* (roman).

Ernest Delahaye. — *Traité de Graphologie.*

Louis Pierquin et Jean Bourguignon. — *Pache, ministre
de la guerre en 1792, et maire de Paris sous la Terreur.*

Charleville. — Imp. du *Petit Ardennais.*

BULLETIN MENSUEL

Le Congrès des Poètes. — MM. Poinsot et Denormandy avaient eu la généreuse idée de convoquer, le 27 mai dernier, à l'école libre des Sciences sociales, les poètes, pour agiter quelques questions théoriques et pratiques. Au moment où des syndicats et des groupements se forment de tous les côtés pour aplanir les difficultés de la vie, ils pensaient que les poètes, plus délaissés et plus injustement traités que personne, ne répugneraient pas à établir entre eux un lien de solidarité. Les poètes en ont décidé autrement. Ils ont fait savoir, avec violence, qu'ils entendaient rester indépendants, solitaires et faméliques. Ils ont conspué M. Barès qui leur offrait un prix de cinq cents francs, et décrété la suppression de l'Académie. Ils ne veulent point qu'on mentionne leurs ouvrages dans les journaux, et je crois bien qu'on a presque insulté M. Poinsot quand il a émis le vœu que les prix en argent de l'Institut fussent réservés aux poètes pauvres. M. Poinsot a tenu tête à l'orage avec une belle audace. Remercions-le de sa courageuse initiative. Son labeur n'a pas été inutile. La séance fut belle où il nous fut donné d'entendre les véhémentes paroles de Mecislas Golberg et de Han Ryner.

Et puis, qui sait si cette idée jetée en l'air ne va pas germer quelque part, et si cette intéressante tentative de groupement fraternel des poètes ne va pas réapparaître quelque jour sous une forme nouvelle et plus pratiquement réalisable ?

****

M. de Beaurepaire-Froment nous fait remarquer qu'il se sert du pseudonyme *Pierre de Saint-Jean* depuis dix ans dans le *Réformiste*, la *Tradition* et ailleurs. L'annuaire Hachette l'indique depuis trois ans. Nous ne pouvons que renvoyer sa protestation au sympathique consul poète Frédéric Raisin qui avait cru devoir lui emprunter ce masque.

****

Le Jardin des Ronces, par F.-A. Cazals.

Nous avons reçu, ces temps derniers, quelques souscriptions au livre de notre ami F.-A. Cazals, le *Jardin des Ronces*, que l'ancienne direction de la *Plume* s'était engagée à publier. On nous demande également à quelle date et dans quelles conditions le livre sera mis en vente. Le *Jardin des Ronces* a été annoncé ici même à plusieurs reprises et serait paru déjà si, pour des raisons d'ordre intime, l'auteur n'avait cru devoir reprendre son manuscrit. Le directeur de la *Plume*, d'accord en cela avec l'auteur prie les anciens souscripteurs de vouloir bien envoyer le plus tôt possible leur nouvelle adhésion à M. Karl Boès, directeur de la *Plume*, 31, rue Bonaparte, en se référant aux indications du bulletin de souscription encarté dans ce numéro. Ce livre, orné d'une préface de Rachilde, d'un poème-dédicace d'Albert Mérat, et d'un *Privilège* d'Ubu Roi, forme un choix de 50 poèmes et chansons illustré par l'auteur. Il sera tiré à un nombre restreint d'exemplaires. On souscrit également au *Sagittaire*.

VIENT DE PARAITRE

LES FEMMES DE SHAKESPEARE, par Théodore Maurer (à la Maison des Poètes, rue Mathurin-Régnier, 41).

OUVRAGES RECOMMANDÉS

Jean Moréas. — *Les Syrtes.* — *Les Cantilènes.* — *Le Pèlerin passionné.* — *Autant en emporte le vent.* — *Eriphyle.* — *Les Stances.*

Ernest Raynaud. — *Le Signe.* — *Chairs Profanes.* — *Les Cornes du Faune.* — *Le Bocage.* — *La Tour d'Ivoire.*

Maurice du Plessys. — *Premier Livre pastoral.* — *Etudes Lyriques.*

Raymond de la Tailhède. — *De la Métamorphose des Fontaines.*

Lionel des Rieux. — *Le chœur des Muses.*

Charles Maurras. — *Le Chemin de Paradis.*

A. M. Desrousseaux. — Traduction de *Humain trop humain* (Frédéric Nietzsche).

Hugues Rebell. — *La Clef de Saint-Pierre.* — *La Câlineuse.*

Albert Mérat. — *Œuvres complètes*, 1er volume (chez Lemerre).

Laurent Tailhade. — *Au Pays du Mufle.* — *A travers les grouins.*

Paul Adam. — *La Force.* — *Basile et Sophia.*

Léon Riotor. — *Le Sage Empereur.* — *Agnès.*

Jean Lorrain. — *Histoires de Masques.*

Ernest Chebroux. — *Chansons et Toasts* (préface d'Armand Sylvestre).

Charles Beaumont. — *Le cahier de Marcel.*

Paul Acker. — *Petites Ames.*

Jules Laloue. — *Le Clavecin.*

Fernand Baldenne. — *En marge de la vie* (poésies).

A PARAITRE

Ernest Raynaud. — *Les Mimes* (vers). — *L'Ame contemporaine* (critique).

F.-A. Cazals. — *Le Jardin des Ronces.* — Chansons illustrées avec préface de Rachilde.

Jean Bourguignon. — *Monsieur Paterne* (roman).

Ernest Delahaye. — *Traité de Graphologie.*

Louis Pierquin et Jean Bourguignon. — *Pache, ministre de la guerre en 1792, et maire de Paris sous la Terreur.*

Emile Maison. — *Variations sur l'Automobilisme.*

Charleville. — Imp. du Petit Ardennais.